GoA visuell

GoA visuell

Strukturierte grafische Darstellung aller für die Abschlussprüfung relevanten IDW Verlautbarungen

IDW (Hrsg.), 2. Auflage

Das Thema Nachhaltigkeit liegt uns am Herzen:

Diese Publikation enthält Passagen der ISA [DE]. Die International Standards on Auditing (ISAs) werden von dem International Auditing and Assurance Standards Board (IAASB) der International Federation of Accountants (IFAC) in englischer Sprache veröffentlicht. Der genehmigte Text sämtlicher ISA ist nur der von der IFAC in englischer Sprache veröffentlichte Text.

Die ISA wurden vom Institut der Wirtschaftsprüfer in Deutschland e.V. (IDW) ins Deutsche übersetzt und für nationale Besonderheiten ergänzt. Die entsprechenden Ergänzungen wurden in speziell gekennzeichneten Textziffern (sog. „D.-Textziffern") oder in eckigen Klammern unmittelbar in die als „ISA [DE]" bezeichneten Standards eingefügt. Die ISA [DE] zusammen mit den IDW Prüfungsstandards stellen die deutschen Grundsätze ordnungsmäßiger Abschlussprüfung (GoA) dar. Auf Basis der GoA wurden die in dieser Publikation „GoA visuell" enthaltenen Visualisierungen vorgenommen.

Quelle des englischen Textes der ISA: Originaltitel „Handbook of International Quality Control, Auditing, Review, Other Assurance, and Related Services Pronouncements" 2020 Edition, Volume 1, International Federation of Accountants, ISBN 978-1-60815-459-3.

Das Werk einschließlich aller seiner Teile ist urheberrechtlich geschützt. Jede Verwertung außerhalb der engen Grenzen des Urheberrechtsgesetzesist ohne vorherige schriftliche Einwilligung des Verlages unzulässig und strafbar. Dies gilt insbesondere für Vervielfältigungen, Übersetzungen, Mikroverfilmungen und die Einspeicherung und Verbreitung in elektronischen Systemen. Es wird darauf hingewiesen, dass im Werk verwendete Markennamen und Produktbezeichnungen dem marken-, kennzeichen oder urheberrechtlichen Schutz unterliegen.

© 2023 IDW Verlag GmbH, Tersteegenstraße 14, 40474 Düsseldorf

Die IDW Verlag GmbH ist ein Unternehmen des Instituts der Wirtschaftsprüfer in Deutschland e. V. (IDW).

Satz: Reemers Publishing Services GmbH, Krefeld
Druck und Bindung: Druckerei C.H.Beck, Nördlingen

KN 12063

Der in diesem Werk verwendete Begriff „Wirtschaftsprüfer" umfasst sowohl Wirtschaftsprüfer und Wirtschaftsprüferinnen als auch Wirtschaftsprüfungsgesellschaften. Er umfasst bei Prüfungen, die von genossenschaftlichen Prüfungsverbänden oder von Prüfungsstellen der Sparkassen- und Giroverbände sowie von vereidigten Buchprüfern, vereidigten Buchprüferinnen und Buchprüfungsgesellschaften durchgeführt werden dürfen, auch diese.

Die Angaben in diesem Werk wurden sorgfältig erstellt und entsprechen dem Wissensstand bei Redaktionsschluss. Da Hinweise und Fakten jedoch dem Wandel der Rechtsprechung und der Gesetzgebung unterliegen, kann für die Richtigkeit und Vollständigkeit der Angaben in diesem Werk keine Haftung übernommen werden. Gleichfalls werden die in diesem Werk abgedruckten Texte und Abbildungen einer üblichen Kontrolle unterzogen; das Auftreten von Druckfehlern kann jedoch gleichwohl nicht völlig ausgeschlossen werden, so dass für aufgrund von Druckfehlern fehlerhafte Texte und Abbildungen ebenfalls keine Haftung übernommen werden kann.

ISBN 978-3-8021-2749-6

Bibliografische Information der Deutschen Bibliothek

Die Deutsche Bibliothek verzeichnet diese Publikation in der Deutschen Nationalbibliografie; detaillierte bibliografische Daten sind im Internet über http://www.d-nb.de abrufbar.

Coverfoto: © mbbirdy

www.idw-verlag.de

Vorwort

Bei der Durchführung einer Prüfung hat der Abschlussprüfer nach § 317 Abs. 5 HGB die internationalen Prüfungsstandards anzuwenden, die von der Europäischen Kommission angenommen worden sind. Obwohl die Annahme durch die EU noch nicht erfolgt und vorerst auch nicht absehbar ist, hat sich das IDW dazu entschieden, die ISA transparent in die vom IDW festgestellten deutschen Grundsätze ordnungsmäßiger Abschlussprüfung („GoA") zu integrieren.

Die GoA setzen sich zusammen aus den ISA [DE] und den (hinsichtlich einiger Textpassagen und Querverweise) angepassten IDW Prüfungsstandards. Die Anpassungen der ISA an nationale Anforderungen wurden in speziell gekennzeichneten Textziffern (sog. „D.-Textziffern") unmittelbar in die als „ISA [DE]" bezeichneten Standards eingefügt.

Die Anwendung der neuen GoA für Abschlussprüfungen von Unternehmen von öffentlichem Interesse gemäß § 316a Satz 2 HGB („PIE") ist für die Prüfung von Abschlüssen für Zeiträume, die am oder nach dem 15.12.2021 beginnen – mit Ausnahme von Rumpfgeschäftsjahren, die vor dem 31.12.2022 enden – vorgesehen. Für Prüfungen von Abschlüssen von Non-PIE sind die neuen GoA für Zeiträume anzuwenden, die am oder nach dem 15.12.2022 beginnen – mit der Ausnahme von Rumpfgeschäftsjahren, die vor dem 31.12.2023 enden.

Die erstmalige Anwendung der neuen GoA gibt sowohl dem erfahrenen Praktiker als auch dem Berufseinsteiger Anlass, sich mit den Prinzipien und konkreten Anforderungen der einzelnen Standards zu befassen. Durch die visuelle Aufbereitung der GoA in diesem Buch soll ein übersichtlicher und fokussierter Zugang zu den Anforderungen der Standards ermöglicht werden. Neben den konkreten Anforderungen werden auch die Zusammenhänge zwischen den verschiedenen Standards herausgearbeitet. Durch Referenzen zu den jeweiligen Textziffern ist zudem das jederzeitige Nachlesen des vollständigen Wortlautes möglich. Wie schon in der ersten Auflage von „GoA visuell" wird auch in dieser vollständig aktualisierten Neuauflage jeder Visualisierung eine Einleitungsseite vorangestellt mit einer kurzen Zusammenfassung wesentlicher Anforderungen.

Verbesserungsvorschläge und Ergänzungswünsche sind jederzeit willkommen und können einfach und schnell an service@idw-verlag.de geschickt werden. Auch für die vorliegende zweite Auflage gilt unser besonderer Dank Herrn WP StB Dr. Holger Wirtz für die strukturierte visuelle Aufbereitung der GoA.

Düsseldorf, im November 2022

Prof. Dr. Klaus-Peter Naumann
Institut der Wirtschaftsprüfer in
Deutschland e.V.

Inhaltsübersicht

ISA [DE]

ISA [DE] 200	Übergeordnete Ziele des unabhängigen Prüfers und Grundsätze einer Prüfung in Übereinstimmung mit den International Standards on Auditing	15
ISA [DE] 210	Vereinbarung der Auftragsbedingungen für Prüfungsaufträge	23
ISA [E-DE] 220 (Revised)	Qualitätsmanagement bei einer Abschlussprüfung	29
ISA [DE] 230	Prüfungsdokumentation	37
ISA [DE] 240	Verantwortlichkeiten des Abschlussprüfers bei dolosen Handlungen	43
ISA [DE] 250 (Revised)	Berücksichtigung von Gesetzen und anderen Rechtsvorschriften bei einer Abschlussprüfung	53
ISA [DE] 300	Planung einer Abschlussprüfung	59
ISA [DE] 315 (Revised 2019)	Identifizierung und Beurteilung der Risiken wesentlicher falscher Darstellungen aus dem Verständnis von der Einheit und ihrem Umfeld	65
ISA [DE] 320	Wesentlichkeit bei der Planung und Durchführung einer Abschlussprüfung	79
ISA [DE] 330	Reaktionen des Abschlussprüfers auf beurteilte Risiken	85
ISA [DE] 402	Überlegungen bei der Abschlussprüfung von Einheiten, die Dienstleister in Anspruch nehmen	93
ISA [DE] 450	Beurteilung der während der Abschlussprüfung identifizierten falschen Darstellungen	101
ISA [DE] 500	Prüfungsnachweise	107
ISA [DE] 501	Prüfungsnachweise – Besondere Überlegungen zu ausgewählten Sachverhalten	113
ISA [DE] 505	Externe Bestätigungen	119
ISA [DE] 510	Eröffnungsbilanzwerte bei Erstprüfungsaufträgen	125
ISA [DE] 520	Analytische Prüfungshandlungen	131
ISA [DE] 530	Stichprobenprüfungen	137
ISA [DE] 540 (Revised)	Prüfung geschätzter Werte in der Rechnungslegung und damit zusammenhängender Abschlussangaben	145
ISA [DE] 550	Nahe stehende Personen	153
ISA [DE] 560	Nachträgliche Ereignisse	163
ISA [DE] 580	Schriftliche Erklärungen	169
ISA [DE] 600	Besondere Überlegungen zu Konzernabschlussprüfungen (einschließlich der Tätigkeit von Teilbereichsprüfern)	175
ISA [DE] 610 (Revised 2013)	Nutzung der Tätigkeit interner Revisoren	187
ISA [DE] 620	Nutzung der Tätigkeit eines Sachverständigen des Abschlussprüfers	193

ISA [DE] 710	Vergleichsinformationen – Vergleichsangaben und Vergleichsabschlüsse	199
ISA [DE] 720 (Revised)	Verantwortlichkeiten des Abschlussprüfers im Zusammenhang mit sonstigen Informationen	205

IDW Prüfungsstandards

IDW PS 201 n.F.	IDW Prüfungsstandard: Rechnungslegungs- und Prüfungsgrundsätze für die Abschlussprüfung	215
IDW PS 208 (08.2021)	IDW IDW Prüfungsstandard: Zur Durchführung von Gemeinschaftsprüfungen (Joint Audit)	219
IDW PS 270 n.F. (10.2021)	IDW Prüfungsstandard: Die Beurteilung der Fortführung der Unternehmenstätigkeit im Rahmen der Abschlussprüfung	223
IDW PS 340 n.F. (01.2022)	IDW Prüfungsstandard: Die Prüfung des Risikofrüherkennungssystems nach § 317 Abs. 4 HGB	231
IDW PS 345 n.F. (05.2021)	IDW Prüfungsstandard: Auswirkungen des Deutschen Corporate Governance Kodex auf die Abschlussprüfung	237
IDW PS 350 n.F. (10.2021)	IDW Prüfungsstandard: Prüfung des Lageberichts im Rahmen der Abschlussprüfung	241
IDW EPS 352 (08.2022)	Entwurf eines IDW Prüfungsstandards: Inhaltliche Prüfung der nichtfinanziellen (Konzern-) Erklärung im Rahmen der Abschlussprüfung	251
IDW PS 400 n.F. (10.2021)	IDW Prüfungsstandard: Bildung eines Prüfungsurteils und Erteilung eines Bestätigungsvermerks	257
IDW PS 401 n.F. (10.2021)	IDW Prüfungsstandard: Mitteilung besonders wichtiger Prüfungssachverhalte im Bestätigungsvermerk	269
IDW PS 405 n.F. (10.2021)	IDW Prüfungsstandard: Modifizierungen des Prüfungsurteils im Bestätigungsvermerk	277
IDW PS 406 n.F. (10.2021)	IDW Prüfungsstandard: Hinweise im Bestätigungsvermerk	285
IDW PS 410 (06.2022)	IDW Prüfungsstandard: Prüfung der für Zwecke der Offenlegung erstellten elektronischen Wiedergaben von Abschlüssen und Lageberichten nach § 317 Abs. 3a HGB	289
IDW PS 450 n.F. (10.2021)	IDW Prüfungsstandard: Grundsätze ordnungsmäßiger Erstellung von Prüfungsberichten	295
IDW PS 470 n.F. (10.2021)	IDW Prüfungsstandard: Grundsätze für die Kommunikation mit den für die Überwachung Verantwortlichen	307
IDW PS 475	IDW Prüfungsstandard: Mitteilung von Mängeln im internen Kontrollsystem an die für die Überwachung Verantwortlichen und das Management	313

Verzeichnis wichtiger Begriffe und Zuordnung zu den GoA ... 317

Abkürzungsverzeichnis

AktG	Aktiengesetz		IESBA	International Ethics Standards Board for Accountants
APr	Abschlussprüfer		IFAC	International Federation of Accountants
AR	Aufsichtsrat		IFRS	International Financial Reporting Standards
BestV	Bestätigungsvermerk		IKS	Internes Kontrollsystem
BMJV	Bundesministerium der Justiz und für Verbraucherschutz		insb.	insbesondere
BS WP/vBP	Berufssatzung für Wirtschaftsprüfer / vereidigte Buchprüfer		IR	Interne Revision
DCGK	Deutscher Corporate Governance Kodex		ISA	International Standards on Auditing
DRS	Deutscher Rechnungslegungsstandard		ISA [DE]	Übersetzung der ISA mit deutschen Modifikationen zu Einzelaspekten
DRSC	Deutsches Rechnungslegungs Standards Committee		ISAE	International Standard on Assurance Engagements
EB	Eröffnungsbilanz		ISQC	International Standard on Quality Control
EK	Eigenkapital		iXBRL	Inline Extensible Business Reporting Language
EntgTranspG	Entgelttransparenzgesetz		JA	Jahresabschluss
ESEF	European Single Electronic Format		KA	Konzernabschluss
EU-APrVO	EU-Abschlussprüferverordnung		KAM	Key Audit Matters
ggf.	gegebenenfalls		KLB	Konzernlagebericht
Gj	Geschäftsjahr		LB	Lagebericht
GoA	Grundsätze ordnungsmäßiger Abschlussprüfung		MU	Mutterunternehmen
GoB	Grundsätze ordnungsmäßiger Buchführung		n.F.	neue Fassung
GuV	Gewinn- und Verlustrechnung		PA	Prüfungsausschuss
HFA	Hauptfachausschuss		PH	Prüfungshandlung
HGB	Handelsgesetzbuch		PIE	Public Interest Entities
HR	Handelsregister		PrB	Prüfungsbericht
HV	Hauptversammlung		PS	Prüfungsstandard
i.d.R.	in der Regel		QMS	Qualitätsmanagementstandard
i.S.d.	im Sinne der/des		QS	Qualitätssicherungsstandard
i.V.m.	In Verbindung mit		RL	Rechnungslegung
IAS	International Accounting Standards		RSt	Rückstellung
IDW	Institut der Wirtschaftsprüfer in Deutschland			

Abkürzungsverzeichnis

SachV	Sachverständiger	vgl.	vergleiche
SB	Schlussbilanz	WpHG	Wertpapierhandelsgesetz
Tz.	Textziffer	WPK	Wirtschaftsprüferkammer
TU	Tochterunternehmen	WPO	Wirtschaftsprüferordnung
US-GAAP	United States Generally Accepted Accounting Principles	XBRL	Extensible Business Report Language
VFE-Lage	Vermögens-, Finanz- und Ertragslage	XHTML	Extensible Hyper Text Markup Language

Einführung

Grundsätze ordnungsmäßiger Abschlussprüfung (GoA)

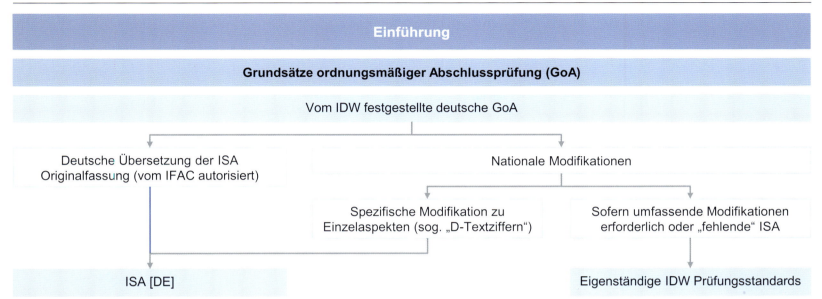

Zeitliche Anwendung

Unternehmen von öffentlichem Interesse gemäß § 316a Satz 2 HGB	Die GoA sind bei PIEs für die Prüfung von Abschlüssen für Zeiträume, die am oder nach dem 15.12.2021 beginnen - mit Ausnahme von Rumpfgeschäftsjahren, die vor dem 31.12.2022 enden - verpflichtend anzuwenden. Bei kalenderjahrgleichem Geschäftsjahr erfolgt somit eine Anwendung **ab dem Jahr 2022**.
Nicht-PIEs	Erstmalige Pflichtanwendung im Rahmen von Abschlussprüfungen von Nicht-PIE für Zeiträume, die am oder nach dem 15.12.2022 beginnen, mit der Ausnahme von Rumpfgeschäftsjahren, die vor dem 31.12.2023 enden. Bei kalenderjahrgleichem Geschäftsjahr erfolgt somit eine Anwendung **ab dem Jahr 2023**. Eine freiwillige frühere Anwendung ist möglich.

Einführung

In den GoA behandelte Themen

Übergeordnete Ziele und Grundsätze einer Prüfung in Übereinstimmung mit den ISA (→ ISA [DE] 200):

Standards zur Prüfungsdurchführung

| Vorbereitende Tätigkeiten | ▶ | Identifikation und Beurteilung von Risiken | ▶ | Festlegung und Durchführung von Prüfungshandlungen | ▶ | Bildung des Prüfungsurteils und Berichterstattung |

Standards für spezifische Fragestellungen

Standards zur Prüfungsdurchführung (1/2)

Vorbereitende Tätigkeiten	» ISA [DE] 210: Vereinbarung der Auftragsbedingungen für Prüfungsaufträge » ISA [E-DE] 220 (Revised): Qualitätsmanagement bei einer Abschlussprüfung » ISA [DE] 250: Berücksichtigung von Gesetzen und anderen Rechtsvorschriften » IDW PS 201 n.F.: Rechnungslegungs- und Prüfungsgrundsätze für die Abschlussprüfung
Identifikation und Beurteilung von Risiken	» IDW PS 270 n.F. (10.2021): Die Beurteilung der Fortführung der Unternehmenstätigkeit im Rahmen der Abschlussprüfung » ISA [DE] 240: Verantwortlichkeiten des Abschlussprüfers bei dolosen Handlungen » ISA [DE] 300: Planung einer Abschlussprüfung » ISA [DE] 315 (Revised 2019): Identifizierung und Beurteilung der Risiken wesentlicher falscher Darstellungen aus dem Verständnis von der Einheit und ihrem Umfeld » ISA [DE] 320: Wesentlichkeit bei der Planung und Durchführung einer Abschlussprüfung » ISA [DE] 330: Reaktionen des Abschlussprüfers auf beurteilte Risiken » ISA [DE] 450: Beurteilung der während der Abschlussprüfung identifizierten falschen Darstellungen

Standards zur Prüfungsdurchführung (2/2)

Festlegung und Durchführung von Prüfungshandlungen	» ISA [DE] 500: Prüfungsnachweise » ISA [DE] 501: Prüfungsnachweise – Besondere Überlegungen zu ausgewählten Sachverhalten » ISA [DE] 505: Externe Bestätigungen » ISA [DE] 520: Analytische Prüfungshandlungen » ISA [DE] 530: Stichprobenprüfungen » ISA [DE] 540 (Revised): Prüfung geschätzter Werte in der Rechnungslegung und der damit zusammenhängenden Abschlussangaben » ISA [DE] 550: Nahe stehende Personen » ISA [DE] 560: Nachträgliche Ereignisse » ISA [DE] 580: Schriftliche Erklärungen
Bildung des Prüfungsurteils und Berichterstattung	» ISA [DE] 230: Prüfungsdokumentation » IDW PS 400 n.F. (10.2021): Bildung eines Prüfungsurteils und Erteilung eines Bestätigungsvermerks » IDW PS 405 n.F. (10.2021): Modifizierungen des Prüfungsurteils im Bestätigungsvermerk » IDW PS 406 n.F. (10.2021): Hinweise im Bestätigungsvermerk » IDW PS 450 n.F. (10.2021): Grundsätze ordnungsmäßiger Erstellung von Prüfungsberichten » IDW PS 470 n.F. (10.2021): Grundsätze für die Kommunikation mit den für die Überwachung Verantwortlichen » IDW PS 475: Mitteilung von Mängeln im internen Kontrollsystem » ISA [DE] 710: Vergleichsinformationen – Vergleichsangaben und Vergleichsabschlüsse » ISA [DE] 720 (Revised): Verantwortlichkeiten des Abschlussprüfers im Zusammenhang mit sonstigen Informationen

Standards für spezifische Fragestellungen

- » ISA [DE] 402: Überlegungen bei der Prüfung von Einheiten, die Dienstleister in Anspruch nehmen
- » ISA [DE] 510: Eröffnungsbilanzwerte bei Erstprüfungsaufträgen
- » ISA [DE] 600: Besondere Überlegungen zu Konzernabschlussprüfungen
- » ISA [DE] 610: Nutzung der Tätigkeit interner Revisoren
- » ISA [DE] 620: Nutzung der Tätigkeit eines Sachverständigen des Abschlussprüfers
- » IDW PS 208 (08.2021): Zur Durchführung von Gemeinschaftsprüfungen (Joint Audit)
- » IDW PS 340 n.F. (01.2022): Die Prüfung des Risikofrüherkennungssystems nach § 317 Abs. 4 HGB
- » IDW PS 345 n.F. (05.2021): Auswirkungen des Deutschen Corporate Governance Kodex auf die Abschlussprüfung
- » IDW PS 350 n.F. (10.2021): Prüfung des Lageberichts im Rahmen der Abschlussprüfung
- » IDW EPS 352 (08.2022): Inhaltliche Prüfung der nichtfinanziellen (Konzern-) Erklärung im Rahmen der Abschlussprüfung
- » IDW PS 401 n.F. (10.2021): Mitteilung besonders wichtiger Prüfungssachverhalte im Bestätigungsvermerk
- » IDW PS 410 (06.2022): Prüfung der für Zwecke der Offenlegung erstellten elektronischen Wiedergaben von Abschlüssen und Lageberichten nach § 317 Abs. 3a HGB

ISA [DE] 200
Übergeordnete Ziele des unabhängigen Prüfers und Grundsätze einer Prüfung in Übereinstimmung mit den International Standards on Auditing

Zusammenfassung:

ISA [DE] 200 ist die um spezifische Modifikationen zu Einzelaspekten (sog. „D.-Textziffern") ergänzte autorisierte deutsche Übersetzung von ISA 200. ISA [DE] 200 thematisiert Grundsätze und übergreifende Anforderungen an eine Prüfung in Übereinstimmung mit den ISA und hat den **Charakter eines Rahmenstandards**. Wesentlicher Bestandteil von ISA [DE] 200 ist zunächst die Einführung des risikoorientierten Prüfungsansatzes sowie des Konzepts der Wesentlichkeit. In diesem Zusammenhang wird klargestellt, dass im Rahmen einer Prüfung ausreichende geeignete Prüfungsnachweise einzuholen sind, um das Prüfungsrisiko auf ein vertretbar niedriges Maß reduzieren zu können. Das Prüfungsrisiko selbst ergibt sich aus der Kombination der Risiken wesentlicher falscher Darstellungen und des Entdeckungsrisikos. Mithin werden in ISA [DE] 200 die methodischen Grundlagen skizziert und grundlegende Begriffe definiert, die für das Verständnis des ISA-Prüfungsansatzes und das Zusammenwirken der in den einzelnen Standards geregelten Detailfragen erforderlich sind.

Durch ISA [DE] 200 werden Abschlussprüfern **berufliche Verhaltensanforderungen** aufgegeben, zu denen vor allem auch die Beibehaltung einer „kritischen Grundhaltung" (professional scepticism) zählt. Diese berufliche Verhaltensanforderung tritt als Generalnorm neben die Detailvorgaben der einzelnen ISA [DE]. Bei der Planung und Durchführung einer Abschlussprüfung haben Abschlussprüfer zudem ein „pflichtgemäßes Ermessen" (professional judgement) auszuüben. Pflichtgemäßes Ermessen ist vor allem notwendig für Entscheidungen über die Prüfungsstrategie sowie bei der Beurteilung von Prüfungsnachweisen und von Ermessensentscheidungen des Managements.

Klargestellt wird schließlich, dass Abschlussprüfer grundsätzlich zur **Einhaltung aller relevanten Anforderungen** der relevanten einzelnen Standards verpflichtet sind. Für den Abschlussprüfer bedeutet dies, dass bei Abschlussprüfungen die einzelnen ISA [DE] auf ihre Relevanz hin im Einzelfall zu überprüfen sind. Wenn ein Standard im Einzelfall einschlägig ist, ist zu überprüfen, ob jede der darin enthaltenen Anforderungen im Einzelfall einschlägig ist. Vor allem im Hinblick auf die Prüfung von kleineren und mittelgroßen Unternehmen sind verschiedene Anforderungen im Einzelfall nicht relevant.

Verweise:
— IDW QS 1: Anforderungen an die Qualitätssicherung in der Wirtschaftsprüferpraxis
— ISA [DE] 315 (Revised 2019): Identifizierung und Beurteilung der Risiken wesentlicher falscher Darstellungen aus dem Verständnis der Einheit und ihrem Umfeld
— ISA [DE] 320: Wesentlichkeit bei der Planung und Durchführung einer Abschlussprüfung
— ISA [DE] 450: Beurteilung der während der Abschlussprüfung identifizierten falschen Darstellungen

ISA [DE] 200: Übergeordnete Ziele des unabhängigen Prüfers und Grundsätze einer Prüfung in Übereinstimmung mit den International Standards on Auditing

Anwendungsbereich (1-2)

» ISA [DE] 200 behandelt die übergeordneten Verantwortlichkeiten des unabhängigen Prüfers bei der Durchführung einer Abschlussprüfung. Zudem werden Art und Umfang einer Prüfung erläutert, die darauf ausgerichtet ist, das Erreichen dieser Ziele zu ermöglichen. Außerdem erläutert ISA [DE] 200 den Anwendungsbereich, den Verbindlichkeitsgrad sowie den Aufbau der GoA.

Übergeordnete Ziele des APr (11-12)

| Erlangung hinreichender Sicherheit darüber, ob der Abschluss als Ganzes frei von einer wesentlichen falschen Darstellung aufgrund von dolosen Handlungen oder Irrtümern ist. | | Erteilung eines Vermerks zum Abschluss in Übereinstimmung mit den Feststellungen. |

Abschlussprüfung (3-9): Einführung in den ISA-Prüfungsansatz (1/2)

Zweck einer Abschlussprüfung (3)	Erlangung eines Prüfungsurteils darüber, ob der Abschluss und die Buchführung sowie ggf. der Lagebericht in allen wesentlichen Belangen **in Übereinstimmung mit den maßgebenden Rechnungslegungsgrundsätzen** aufgestellt wurde.
Verantwortlichkeit für die Aufstellung des Abschlusses (4)	Voraussetzung einer Abschlussprüfung ist, dass **das Management** und ggf. die für die Überwachung Verantwortlichen bestimmte Verantwortlichkeiten anerkannt haben, die für die Durchführung der Abschlussprüfung grundlegend sind.

Abschlussprüfung (3-9): Einführung in den ISA-Prüfungsansatz (2/2)

Grundlage des Prüfungsurteils (5)	Erlangung einer **hinreichenden Sicherheit** darüber, ob der Abschluss als Ganzes frei von einer **wesentlichen** - beabsichtigten oder unbeabsichtigten - falschen Darstellung ist. → Hinreichende Sicherheit ist jedoch kein absoluter Grad an Sicherheit.	
Konzept der Wesentlichkeit (6)	Falsche Darstellungen sind wesentlich, wenn erwartet werden kann, dass sie einzeln oder in der Summe die **wirtschaftlichen Entscheidungen von Nutzern** beeinflussen, die diese auf der Grundlage des Abschlusses treffen.	→ ISA [DE] 320 → ISA [DE] 450
Erlangung hinreichender Sicherheit (5, 7)	» Durch die Ausübung von **pflichtgemäßem Ermessen** und die Beibehaltung einer **kritischen Grundhaltung**. UND » Durch die Identifizierung und Beurteilung von **Risiken wesentlicher falscher Darstellungen**. UND » Durch **die Planung** und Umsetzung von angemessenen Reaktionen auf beurteilte Risiken. UND » Durch Einholung ausreichend geeigneter Prüfungsnachweise, um **das Prüfungsrisiko** auf ein vertretbar niedriges Maß zu reduzieren.	
Formulierung des Prüfungsurteils und andere Kommunikations- und Berichtspflichten (8, 9)	Die **Formulierung des Prüfungsurteils** hängt von den maßgebenden Rechnungslegungsgrundsätzen und von etwaigen einschlägigen Gesetzen oder anderen Rechtsvorschriften ab.	
	Durch die GoA oder andere Regelungen können weitere Kommunikations- und Berichtspflichten festgelegt werden.	→ ISA 260 (Revised) → IDW PS 470 n.F.

Risikoorientierter Prüfungsansatz und Komponenten des Prüfungsrisikos

Risiken wesentlicher falscher Darstellungen ⬅

- Inhärentes Risiko = Anfälligkeit für falsche Darstellungen (vor Berücksichtigung von Kontrollen)
- ✖
- Kontrollrisiko = Risiko, dass falsche Darstellungen vom IKS nicht verhindert oder identifiziert und korrigiert werden

→ Risiken der Einheit, welche unabhängig von der Abschlussprüfung bestehen.

✖

Entdeckungsrisiko ⬅ Funktion der Wirksamkeit einer Prüfungshandlung und ihrer Anwendung durch den Abschlussprüfer

→ Je höher bspw. die Risiken wesentlicher falscher Darstellungen sind, die nach Ansicht des Abschlussprüfers bestehen, desto niedriger ist das vertretbare Entdeckungsrisiko.

=

Prüfungsrisiko ⬅ Das vertretbare Maß an Prüfungsrisiko wird durch das Erfordernis einer »hinreichenden Sicherheit« bestimmt.

Beispiel: Wird als Grad der hinreichenden Sicherheit ein Konfidenzniveau von 95 % gewählt, dann darf das nach Durchführung der Prüfungshandlungen verbleibende Prüfungsrisiko einen Wert von 5 % nicht übersteigen.

ISA [DE] 200

Definitionen (13) (1/2)

Maßgebende Rechnungslegungsgrundsätze (13a)	Das vom Management und ggf. von den für die Überwachung Verantwortlichen bei der Aufstellung des Abschlusses gewählte Regelwerk. Unterschieden wird zwischen: » Rechnungslegungsgrundsätze zur sachgerechten Gesamtdarstellung » Rechnungslegungsgrundsätze zur Normentsprechung
Prüfungsnachweise (13b)	Informationen, die vom APr zur Ableitung der Schlussfolgerungen verwendet werden, auf denen das Prüfungsurteil basiert. Dabei gilt: » **Ausreichender Umfang** ist das Maß für die Quantität der Prüfungsnachweise. » **Eignung** ist das Maß für die Qualität (d.h. Relevanz und Verlässlichkeit) der Prüfungsnachweise
Prüfungsrisiko (13c)	» Das Risiko, dass der APr ein unangemessenes Prüfungsurteil abgibt, wenn der Abschluss wesentliche Fehler enthält. » Eine Funktion der Risiken wesentlicher falscher Darstellungen und des Entdeckungsrisikos.
Abschlussprüfer (13d)	Die Person(en), die die Prüfung durchführt/en. → Der Begriff ist weitergehend als der Begriff „des für den Auftrag Verantwortlichen"
Entdeckungsrisiko (13e)	Das Risiko, dass wesentliche falsche Darstellungen nicht durch Prüfungshandlungen aufgedeckt werden.
Abschluss (13f)	Strukturierte Darstellung vergangenheitsorientierter Finanzinformationen (einschließlich Angaben)
Vergangenheitsorientierte Finanzinformation (13g)	Aus dem Rechnungswesensystem einer Einheit abgeleitete Informationen über wirtschaftliche Ereignisse in vergangenen Zeiträumen oder über wirtschaftliche Gegebenheiten oder Umstände zu bestimmten Zeitpunkten in der Vergangenheit.
Management (13h)	Die Person(en) mit Führungsverantwortung für die Geschäftstätigkeit der Einheit.

Definitionen (13) (2/2)

Falsche Darstellung (13i)	Abweichung zwischen einem im Abschluss abgebildeten Sachverhalt und der in Übereinstimmung mit dem maßgebenden Regelwerk der Rechnungslegung erforderlichen Darstellung des Sachverhalts.
Voraussetzung (einer Abschlussprüfung) (13j)	Das Management hat die ihnen obliegenden Pflichten, die für die Durchführung einer Prüfung grundlegend sind, anerkannt und verstanden.
Pflichtgemäßes Ermessen (13k)	Anwenden von relevanter Aus- und Fortbildung, Kenntnis und Erfahrung um fundierte Entscheidungen über die Vorgehensweise zu treffen, die unter den Umständen des Prüfungsauftrags angemessen ist.
Kritische Grundhaltung (13l)	Eine hinterfragende Haltung, eine Aufmerksamkeit für Umstände, die auf mögliche falsche Darstellungen hindeuten können, und eine kritische Beurteilung von Prüfungsnachweisen
Hinreichende Sicherheit (13m)	Ein hoher, jedoch kein absoluter Grad an Sicherheit.
Risiko falscher Darstellungen (13n)	Risiko, dass der Abschluss vor der Abschlussprüfung wesentliche falsche Darstellungen enthält. Komponenten des Risikos sind: » Inhärentes Risiko: Anfälligkeit einer Aussage für wesentliche falsche Darstellungen » Kontrollrisiko: Risiko, dass wesentliche falsche Aussagen vom IKS einer Einheit nicht verhindert oder rechtzeitig aufgedeckt und korrigiert werden.
Die für die Überwachung Verantwortlichen (13o)	Personen, die für die Aufsicht über die strategische Ausrichtung der Einheit und über die Verpflichtungen im Zusammenhang mit der Rechenschaft der Einheit verantwortlich sind.
Kapitalmarktnotierte Einheit (D.13.1)	Eine Einheit, deren Anteile, Aktien oder Schuldverschreibungen an einer anerkannten Wertpapierbörse notiert sind oder nach den Vorschriften einer anerkannten Wertpapierbörse oder einer vergleichbaren Einrichtung gehandelt werden.

ISA [DE] 200

	Anforderungen (14-17)
Beruflicher Verhaltens-anforderungen bei Abschlussprüfungen (14)	» Einhaltung relevanter beruflicher Verhaltensanforderungen bei Abschlussprüfungsaufträgen, einschließlich derjenigen zur Unabhängigkeit » Beachtung einschlägiger beruflicher Verlautbarungen (z.B. IESBA-Kodex, ISQC 1)
Beibehaltung der kritischen Grundhaltung (15 i.V.m. 13l)	Wichtige Anwendungsbereiche der kritische Grundhaltung: » Identifizierung von möglichen Widersprüchlichkeiten sowie ungewöhnlichen Umständen » Kritische Beurteilung der Aussagekraft und Verlässlichkeit von Prüfungsnachweisen » Aufmerksamkeit für Gegebenheiten, die auf mögliche dolose Handlungen hindeuten (z.B. fraud triangle) » Vermeidung zu starker Verallgemeinerungen beim Ziehen von Schlussfolgerungen
Ausübung von pflicht-gemäßem Ermessen (16 i.V.m. 13k)	Wichtige Anwendungsbereiche des pflichtgemäßen Ermessens: » Bestimmung von Wesentlichkeit und Prüfungsrisiko » Planung von Prüfungshandlungen nach Art, zeitlicher Einteilung und Umfang » Beurteilung von Prüfungsnachweisen » Beurteilung von Ermessensentscheidungen des Managements
Einholung ausreichender geeigneter Prüfungs-nachweise (17)	Anwendung des risikoorientierten Prüfungsansatzes zur Reduzierung des Prüfungsrisikos. Dabei ist das Prüfungsrisiko eine Funktion der Risiken wesentlicher falscher Darstellungen und des Entdeckungsrisikos

Durchführung einer Prüfung in Übereinstimmung mit den GoA (18-20)

1 Der APr muss **alle** für die Prüfung relevanten GoA einhalten.
→ Voraussetzung dafür ist ein Verständnis der einzelnen Standards und ihrer jeweiligen Zielsetzung.

2 Jede Anforderung eines relevanten GoA ist einzuhalten, **sofern nicht** unter den Umständen der Prüfung
» der gesamte ISA [DE] nicht relevant ist oder
» die Anforderung nicht relevant ist, weil sie bedingt ist und diese Bedingung nicht erfüllt ist.

Sind die Anforderungen in Ausnahmefällen unter den besonderen Umständen einer Prüfung zur Erreichung des Zwecks nicht wirksam, muss der Abschlussprüfer alternative Prüfungshandlungen durchführen.

Beispiel: Verfügt eine Einheit über keine interne Revision, ist keine der Anforderungen aus ISA [DE] 610 relevant.
Beispiel: Die Anforderung, das Prüfungsurteil zu modifizieren, wenn ein Prüfungshemmnis vorliegt, sowie die Anforderung, während der Prüfung festgestellte bedeutsame Mängel im IKS den für die Überwachung Verantwortlichen mitzuteilen, sind bedingte Anforderungen.

3 Um die übergreifende Zielsetzung eines relevanten ISA [DE] zu erreichen, ist zu beurteilen, ob ggf. zusätzliche (d.h. nicht explizit im Standard genannte) Prüfungshandlungen erforderlich sind.

4 Wenn ein Ziel in einem relevanten ISA [DE] nicht erreicht werden kann, ist zu beurteilen, ob dadurch das Erreichen der übergeordneten Ziele verhindert wird und somit das Prüfungsurteil zu modifizieren ist.

ISA [DE] 210
Vereinbarung der Auftragsbedingungen für Prüfungsaufträge

Zusammenfassung:

ISA [DE] 210 ist die um spezifische Modifikationen zu Einzelaspekten (sog. „D.-Textziffern") ergänzte autorisierte deutsche Übersetzung von ISA 210. ISA [DE] 210 behandelt die bei der Vereinbarung von Prüfungsaufträgen zu beachtenden Anforderungen. Gegenstand dieser Vereinbarung ist insbesondere die Regelung von Verantwortlichkeiten.

Nach ISA [DE] 210 hat der Abschlussprüfer zunächst festzustellen, ob bestimmte Vorbedingungen für eine Abschlussprüfung erfüllt sind. Zu den Vorbedingungen für eine Prüfung gehört die Beurteilung, ob das bei der Aufstellung des Abschlusses anzuwendende **Regelwerk der Rechnungslegung vertretbar** ist. Bei Anwendung von anerkannten nationalen oder internationalen Rechnungslegungsgrundsätzen kann der Abschlussprüfer indes voraussetzen, dass das anzuwendende Regelwerk vertretbar ist.

Weitere Vorbedingung ist, dass der Abschlussprüfer mit dem Management Einvernehmen darüber erzielt, dass das Management seine **Verantwortlichkeit im Rahmen der Abschlussaufstellung** und -prüfung anerkennt und versteht. ISA [DE] 210 formuliert zudem die Anforderung, dass der Abschlussprüfer die Bedingungen des Prüfungsauftrags mit dem Management oder – soweit einschlägig – mit den für die Überwachung Verantwortlichen zu vereinbaren hat.

Die vereinbarten Bedingungen des Prüfungsauftrags müssen in einem Auftragsbestätigungsschreiben oder in einer anderen geeigneten Form von **schriftlicher Vereinbarung** festgehalten werden. Klargestellt wird zudem, dass auch bei Folgeprüfungen jeweils eine neue Auftragsvereinbarung abzuschließen ist.

Verweise:

— IDW QS 1: Anforderungen an die Qualitätssicherung in der Wirtschaftsprüferpraxis
— ISA [DE] 200: Übergeordnete Ziele des unabhängigen Prüfers und Grundsätze einer Prüfung in Übereinstimmung mit den International Standards on Auditing
— IDW PS 405 n.F. (10.2021): Modifizierungen des Prüfungsurteils im Bestätigungsvermerk
— IDW PS 406 n.F. (10.2021): Hinweise im Bestätigungsvermerk

ISA [DE] 210: Vereinbarung der Auftragsbedingungen für Prüfungsaufträge

Anwendungsbereich und Zielsetzung (1-3)

ISA [DE] 210 behandelt die Verantwortlichkeiten des APr bei der Vereinbarung der Auftragsbedingungen.
- » Dazu gehört es festzustellen, dass bestimmte Vorbedingungen für eine Abschlussprüfung gegeben sind.
- » Zudem bedarf es der Bestätigung, dass der APr, das Management und ggf. die für die Überwachung Verantwortlichen ein gemeinsames Verständnis über die Bedingungen des Prüfungsauftrags haben.

Definitionen (4-5)

Vorbedingungen für eine Abschlussprüfung	Die Anwendung vertretbarer Rechnungslegungsgrundsätze durch das Management bei der Aufstellung des Abschlusses sowie das Einverständnis des Managements und – sofern einschlägig – der für die Überwachung Verantwortlichen mit der Voraussetzung, unter der eine Abschlussprüfung durchgeführt wird.

Vorbedingungen für eine Abschlussprüfung (6-8) (1/2)

Vor Annahme des Prüfungsauftrags ist festzustellen, ob:	... die bei der Aufstellung des Abschlusses anzuwendenden Rechnungslegungsgrundsätze vertretbar sind. (6a)
	... das Management seine Verantwortlichkeit anerkennt und versteht. (6b)

Der APr darf einen vorgeschlagenen Prüfungsauftrag **nicht annehmen**,
- » wenn durch die Bedingungen eines vorgeschlagenen Prüfungsauftrags der Umfang der Tätigkeit des APr derart eingeschränkt ist, dass die Einschränkung nach Ansicht des APr dazu führen wird, dass die Nichtabgabe eines Prüfungsurteils zu erklären ist (Prüfungshemmnis vor Annahme des Prüfungsauftrags). (7)
- » wenn die Vorbedingungen für eine Abschlussprüfung nicht gegeben sind. (8)

» Nach § 51 Satz 1 WPO hat der Wirtschaftsprüfer die Ablehnung des Prüfungsauftrags unverzüglich zu erklären.	D.7.1
» Bei gesetzlichen Abschlussprüfungen hat sich der APr zu vergewissern, dass die Bestellung ordnungsgemäß erfolgt ist.	D.8.1

Vorbedingungen für eine Abschlussprüfung (6-8) (2/2)

1. Vorbedingung: Vertretbares Regelwerk der Rechnungslegung (6a)

Ohne ein vertretbares Regelwerk der Rechnungslegung verfügt der APr nicht über geeignete Kriterien für die Prüfung des Abschlusses. Kriterien sind die Richtwerte (benchmarks), die dazu dienen, den Prüfungsgegenstand zu beurteilen oder zu bewerten. (A2)

In vielen Fällen kann der APr voraussetzen, dass das maßgebende Regelwerk der Rechnungslegung vertretbar ist. Die vom International Accounting Standards Board veröffentlichten International Financial Reporting Standards (IFRS), die durch Gesetze oder andere Rechtsvorschriften vorgeschriebenen Rechnungslegungsgrundsätze und die deutschen handelsrechtlichen Vorschriften zur Rechnungslegung gelten stets als vertretbare Rechnungslegungsgrundsätze. (A8, A9, D.A9.1)

2. Vorbedingung: Vereinbarung der Verantwortlichkeiten des Managements (6b)

Der APr hat Einvernehmen mit dem Management zu erzielen, dass das Management **seine Verantwortung** anerkennt und versteht	Verantwortung für die Aufstellung des Abschlusses in Übereinstimmung mit den maßgebenden Rechnungslegungsgrundsätzen, einschließlich einer sachgerechten Gesamtdarstellung des Abschlusses, sofern dies relevant ist,
	Verantwortung für ein IKS, wie es das Management als notwendig erachtet, um die Aufstellung eines Abschlusses zu ermöglichen, der frei von wesentlichen falschen Darstellungen ist,
	Verantwortung dafür, dem APr » Zugang zu allen dem Management bekannten und für den Abschluss relevanten Informationen zu verschaffen, » weitere Informationen, die der APr zum Zwecke der Abschlussprüfung vom Management verlangen kann, bereitzustellen und » unbeschränkten Zugang zu Personen innerhalb der Einheit zu verschaffen, von denen der APr es für notwendig hält, Prüfungsnachweise einzufordern.

Vereinbarung der Auftragsbedingungen für Prüfungsaufträge (9-12)

Der APr hat die Auftragsbedingungen mit dem Management zu vereinbaren und diese in einem Auftragsbestätigungsschreiben oder in einer anderen geeigneten Form von **schriftlicher Vereinbarung** festzuhalten.

Inhalt des Prüfungsauftrags (10)

- » Ziel und Umfang der Abschlussprüfung,
- » Die Verantwortlichkeiten des APr,
- » Die Verantwortlichkeiten des Managements,
- » Angabe des für die Aufstellung des Abschlusses maßgebenden Rechnungslegungsgrundsätze,
- » Hinweis auf die voraussichtliche Form und den voraussichtlichen Inhalt der Berichterstattungen, die vom APr vorzunehmen sind,
- » eine Erklärung, dass Gegebenheiten vorliegen können, unter denen ein Vermerk von der voraussichtlichen Form und dem voraussichtlichen Inhalt abweichen kann.

Empfohlene Ergänzungen und Hinweise (A24)

- » ausführliche Darstellung des Umfangs der Abschlussprüfung
- » die Form jeglicher anderer Kommunikation von Ergebnissen des Prüfungsauftrags
- » Anforderungen an den APr
- » Die Tatsache, dass einige wesentliche falsche Darstellungen möglicherweise nicht aufgedeckt werden
- » Vereinbarungen über die Planung und Durchführung der Abschlussprüfung
- » Die Erwartung, dass das Management schriftliche Erklärungen abgibt und Zugang zu sämtlichen ihm bekannten Informationen gewährt
- » Die Einwilligung des Managements, dem APr rechtzeitig einen Entwurf des Abschlusses zur Verfügung zu stellen und dem APr über Tatsachen, die sich auf dem Abschluss auswirken können, zu informieren
- » die Berechnungsgrundlage des Honorars und Vereinbarungen zur Rechnungsstellung
- » Bestätigung des Empfangs Auftragsbestätigungsschreibens und den damit verbunden Auftragsbedingungen durch das Management

Folgeprüfungen (13)

Bei Folgeprüfungen hat der APr zu beurteilen, ob die Umstände es erforderlich machen, die Bedingungen des Prüfungsauftrags zu ändern, und ob es notwendig ist, die Einheit an die bestehenden Bedingungen des Prüfungsauftrags zu erinnern. (13)

Bei gesetzlichen Abschlussprüfungen hat die Bestellung zum Abschlussprüfer für jedes Geschäftsjahr neu zu erfolgen. Der APr hat auch bei Folgeprüfungen eine neue Auftragsvereinbarung zu schließen. (D.13.1)

Annahme einer Änderung der Auftragsbedingungen (14-17)

Der APr darf einer Änderung der Bedingungen des Prüfungsauftrags **nicht ohne nachvollziehbare Begründung** zustimmen. (14)

Vor Änderung des Prüfungsauftrag in einen Auftrag, der einen geringeren Grad an Prüfungssicherheit liefert, hat der APr festzustellen, ob es dafür eine **nachvollziehbare Begründung** gibt. (15)

Bei geänderten Auftragsbedingungen haben sich APr und Management auf die **neuen Auftragsbedingungen** zu einigen und diese in einem Auftragsbestätigungsschreiben oder in einer anderen geeigneten Form schriftlicher Vereinbarung festzuhalten. (16)

Wenn der APr einer Änderung der Bedingungen des Prüfungsauftrags nicht zustimmen kann und das Management dem APr die Fortführung des ursprünglichen Prüfungsauftrags nicht gestattet, hat der APr
» den **Prüfungsauftrag niederzulegen**, wenn dies nach den maßgebenden Gesetzen oder anderen Rechtsvorschriften möglich ist, und
» festzustellen, ob vertragliche oder anderweitige Verpflichtungen bestehen, die Umstände Dritten **zu berichten**. (17)

ISA [DE] 210

Zusätzliche Überlegungen bei der Auftragsannahme (18-21)

Durch Gesetze oder andere Rechtsvorschriften ergänzte Rechnungslegungsgrundsätze (18)

Wenn zwischen den Rechnungslegungsgrundsätzen und den zusätzlichen Anforderungen Konflikte bestehen, hat der APr mit dem Management zu erörtern, ob
» den zusätzlichen Anforderungen durch zusätzliche Angaben im Abschluss entsprochen werden kann oder
» die Beschreibung des maßgebenden Regelwerks der Rechnungslegung im Abschluss entsprechend geändert werden kann.

Wenn keine der Maßnahmen möglich ist, hat der APr zu entscheiden, ob das Prüfungsurteil modifiziert werden muss.

Durch Gesetze oder andere Rechtsvorschriften vorgeschriebene Rechnungslegungsgrundsätze (19, 20)

Wenn ein durch Gesetz oder andere Rechtsvorschriften vorgeschriebene Regelwerk der Rechnungslegung nicht vertretbar wäre, wenn es nicht durch Gesetz oder andere Rechtsvorschriften vorgeschrieben wäre, müssen folgende Voraussetzungen vorliegen:
» Das Management erklärt sich damit einverstanden, zusätzliche Angaben im Abschluss vorzunehmen.
» In den Bedingungen des Prüfungsauftrags wird anerkannt, dass der Vermerk des APr eine Hervorhebung enthält.

Durch Gesetze oder andere Rechtsvorschriften vorgeschriebener Vermerk des APr (21)

Unterscheiden sich der vorgeschriebene Aufbau oder Wortlaut des Vermerks erheblich von den Anforderungen der ISA, so hat der APr zu beurteilen, …

▶ ob Nutzer die aus der Abschlussprüfung erlangte Sicherheit missverstehen könnten, und, wenn dies der Fall ist,

▶ ob ein mögliches Missverständnis durch eine zusätzliche Erläuterung im Vermerk abgemildert werden kann.

▶ » Ist eine Abmilderung nicht möglich, darf der APr den Auftrag nicht annehmen.
» Bei vorgeschriebenen Prüfungen darf nicht auf eine Übereinstimmung mit den GoA verweisen werden

ISA [E-DE] 220 (Revised)
Qualitätsmanagement bei einer Abschlussprüfung

Vorbemerkung:
Am 28.09.2022 hat der HFA u.a. folgende IDW Standards verabschiedet:
— IDW Qualitätsmanagementstandard: Anforderungen an das Qualitätsmanagement in der Wirtschaftsprüferpraxis (IDW QMS 1 (09.2022))
— IDW Qualitätsmanagementstandard: Auftragsbegleitende Qualitätssicherung (IDW QMS 2 (09.2022))
— ISA [E-DE] 220 (Revised): International Standard on Auditing [Entwurf-DE] 220 (Revised): Qualitätsmanagement bei einer Abschlussprüfung

Diese Standards werden den IDW Qualitätssicherungsstandard: Anforderungen an die Qualitätssicherung in der Wirtschaftsprüferpraxis (IDW QS 1) vom 09.06.2017 ersetzen.

Zusammenfassung:
Der Standardentwurf behandelt die bei einer Abschlussprüfung auf Auftragsebene zu ergreifenden Qualitätssicherungsmaßnahmen. Der Anwendungsbereich des Standardentwurfs ist somit deutlich enger gefasst als jener des IDW QMS 1, welcher Qualitätssicherungsmaßnahmen für Praxen behandelt.
Analog zum Aufbau von IDW QMS 1 werden folgende Aspekte eines Qualitätssicherungssystems behandelt:
— Hervorhebung der Führungsverantwortung für die Qualität der Abschlussprüfung
— Anforderung der Einhaltung der relevanten beruflichen Verhaltensanforderungen
— Anforderungen an die Annahme und Fortführung von Mandantenbeziehungen und Prüfungsaufträgen
— Anforderungen an die erforderlichen Ressourcen für einen Prüfungsauftrag
— Allgemeine Anforderungen an die Auftragsdurchführung
— Anforderung der Würdigung der Ergebnisse des Nachschau- und Verbesserungsprozesses

Als allgemeine Anforderungen, die bei einer Abschlussprüfung zu beachten sind, werden u.a. die Verantwortung zur Anleitung und Überwachung des Prüfungsteams, die Verantwortung zur Durchführung von Durchsichten, ggf. die Verantwortung für geeignete Maßnahmen einer auftragsbezogenen Qualitätssicherung (d.h. Konsultationen, Berichtskritik oder auftragsbegleitende Qualitätssicherung) sowie Verantwortlichkeiten bei Meinungsverschiedenheiten genannt.

Verweise:
— Code of Ethics for Professional Accountants des International Ethics Standards Board for Accountants (IESBA Code)
— ISA 220 (Revised): Qualitätsmanagement bei einer Abschlussprüfung

> Bei Drucklegung lag die Entwurfsfassung der Verlautbarung vor. Sollte die finale Fassung materiell von der Entwurfsfassung abweichen und hieraus Änderungsbedarf an der Visualisierung entstehen, stellen wir Ihnen die geänderte Version im Downloadbereich zur Verfügung. Lösen Sie hierzu den Code auf der Innenseite des Umschlags ein.

ISA [E-DE] 220 (Revised)

ISA [E-DE] 220 (Revised): Qualitätsmanagement bei einer Abschlussprüfung

Anwendungsbereich und Zielsetzung (1, 11)

ISA [E-DE] 220 (Revised) behandelt die Verantwortlichkeiten des APr hinsichtlich des **Qualitätsmanagements auf Auftragsebene**.

Das Ziel des APr ist es, die Qualität auf Auftragsebene zu steuern, um hinreichende Sicherheit darüber zu erlangen, dass Qualität erzielt wurde, sodass:
» der APr seine Verantwortlichkeiten erfüllt hat und die Abschlussprüfung in Übereinstimmung mit beruflichen Standards sowie einschlägigen gesetzlichen und anderen rechtlichen Anforderungen durchgeführt hat und
» der herausgegebene Vermerk unter den Umständen angemessen ist.

Qualitätsmanagementsystem der Praxis und Rolle der Prüfungsteams (2-9) (1/2)

Verantwortung der Prüfungspraxis (2-D.3.1)	Ausgestaltung, Implementierung und Betrieb eines Qualitätsmanagementsystems, welches der Praxis hinreichende Sicherheit darüber verschafft, dass » die Praxis und ihr Fachpersonal ihre Verantwortlichkeiten erfüllen und Aufträge in Übereinstimmung mit beruflichen Standards sowie einschlägigen gesetzlichen und anderen rechtlichen Anforderungen durchführen und » herausgegebene Vermerke bzw. Berichte unter den Umständen angemessen sind.	→ IDW QMS 1 (09.2022)
Verantwortung des Prüfungsteams (4-7)	» Umsetzung der für den Prüfungsauftrag einschlägigen Reaktionen der Praxis auf qualitätsgefährdende Risiken » Festlegung, ob angesichts der Art und Umstände des Prüfungsauftrags über die Regelungen oder Maßnahmen der Praxis hinausgehende Reaktionen auf Auftragsebene zu planen und umzusetzen sind und » Kommunikation von Informationen aus dem Prüfungsauftrag an die Praxis, deren Kommunikation nach den Regelungen oder Maßnahmen der Praxis erforderlich ist, um Ausgestaltung, Implementierung und Betrieb des Qualitätsmanagementsystems der Praxis zu unterstützen » Die Abschlussprüfung mit kritischer Grundhaltung zu planen und durchzuführen und pflichtgemäßes Ermessen auszuüben (→ ISA [DE] 200)	

Qualitätsmanagementsystem der Praxis und Rolle der Prüfungsteams (2-9) (2/2)

Verantwortung des Auftragsverantwortlichen (9)	Der Auftragsverantwortliche bleibt letztverantwortlich und damit rechenschaftspflichtig für die Einhaltung der Anforderungen dieses ISA [DE]. » Der Passus „der Auftragsverantwortliche *hat die Verantwortlichkeit für … zu übernehmen*" wird verwendet, wenn die Planung oder Durchführung von Maßnahmen, Aufgaben oder Handlungen auf angemessen qualifizierte oder entsprechend erfahrene Mitglieder des Prüfungsteams übertragbar ist.
Skalierbarkeit (8)	Die Anforderungen dieses ISA [DE] sind zur Anwendung im Kontext der Art und Umstände der jeweiligen Abschlussprüfung vorgesehen. » <u>Beispiel</u>: Wird eine Abschlussprüfung bei einer weniger komplexen Einheit vollständig vom Auftragsverantwortlichen durchgeführt, sind manche Anforderungen dieses ISA [DE] nicht relevant, da sie die Einbindung anderer Mitglieder des Prüfungsteams bedingen.

Definitionen (12) (1/2)

Auftragsverantwortlicher (verantwortlicher WP)	Partner oder andere natürliche Person, der/die für den Prüfungsauftrag und dessen Durchführung sowie für den im Auftrag der Praxis herausgegebenen Vermerk verantwortlich ist und der/die, falls erforderlich, durch eine Berufsorganisation, eine rechtlich zuständige Stelle oder eine Aufsichtsbehörde entsprechend ermächtigt ist
Auftragsbegleitende Qualitätssicherung	Eine vom auftragsbegleitenden Qualitätssicherer durchgeführte und am oder vor dem Datum des Vermerks zu dem Auftrag abgeschlossene objektive Beurteilung der vom Prüfungsteam vorgenommenen bedeutsamen Beurteilungen und der hierzu gezogenen Schlussfolgerungen
Auftragsbegleitender Qualitätssicherer	Ein(e) von der Praxis zur Durchführung der auftragsbegleitenden Qualitätssicherung benannte(r) Partner, andere natürliche Person in der Praxis oder externe natürliche Person
Prüfungsteam	Sämtliche den Prüfungsauftrag durchführenden Partner und fachlichen Mitarbeiter sowie etwaige andere natürliche Personen, die Prüfungshandlungen zu dem Auftrag durchführen, mit Ausnahme eines externen Sachverständigen des APr (→ ISA [DE] 620)

ISA [E-DE] 220 (Revised)

Definitionen (12) (2/2)

(WP-)Praxis	Ein(e) in Einzelpraxis tätige(r) Berufsangehöriger, Personengesellschaft oder Körperschaft oder andere aus Berufsangehörigen bestehende Einheit oder Pendant im öffentlichen Sektor
Mitglied im Netzwerk	Eine Praxis oder Einheit, die einem Netzwerk angehört
Netzwerk	» Eine breitere Struktur, die auf Kooperation abzielt <u>und</u> » eindeutig auf Gewinn- oder Kostenteilung abzielt <u>oder</u> gemeinsame(s) Eigentum, Kontrolle oder Management, gemeinsame Regelungen oder Maßnahmen zum Qualitätsmanagement, eine gemeinsame Geschäftsstrategie, die Nutzung eines gemeinsamen Markennamens oder einen bedeutsamen Teil fachlicher Ressourcen teilt
Partner	Jede natürliche Person, die befugt ist, die Praxis bei der Durchführung eines Auftrags über berufliche Dienstleistungen zu binden
Fachpersonal	Partner und fachliche Mitarbeiter der Praxis
Berufliche Standards	ISA [DE] und relevante berufliche Verhaltensanforderungen
Relevante berufliche Verhaltensanforderungen	» Grundsätze der Berufsethik und berufliche Verhaltensanforderungen, die für Berufsangehörige bei der Ausführung des Prüfungsauftrags einschlägig sind » Diese umfassen i.d.R. relevante Teile des IESBA Kodex und restriktivere nationale Anforderungen
Reaktion (in Bezug auf ein Qualitätsmanagementsystem)	Ausgestaltete und umgesetzte Regelungen oder Maßnahmen, um qualitätsgefährdende Risiken zu behandeln: » Regelungen sind Erklärungen dessen, was zur Behandlung eines oder mehrerer qualitätsgefährdender Risiken getan oder nicht getan werden soll. Solche Erklärungen können dokumentiert oder durch Handlungen und Entscheidungen impliziert sein. » Maßnahmen sind Handlungen zur Umsetzung von Regelungen
Fachliche Mitarbeiter	Fachkräfte, mit Ausnahme der Partner, einschließlich etwaige von der Praxis angestellte Sachverständige

ISA [E-DE] 220 (Revised)

Führungsverantwortlichkeiten für die Steuerung und Erzielung von Qualität bei Abschlussprüfungen (13-15)

Der Auftragsverantwortliche hat die Gesamtverantwortung für die Steuerung und Erzielung von Qualität bei dem Prüfungsauftrag zu übernehmen. Während des gesamten Prüfungsauftrags hat er ausreichend und geeignet eingebunden zu sein.
- » Verantwortliche Prüfungspartner haben eine angemessene Zeit für die Prüfungsdurchführung aufzuwenden (§ 46 Abs. 3 BS WP/vBP).
- » Die aktive Beteiligung eines Mitunterzeichners (weiterer verantwortlicher Prüfungspartner) setzt voraus, dass sich dieser eigenverantwortlich mit allen wesentlichen Aspekten des Auftrags und der Auftragsdurchführung befasst.

Relevante berufliche Verhaltensanforderungen, einschließlich derjenigen zur Unabhängigkeit (16-21)

Der Auftragsverantwortliche hat über ein Verständnis von den relevanten beruflichen Verhaltensanforderungen zu verfügen, die angesichts der Art und Umstände des Prüfungsauftrags einschlägig sind.	Die anderen Mitglieder des Prüfungsteams sind auf die einschlägigen relevanten beruflichen Verhaltensanforderungen und diesbezüglichen Regelungen oder Maßnahmen der Praxis aufmerksam zu machen.	Vor der Datierung des Vermerks ist festzustellen, ob die relevanten beruflichen Verhaltensanforderungen erfüllt wurden.

Annahme und Fortführung von Mandantenbeziehungen und Prüfungsaufträgen (22-24)

Der Auftragsverantwortliche hat festzustellen, dass die Regelungen oder Maßnahmen der Praxis zur Annahme und Fortführung von Mandantenbeziehungen und Prüfungsaufträgen befolgt wurden und dass die in dieser Hinsicht gezogenen Schlussfolgerungen angemessen sind.
- » Die vor Annahme des Auftrags zur Überprüfung der Unabhängigkeit getroffenen Maßnahmen und dabei festgestellte kritische Sachverhalte sind in den Arbeitspapieren zu dokumentieren.
- » Jede Abschlussprüfung nach § 316 HGB ist in die Auftragsdatei aufzunehmen (vgl. § 45 Berufssatzung WP/vBP).

Wenn Informationen erlangt werden, die dazu geführt hätten, dass die Praxis den Prüfungsauftrag abgelehnt hätte, wenn diese Informationen früher verfügbar gewesen wären:	Der Auftragsverantwortliche hat diese Informationen umgehend der Praxis mitzuteilen, so dass die Praxis und der Auftragsverantwortliche die notwendigen Handlungen vornehmen können.

Ressourcen des Auftrags (25-28)

Der Auftrags-verantwortliche hat festzustellen, dass ...	» ... dem Prüfungsteam zur Durchführung des Auftrags zeitgerecht ausreichende und geeignete Ressourcen zugewiesen sind oder zur Verfügung gestellt wurden. » ... die Mitglieder des Prüfungsteams sowie etwaige externe Sachverständige des APr insgesamt über die angemessenen Kompetenzen und Fähigkeiten verfügen.

Auftragsdurchführung (29-38) (1/2)

Anleitung, Beaufsichtigung und Durchsicht (29-34)	Der Auftragsverantwortliche hat die Verantwortlichkeit für die Anleitung und Beaufsichtigung der Mitglieder des Prüfungsteams sowie für die Durchsicht ihrer Tätigkeiten zu übernehmen. » Erteilung von angemessen strukturierten und klar verständlichen Prüfungsanweisungen » Durchsicht der Prüfungsdokumentation zu geeigneten Zeitpunkten während des Prüfungsauftrags » Am oder vor dem Datum des Vermerks ist festzustellen, dass ausreichende geeignete Prüfungsnachweise erlangt wurden.
Auftragsbezogene Qualitätssicherung (D.34.1)	Der verantwortliche WP hat unter Berücksichtigung des Risikos des Prüfungsmandats (Art, Branche, Komplexität) sowie der Regelungen oder Maßnahmen der WP-Praxis zu entscheiden, ob und welche Maßnahmen zur auftragsbezogenen Qualitätssicherung zu ergreifen sind. Geeignete Maßnahmen sind die Konsultation, die Berichtskritik und die auftragsbegleitende Qualitätssicherung.
Konsultation (35)	» Konsultationen sind vorzunehmen zu bedeutsamen Zweifelsfragen, schwierigen oder strittigen Sachverhalten und Sachverhalten, zu welchen die Regelungen oder Maßnahmen der Praxis Konsultation erfordern, und anderen Sachverhalten, die nach pflichtgemäßem Ermessen Konsultation erfordern. » Es ist festzustellen, dass die Mitglieder des Prüfungsteams angemessen konsultiert haben, sowohl innerhalb des Prüfungsteams als auch zwischen dem Prüfungsteam und Anderen innerhalb oder außerhalb der Praxis. » Feststellung, dass Art und Umfang sowie resultierende Schlussfolgerungen mit dem Konsultierten abgestimmt sind, und » Feststellung, dass abgestimmte Schlussfolgerungen umgesetzt wurden.

Auftragsdurchführung (29-38) (2/2)

Berichtskritik (D.35.2)	Entscheidet der verantwortliche WP in Übereinstimmung mit den Regelungen oder Maßnahmen der Praxis, dass eine Berichtskritik erforderlich ist, ist diese von solchen fachlich und persönlich geeigneten Personen vorzunehmen, die an der Erstellung des Prüfungsberichts nicht selbst mitgewirkt haben und die an der Durchführung der Prüfung nicht wesentlich beteiligt waren (§ 48 Abs. 2 Satz 2 BS WP/vBP).
Auftragsbegleitende Qualitätssicherung (36)	Wenn eine auftragsbegleitende Qualitätssicherung erforderlich ist, hat der Auftragsverantwortliche » festzustellen, dass ein auftragsbegleitender Qualitätssicherer benannt wurde; » mit dem auftragsbegleitendem Qualitätssicherer zu kooperieren; » bedeutsame Sachverhalte und bedeutsame Beurteilungen mit dem auftragsbegleitenden Qualitätssicherer zu diskutierten, und » den Vermerk nicht vor Abschluss der auftragsbegleitenden Qualitätssicherung zu datieren.
Meinungs-verschiedenheiten (37-38)	Der Auftragsverantwortliche hat: » die Verantwortlichkeit dafür zu übernehmen, dass Meinungsverschiedenheiten in Übereinstimmung mit den Regelungen oder Maßnahmen der Praxis behandelt und gelöst werden » festzustellen, dass gezogene Schlussfolgerungen dokumentiert und umgesetzt sind und » den Vermerk nicht zu datieren, bevor etwaige Meinungsverschiedenheiten gelöst sind.

Nachschau und Verbesserung (39)

Erlangung eines Verständnisses von den von der Praxis kommunizierten Informationen aus dem Nachschau- und Verbesserungsprozess der Praxis (→ IDW QMS 1).

Feststellung der Relevanz und Auswirkung der Informationen aus dem Nachschau- und Verbesserungsprozess auf den Prüfungsauftrag und die Vornahme angemessener Handlungen.

Aufmerksambleiben während des Auftrags für Informationen, die für den Nachschau- und Verbesserungsprozess der Praxis relevant sein können, und die Kommunikation solcher Informationen an die Verantwortlichen.

ISA [E-DE] 220 (Revised)

Übernahme der Gesamtverantwortung für die Steuerung und Erzielung der Qualität (40)

Vor Datierung des Vermerks hat der Auftragsverantwortliche festzustellen, dass …
» er die Gesamtverantwortung für die Steuerung und Erzielung der Qualität des Prüfungsauftrags übernommen hat
» seine Einbindung während des gesamten Prüfungsauftrags ausreichend und angemessen war
» die Art und Umstände des Prüfungsauftrags, etwaige Änderungen an diesen und die diesbezüglichen Regelungen oder Maßnahmen der Praxis bei der Einhaltung der Anforderungen dieses ISA [DE] berücksichtigt wurden

Dokumentation (41) → ISA [DE] 230

Der APr hat in die Prüfungs-dokumentation aufzunehmen:	Identifizierte Sachverhalte, relevante Diskussionen und gezogene Schlussfolgerungen in Bezug auf: » die Erfüllung der Verantwortlichkeiten bezüglich der relevanten beruflichen Verhaltensanforderungen, einschließlich derjenigen zur Unabhängigkeit; » die Annahme und Fortführung der Mandantenbeziehung und des Prüfungsauftrags
	Art und Umfang der während des Prüfungsauftrags vorgenommenen Konsultationen, daraus resultierende Schlussfolgerungen und wie solche Schlussfolgerungen umgesetzt wurden
	Für den Fall, dass der Prüfungsauftrag einer auftragsbegleitenden Qualitätssicherung unterliegt, dass diese am oder vor dem Datum des Vermerks des APr abgeschlossen wurde (die Dokumentation der auftragsbegleitenden Qualitätssicherung ist den Arbeitspapieren beizufügen)
	Benennung der verantwortlichen Prüfungspartner und Dokumentation, dass diese nach der WPO zugelassen sind
	Die Durchführung der Berichtskritik und der auftragsbegleitenden Qualitätssicherung ist angemessen zu dokumentieren (vgl. § 60 Abs. 1 Satz 1 Berufssatzung WP/vBP)

In der Prüfungsakte ist nach § 51b Abs. 5 Satz 2 Nr. 1 und 2 WPO zu dokumentieren, dass die Unabhängigkeitsanforderungen nach den §§ 319 Abs. 2 bis 5 und 319a HGB erfüllt sind und der verantwortliche WP über die Zeit, das Personal und die sonstigen Mittel verfügt, die nach § 43 Abs. 5 WPO zur angemessenen Durchführung der Abschlussprüfung erforderlich sind.

ISA [DE] 230
Prüfungsdokumentation

Zusammenfassung:

ISA [DE] 230 ist die um spezifische Modifikationen zu Einzelaspekten (sog. „D.-Textziffern") ergänzte autorisierte deutsche Übersetzung von ISA 230. ISA [DE] 230 regelt die allgemeinen Anforderungen, die an eine Prüfungsdokumentation zu stellen sind. Die prinzipienorientierten Anforderungen nach ISA [DE] 230 werden durch die besonderen Anforderungen und Hinweise zur Prüfungsdokumentation in anderen ISA ergänzt. In einer Anlage sind Textziffern anderer Standards aufgeführt, die besondere Dokumentationsanforderungen enthalten.

Als nationale Besonderheit wird klargestellt, dass auch der **Prüfungsbericht** i.S.d. § 321 HGB ein Teil der Prüfungsdokumentation ist. Folglich ist es nicht erforderlich, Ausführungen im Prüfungsbericht in den übrigen Teilen der Prüfungsdokumentation zu wiederholen

Grundsätzlich muss die Prüfungsdokumentation nach Form, Inhalt und Umfang ausreichend sein, um einen erfahrenen, zuvor mit der Prüfung nicht befassten Prüfer in die Lage zu versetzen, die Abwicklung der Prüfung nachvollziehen zu können. Im Einzelnen sind dazu darzustellen:

— Art, zeitliche Einteilung und Umfang der Prüfungshandlungen, die durchgeführt wurden; zu dokumentieren sind dabei kennzeichnende bzw. identifizierende Merkmale der geprüften Elemente oder Sachverhalte, von wem die Prüfungsarbeit durchgeführt und wann sie abgeschlossen wurde sowie von wem, wann und in welchem Umfang die durchgeführte Prüfungsarbeit durchgesehen wurde;
— Ergebnisse der durchgeführten Prüfungshandlungen und die erlangten Prüfungsnachweise sowie
— bedeutsame Sachverhalte, die sich während der Prüfung ergeben, die dazu gezogenen Schlussfolgerungen und bedeutsame Beurteilungen nach pflichtgemäßem Ermessen, die im Zusammenhang mit diesen Schlussfolgerungen getroffen wurden.

ISA [DE] 230 benennt zudem konkrete Dokumentationspflichten im Hinblick auf Gespräche zu bedeutsamen Sachverhalten, erkannte Unstimmigkeiten, Abweichungen von ISA-Anforderungen sowie Sachverhalten, die nach dem Datum des Vermerks bekannt werden. In einer Anlage zu ISA [DE] 230 werden darüber hinaus besondere Anforderungen zur Prüfungsdokumentation in anderen IDW PS und ISA [DE] zusammengefasst.

Die Prüfungsdokumentation hat jeweils zeitnah zu erfolgen. ISA [DE] 230 enthält die weitere Anforderung, dass der **Abschluss der Prüfungsdokumentation** in angemessener Zeit nach dem Datum des Vermerks des Abschlussprüfers zu erfolgen hat; i.d.R. sollte der Zeitraum des Abschlusses der Auftragsdokumentation eine Länge von 60 Tagen nach dem Datum des Vermerks des Abschlussprüfers nicht überschreiten.

Verweise:
./.

ISA [DE] 230: Prüfungsdokumentation

Anwendungsbereich und Zielsetzung (1, 5)

- » ISA [DE] 230 behandelt die Verantwortlichkeiten des APr bei einer Abschlussprüfung eine Prüfungsdokumentation zu erstellen.
- » Das Ziel des APr ist die Erstellung einer Dokumentation, die eine ausreichende und geeignete Aufzeichnung der Grundlage für den Vermerk bietet und Nachweise darüber liefert, dass die Prüfung in Übereinstimmung mit den GoA und den einschlägigen gesetzlichen und anderen rechtlichen Anforderungen geplant und durchgeführt wurde.

Wesen und Zweck der Prüfungsdokumentation (2-3)

Eine Prüfungsdokumentation, dient als Nachweis
- » für die Grundlage der Schlussfolgerung, die der APr über das Erreichen seiner übergeordneten Ziele zieht, und
- » dafür, dass die Prüfung in Übereinstimmung mit den GoA und anderen Anforderungen geplant und durchgeführt wurde.

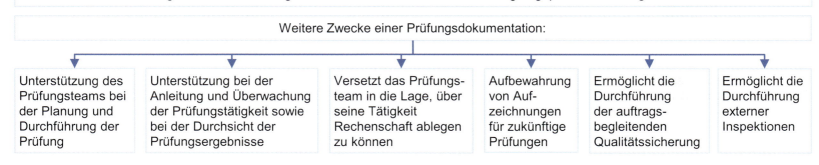

Weitere Zwecke einer Prüfungsdokumentation:

- Unterstützung des Prüfungsteams bei der Planung und Durchführung der Prüfung
- Unterstützung bei der Anleitung und Überwachung der Prüfungstätigkeit sowie bei der Durchsicht der Prüfungsergebnisse
- Versetzt das Prüfungsteam in die Lage, über seine Tätigkeit Rechenschaft ablegen zu können
- Aufbewahrung von Aufzeichnungen für zukünftige Prüfungen
- Ermöglicht die Durchführung der auftragsbegleitenden Qualitätssicherung
- Ermöglicht die Durchführung externer Inspektionen

ISA [DE] 230

Definitionen (6)

Prüfungsdokumentation („Arbeitspapiere")	Die Aufzeichnung der durchgeführten Prüfungshandlungen, der erlangten relevanten Prüfungsnachweise und der vom APr gezogenen Schlussfolgerungen. Zur Prüfungsdokumentation gehören z.B.: » Prüfungsprogramme » Analysen » Memoranden zu besonderen Sachverhalten » Zusammenfassungen bedeutsamer Sachverhalte » Bestätigungsschreiben und schriftliche Erklärungen » Checklisten » Schriftverkehr zu bedeutsamen Sachverhalten.
Prüfungsakte	Ein oder mehrere Ordner oder andere Aufbewahrungsmedien in physischer oder elektronischer Form, welche die Aufzeichnungen enthalten, aus denen die Prüfungsdokumentation für einen Auftrag besteht.
Erfahrener Prüfer	Eine Person (innerhalb oder außerhalb der Prüfungspraxis), die über praktische Prüfungserfahrung verfügt und ein ausreichendes Verständnis besitzt von » Prüfungsprozessen, » den ISA und den einschlägigen gesetzlichen und anderen rechtlichen Anforderungen, » dem Geschäftsumfeld, in dem die Einheit tätig ist, und » Prüfungs- und Rechnungslegungsfragen, die für die Branche relevant sind, der die Einheit angehört.

Prüfungsbericht i.S. des § 321 HGB ist ein Teil der Prüfungsdokumentation. (D.6.1)
» Es nicht erforderlich, Ausführungen im Prüfungsbericht in den übrigen Teilen der Prüfungsdokumentation zu wiederholen. (D.A3.1)

Zeitgerechte Erstellung der Prüfungsdokumentation (7)

Der APr hat die Prüfungsdokumentation zeitgerecht zu erstellen, um
» eine verbesserte Prüfungsqualität zu erreichen,
» die effektive Durchsicht und Beurteilung der erlangten Prüfungsnachweise sowie der gezogenen Schlussfolgerungen zu erleichtern.

Eine Dokumentation, die nach Durchführung der Prüfungstätigkeit erstellt wird, ist wahrscheinlich weniger genau als eine Dokumentation, die während der Prüfungsdurchführung erstellt wird. (A1)

ISA [DE] 230

Dokumentation der durchgeführten Prüfungshandlungen und der erlangten Prüfungsnachweise (8-13) (1/2)

Form, Inhalt und Umfang der Prüfungsdokumentation (8-11)

Die Prüfungsdokumentation hat einen **erfahrenen, zuvor nicht mit der Prüfung befassten Prüfer** in der Lage zu versetzen, Folgendes zu verstehen: (8)
- » Art, zeitliche Einteilung und Umfang der PH, die durchgeführt wurden,
- » die Ergebnisse der durchgeführten PH und die erlangten Prüfungsnachweise sowie
- » bedeutsame Sachverhalte, die sich während der Prüfung ergeben, die dazu gezogenen Schlussfolgerungen und bedeutsame Beurteilungen nach pflichtgemäßem Ermessen, die im Zusammenhang mit diesen Schlussfolgerungen getroffen wurden.

Einflussfaktoren auf Form, Inhalt und Umfang der Prüfungsdokumentation: (A2)

» Größe und Komplexität der Einheit » Art der durchzuführenden PH » festgestellte Risiken wesentlicher falscher Darstellungen » Bedeutung der erlangten Prüfungsnachweise » Art und Umfang der erkannten Auffälligkeiten	» Notwendigkeit zur Dokumentation einer Schlussfolgerung oder der Grundlage für eine Schlussfolgerung, die nicht ohne Weiteres aus der Dokumentation der durchgeführten Arbeit oder aus den erlangten Prüfungsnachweisen feststellbar ist » angewendete Prüfungsmethode und Prüfungshilfsmittel.

Art, zeitlicher Einteilung und Umfang der PH (9)	» die kennzeichnenden Merkmale der geprüften Elemente oder Sachverhalte, » von wem die Prüfungsarbeit durchgeführt und wann sie abgeschlossen wurde sowie » von wem, wann und in welchem Umfang die durchgeführte Prüfungsarbeit durchgesehen wurde.
Diskussionen zu bedeutsamen Sachverhalten (10)	Dokumentation von Diskussionen mit dem Management, den für die Überwachung Verantwortlichen und anderen Personen über bedeutsame Sachverhalte (einschließlich der Art der diskutierten Sachverhalte sowie wann und mit wem die Diskussionen stattfanden).
Inkonsistenzen (11)	Der APr hat identifizierte Informationen zu dokumentieren, die zu seiner endgültigen Schlussfolgerung zu einem bedeutsamen Sachverhalt inkonsistent sind (einschließlich des Umgangs mit dieser Inkonsistenz).

Dokumentation der durchgeführten Prüfungshandlungen und der erlangten Prüfungsnachweise (8-13) (2/2)

Abweichung von einer relevanten Anforderung (12)

Wird in Ausnahmefällen von einer relevanten GoA-Anforderung abgewichen, sind die durchgeführten alternativen Prüfungshandlungen und die Gründe für die Abweichung zu dokumentieren.

Sachverhalte, die nach dem Datum des Vermerks bekannt werden (13)

Führt der APr in Ausnahmefällen nach dem Datum des Vermerks des APr neue oder zusätzliche PH durch oder zieht neue Schlussfolgerungen, hat er Folgendes zu dokumentieren:
» die gegebenen Umstände,
» die neu oder zusätzlich durchgeführten PH, die erlangten Prüfungsnachweise und die gezogenen Schlussfolgerungen sowie deren Auswirkung auf den Vermerk des APr und
» wann und von wem die resultierenden Änderungen der Prüfungsdokumentation vorgenommen und durchgesehen wurden.

Besondere Anforderungen zur Prüfungsdokumentation in anderen ISA (Anlage zu ISA [DE] 230)

In einer Anlage zu ISA [DE] 230 sind Tz. anderer Standards aufgeführt, die besondere Dokumentationsanforderungen enthalten:

» ISA [DE] 210, Tz. 10-12	» ISA [DE] 315 (Revised 2019), Tz. 32	» ISA [DE] 600, Tz. 50
» ISA 220, Tz. 24-25	» ISA [DE] 320, Tz. 14	» ISA [DE] 610 (Revised 2013), Tz. 36-37
» ISA [DE] 240, Tz. 44 47	» ISA [DE] 330, Tz. 28-30	» ISA [DE]720 (Revised), Tz. 25
» ISA [DE] 250, Tz. 29	» ISA [DE] 450, Tz. 15	» IDW PS 401, Tz. 21
» ISA 260, Tz. 23	» ISA [DE] 540 (Revised), Tz. 39	» IDW PS 470 n.F., Tz. 32
» ISA [DE] 300, Tz. 12	» ISA [DE] 550, Tz. 28	» IDW QS 1, Tz. 108, 116, 120, 186-189, 197

Zusammenstellung der endgültigen Prüfungsakte (14-16)

Der APr hat die Prüfungsdokumentation in einer Prüfungsakte zusammenzustellen und den administrativen Prozess der Zusammenstellung der endgültigen Prüfungsakte **zeitgerecht** nach dem Datum des Vermerks abzuschließen. (14)

I.d.R. gilt ein Zeitraum von höchstens **60 Tagen** nach dem Datum des Vermerks als angemessen. (A21) → ISQC 1

Datum Vermerk des APr — bis 60 Tage — ab 60 Tagen

Zulässig (A22)	Nicht zulässig	Zulässig	Nicht zulässig
» Löschen oder Entfernen überholter Dokumentation » Sortieren und Ordnen der Arbeitspapiere, Einfügen von Querverweisen » Abzeichnen von Vollständigkeitschecklisten » Dokumentation von Prüfungsnachweisen, der der APr vor dem Datum des Vermerks des APr erlangt und mit den relevanten Mitgliedern des Prüfungsteams erörtert und abgestimmt hat	Durchführung neuer PH und Ziehen neuer Schlussfolgerungen	Änderungen oder Ergänzungen mit Dokumentation » der spezifischen Gründe für deren Vornahme » Wann und von wem die Änderung oder Ergänzung vorgenommen und durchgesehen wurde	Entfernen oder Löschen von Prüfungsdokumentation

Nach Abschluss der der endgültigen Prüfungsakte darf der APr jegliche Art von Prüfungsdokumentation nicht vor dem Ende des jeweiligen Aufbewahrungszeitraums löschen oder entfernen. (15)

Wenn der APr es als notwendig erachtet, nach Abschluss der Zusammenstellung der endgültigen Prüfungsakte die bestehende Prüfungsdokumentation zu ändern oder eine neue Prüfungsdokumentation hinzuzufügen, hat er unabhängig von der Art der Änderungen oder Ergänzungen Folgendes zu dokumentieren: (16)
» die spezifischen Gründe für deren Vornahme und
» wann und von wem diese vorgenommen und durchgesehen wurden.

ISA [DE] 240
Verantwortlichkeiten des Abschlussprüfers bei dolosen Handlungen

Zusammenfassung:

ISA [DE] 240 ist die um spezifische Modifikationen zu Einzelaspekten (sog. „D.-Textziffern") ergänzte autorisierte deutsche Übersetzung von ISA 240. ISA [DE] 240 behandelt die Prüfungshandlungen zur Identifikation und Beurteilung der Risiken wesentlicher falscher Darstellungen aufgrund von dolosen Handlungen sowie die angemessenen Reaktionen des Abschlussprüfers in Bezug auf beurteilte Risiken sowie bei entdeckten oder vermuteten dolosen Handlungen.

In Abschlüssen können falsche Darstellungen enthalten sein, die entweder aus dolosen Handlungen oder aus Irrtümern resultieren. Irrtümer sind unbeabsichtigte falsche Darstellungen im Abschluss, z.B. aufgrund von Schreib- oder Rechenfehlern oder einer nicht bewusst falschen Anwendung von Rechnungslegungsgrundsätzen. Dolose Handlungen hingegen sind beabsichtigte falsche Darstellungen im Abschluss, die auf Manipulationen der Rechnungslegung oder Vermögensschädigungen beruhen.

Risikofaktoren für dolose Handlungen – ob es sich dabei um Manipulationen der Rechnungslegung oder um Vermögensschädigungen handelt – bestehen bei einem Anreiz oder Druck zum Begehen doloser Handlungen, bei der Wahrnehmung einer Gelegenheit dazu und bei einer inneren Rechtfertigung der Tat. Als wesentliche Anforderung benennt ISA [DE] 240 zunächst das Erfordernis der Beibehaltung einer kritischen Grundhaltung. Zudem sind Risiken falscher Darstellungen aufgrund von dolosen Handlungen im Prüfungsteam zu besprechen. Zur Identifizierung möglicher Risiken werden die Anforderungen aus ISA [DE] 315 (Revised 2019) im Hinblick auf diese Thematik konkretisiert. Dabei wird klargestellt, dass der Abschlussprüfer grundsätzlich von der Vermutung ausgehen muss, dass bei der Erlös-Erfassung Risiken doloser Handlungen bestehen. Grundsätzlich vorgesehen ist außerdem die Einholung einer schriftlichen Erklärung des Managements und der für die Überwachung Verantwortlichen. ISA [DE] 240 enthält darüber hinaus spezifische Dokumentationspflichten.

Verweise:

— ISA [DE] 250: Berücksichtigung von Gesetzen und anderen Rechtsvorschriften bei einer Abschlussprüfung
— ISA [DE] 315 (Revised 2019): Identifizierung und Beurteilung der Risiken wesentlicher falscher Darstellungen aus dem Verständnis von der Einheit und ihrem Umfeld
— ISA [DE] 580: Schriftliche Erklärungen

© IDW Verlag GmbH

ISA [DE] 240: Verantwortlichkeiten des Abschlussprüfers bei dolosen Handlungen

Anwendungsbereich und Zielsetzung (1, 11)

ISA [DE] 240 behandelt die Verantwortlichkeiten des APr im Zusammenhang mit dolosen Handlungen bei einer Abschlussprüfung. Die Ziele des APr sind,
» die Risiken wesentlicher falscher Darstellungen im Abschluss aufgrund von dolosen Handlungen zu identifizieren und zu beurteilen,
» durch die Planung und Umsetzung angemessener Reaktionen ausreichende geeignete Prüfungsnachweise in Bezug auf die beurteilten Risiken wesentlicher falscher Darstellungen aufgrund von dolosen Handlungen zu erhalten und
» in angemessener Weise auf die in einer Abschlussprüfung entdeckten oder vermuteten dolosen Handlungen zu reagieren.

Merkmale doloser Handlungen (2-3)

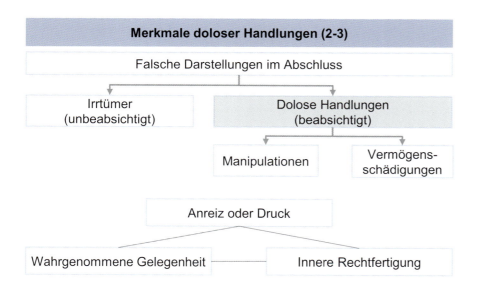

Definitionen (12)

Dolose Handlung: Eine absichtliche Handlung einer oder mehrerer Personen aus dem Kreis des Managements, der für die Überwachung Verantwortlichen, der Mitarbeiter oder Dritter, wobei durch Täuschung ein ungerechtfertigter oder rechtswidriger Vorteil erlangt werden soll.

Risikofaktoren für dolose Handlungen: Ereignisse oder Gegebenheiten, die auf einen Anreiz oder Druck zum Begehen doloser Handlungen hindeuten oder eine Gelegenheit zum Begehen doloser Handlungen bieten.

Verantwortlichkeit für die Verhinderung und die Aufdeckung doloser Handlungen (4-9)

Vorrangige Verantwortung für die Verhinderung und Aufdeckung doloser Handlungen	Die für die Überwachung der Einheit Verantwortlichen	Management
	» Aktive Aufsicht des Managements » Abwägung der Möglichkeit, dass Kontrollen außer Kraft gesetzt werden oder anderweitig unangemessener Einfluss auf den Rechnungslegungsprozess genommen wird	» Besonderes Augenmerk sollte auf der Verhinderung doloser Handlungen liegen » Selbstverpflichtung zur Schaffung einer Kultur von Ehrlichkeit und ethischem Verhalten
Verantwortlichkeiten des APr	Erlangung einer hinreichenden Sicherheit darüber, dass der Abschluss als Ganzes frei von einer wesentlichen falschen Darstellung aufgrund von dolosen Handlungen oder Irrtümern ist. Um hinreichende Sicherheit zu erlangen, hat der APr während der gesamten Prüfung » eine kritische Grundhaltung beizubehalten, » die Möglichkeit einer Außerkraftsetzung von Kontrollen durch das Management in Betracht zu ziehen und » sich der Tatsache bewusst zu sein, dass Prüfungshandlungen, mit denen Irrtümer wirksam aufgedeckt werden können, möglicherweise bei der Aufdeckung von dolosen Handlungen nicht wirksam sind.	

Anforderungen an den APr im Überblick

» Beibehaltung einer kritischen Grundhaltung (13-15)
» Diskussion im Prüfungsteam (16)
» PH zur Risikobeurteilung (17-25)
» Identifizierung und Beurteilung der Risiken wesentlicher falscher Darstellungen aufgrund von dolosen Handlungen (26-28)
» Reaktionen auf die die beurteilten Risiken wesentlicher falscher Darstellungen aufgrund von dolosen Handlungen (29-34)
» Beurteilung der Prüfungsnachweise (35-38)
» Einholung von schriftlichen Erklärungen (40)
» Mitteilungen an das Management und Kommunikation mit den für die Überwachung Verantwortlichen (41-43)
» Berichterstattung doloser Handlungen an eine zuständige Behörde außerhalb der Einheit (44)

ISA [DE] 240

Kritische Grundhaltung (13-15) → ISA [DE] 200

Der APr muss während der gesamten Prüfung eine kritische Grundhaltung beibehalten.
» Bewusstsein dafür, dass ungeachtet der Erfahrungen mit der Ehrlichkeit und Integrität des Managements und der für die Überwachung Verantwortlichen wesentliche falsche Darstellungen aufgrund von dolosen Handlungen vorliegen können.

Der APr darf von der Echtheit der Aufzeichnungen und Dokumente ausgehen, es sei denn, es besteht Grund zur gegenteiligen Auffassung. Wenn Antworten auf Befragungen des Managements oder der für die Überwachung Verantwortlichen auf Befragungen inkonsistent sind, hat er die Inkonsistenzen zu untersuchen.

Diskussion im Prüfungsteam (16) → ISA [DE] 315 (Revised 2019)

In einer Diskussion im Prüfungsteam ist zu erörtern:
» In welcher Weise und an welchen Stellen kann der Abschluss für wesentliche falsche Darstellungen aufgrund von dolosen Handlungen anfällig sein?
» Wie könnten dolose Handlungen vorkommen?

PH zur Risikobeurteilung und damit zusammenhängende Tätigkeiten (17-25) → ISA [DE] 315 (Revised 2019)

Erlangung eines Verständnisses von der Einheit und ihrem Umfeld, den maßgebenden Rechnungslegungsgrundsätzen sowie dem IKS:

| Befragung des Management und ggf. weiterer Personen innerhalb der Einheit (z.B. Interne Revision) zur Beurteilung des Risikos, zum Prozess zur Identifizierung von Risiken und zur Reaktion auf diese, zur Berichterstattung an die für die Überwachung Verantwortlichen und zur Kommunikation ggü. den Mitarbeitern. | Gewinnung eines Verständnis von Art und Weise der Aufsicht der für die Überwachung Verantwortlichen | Berücksichtigung ungewöhnlicher oder unerwarteter Verhältnisse bei analytischen PH | Überlegungen, ob andere erlangte Informationen auf Risiken wesentlicher falscher Darstellungen hindeuten | Beurteilung von Risikofaktoren für dolose Handlungen (z.B. Erwartungen Dritter, Boni-Regelungen, unwirksames IKS) |

Identifizierung und Beurteilung der Risiken wesentlicher falscher Darstellungen aufgrund von dolosen Handlungen (26-28)

→ ISA [DE] 315 (Revised 2019)

APr muss die Risiken wesentlicher falscher Darstellungen aufgrund von dolosen Handlungen **auf Abschlussebene** sowie **auf Aussageebene** für Arten von Geschäftsvorfällen, für Kontensalden und für Abschlussangaben identifizieren und beurteilen.	Risiken wesentlicher falscher Darstellungen aufgrund von dolosen Handlungen sind **stets** als **bedeutsame Risiken** zu behandeln.	Der APr muss ein Verständnis von den diesbezüglich **vorhandenen Kontrollen** der Einheit, einschließlich der dafür relevanten Kontrollaktivitäten, gewinnen.

! APr muss von der Vermutung ausgehen, dass bei der **Erlöserfassung** Risiken doloser Handlungen bestehen, und beurteilen, welche Erlösarten, erlösrelevante Geschäftsvorfälle oder Aussagen solche Risiken zur Folge haben. (27)

Ausnahmen sind begründet zu dokumentieren! (48)

Reaktionen auf beurteilte Risiken wesentlicher falscher Darstellungen aufgrund von dolosen Handlungen (29-34) (1/2)

→ ISA [DE] 330

Allgemeine Reaktionen betreffend der Risiken auf Abschlussebene (29-30)

Reaktion des APr:
- » Zuordnung und Überwachung der eingesetzten Mitarbeiter, denen im Rahmen des Auftrags bedeutsame Verantwortlichkeiten übertragen werden sollen.
- » Beurteilung ob die der von der Einheit angewandten Rechnungslegungsmethoden, besonders im Hinblick auf subjektive Bewertungen und komplexe Geschäftsvorfälle, auf Manipulationen der Rechnungslegung (z.B. versuchte Ergebnissteuerung) hindeuten können.
- » Einbau eines Überraschungsmoments bei der Auswahl von Art, zeitlicher Einteilung und Umfang der PH.

Reaktion auf Risiken auf Aussageebene (31)

Planung und Durchführung von PH, die auf die beurteilten Risiken wesentlicher falscher Darstellungen aufgrund von dolosen Handlungen auf Aussageebene ausgerichtet sind.

Reaktionen auf beurteilte Risiken wesentlicher falscher Darstellungen aufgrund von dolosen Handlungen (29-34) (2/2)

→ ISA [DE] 330

Reaktionen auf Risiken im Zusammenhang mit einer Außerkraftsetzung von Kontrollen durch das Management (32-24)

 Das Management ist in der Lage, Kontrollen außer Kraft zu setzen, die ansonsten wirksam zu funktionieren scheinen.
⇒ Obwohl das Risiko in jeder Einheit unterschiedlich hoch ist, besteht es dennoch in allen Einheiten.

Reaktion des APr:	» Prüfung der Angemessenheit von im Hauptbuch aufgezeichneten Journaleinträge und von anderen bei der Abschlusserstellung vorgenommenen Anpassungen. » Beurteilung, ob Umstände für eine einseitige Einflussnahme bei den geschätzten Werten in der Rechnungslegung bestehen. » Erlangung eines Verständnisses von dem wirtschaftlichen Beweggrund bedeutsamer Geschäftsvorfälle, die außerhalb der gewöhnlichen Geschäftsverlaufs der Einheit liegen oder in anderer Hinsicht ungewöhnlich erscheinen.

Beurteilung der Prüfungsnachweise (35-38)

Deuten **analytische PH**, die gegen Ende der Prüfung **für die Bildung eines Gesamturteils** durchgeführt werden, auf ein bisher nicht erkanntes Risiko wesentlicher falscher Darstellung aufgrund von dolosen Handlungen hin?

Deuten festgestellte **falsche Darstellungen** auf dolose Handlungen hin?. » In diesem Fall müssen die Auswirkungen der falschen Darstellung auf andere Aspekte der Prüfung (z.B. die Verlässlichkeit der Erklärungen des Managements) beurteilt werden.	Wurden **falsche Darstellung** als **Ergebnis doloser Handlungen** oder mit Beteiligung des Managements festgestellt? » In diesem Fall müssen die Risiken und die daraus resultierenden Auswirkungen auf Art, zeitliche Einteilung und Umfang der PH neu beurteilen werden.	Ist der Abschluss infolge doloser Handlungen wesentlich falsch dargestellt, oder kann diesbezüglich keine Schlussfolgerung getroffen werden? » In diesem Fall sind die Auswirkungen für die Prüfung abzuwägen.

Der Abschlussprüfer ist nicht in der Lage den Auftrag fortzuführen (39)

Falls der APr als Folge einer aus dolosen Handlungen oder vermuteten dolosen Handlungen resultierenden falschen Darstellung auf außergewöhnliche Umstände stößt, durch die in Frage gestellt wird, ob die Prüfung fortgeführt werden kann, muss er

- feststellen, welche beruflichen und rechtlichen Pflichten unter den gegebenen Umständen zu beachten sind, und ob eine Berichterstattung erforderlich ist.

- abwägen, ob eine Mandatsniederlegung (sofern zulässig) angemessen ist.

  Im Falle einer Mandatsniederlegung muss der APr
  » Gespräche mit dem Management und den für die Überwachung Verantwortlichen über die Mandatsniederlegung und die Gründe dafür führen;
  » feststellen, ob eine berufliche oder rechtliche Mitteilungspflicht über die Niederlegung des Mandates und die Gründe dafür besteht.

Einholung schriftlicher Erklärungen des Managements und der für die Überwachung Verantwortlichen (40)

- Anerkennung der Verantwortlichkeit für die Konzeption, Einrichtung und Aufrechterhaltung des IKS zur Verhinderung und Aufdeckung doloser Handlungen.

- Mitteilung der Ergebnisse einer Beurteilung des Managements über das Risiko, dass der Abschluss infolge doloser Handlungen wesentliche falsche Darstellungen enthalten könnte.

- Mitteilung aller dem Management bekannten oder vermuteten dolosen Handlungen mit Auswirkungen auf die Einheit mitgeteilt (an denen das Management, Mitarbeiter mit bedeutender Funktion im Rahmen des IKS oder andere Personen beteiligt sind).

- Mitteilung aller dem Management bekannten Vorwürfe von dolosen Handlungen oder vermuteten dolosen Handlungen mit Auswirkung auf den Abschluss der Einheit, die von Mitarbeitern, ehemaligen Mitarbeitern, Analysten, Aufsichtsbehörden oder anderen mitgeteilt worden sind.

Mitteilungen an das Management und Kommunikation mit den für die Überwachung Verantwortlichen (41-43)

Hat der APr eine dolose Handlung festgestellt oder Informationen erlangt, die auf eine mögliche dolose Handlung hindeuten, so hat er diese Sachverhalte in angemessener Zeit **der angemessenen Managementebene** mitzuteilen.

Wenn der APr dolose Handlungen identifiziert oder vermutet, an denen das Management oder Mitarbeiter mit bedeutenden Funktionen im Rahmen des IKS oder im Fall von wesentlichen falschen Darstellungen andere Personen beteiligt sind, hat er dies den jeweils für die Überwachung Verantwortlichen (sofern diese nicht bereits Teil des Managements sind) mitzuteilen.

Der APr muss sich mit den für die Überwachung Verantwortlichen über alle anderen Sachverhalte i.Z.m. dolosen Handlungen austauschen, die nach seiner Beurteilung für deren Verantwortlichkeiten relevant sind.

Mitteilungen an Aufsichtsbehörden und Überwachungsstellen (44)

Wenn eine dolose Handlung festgestellt oder vermutet wird, muss der APr feststellen, ob eine Pflicht besteht, die Feststellung oder Vermutung einem Dritten außerhalb der Einheit mitzuteilen.

Dokumentation (45-48) → ISA [DE] 230

In die **Prüfungsdokumentation** sind aufzunehmen:

Die Dokumentation nach ISA [DE] 315 (Revised 2019) über die Identifizierung und die Beurteilung der Risiken wesentlicher falscher Darstellungen muss beinhalten:
- » Die bedeutsamen Entscheidungen, die im Rahmen der Besprechung im Prüfungsteam zur Anfälligkeit des Abschlusses der Einheit für wesentliche falsche Darstellungen aufgrund von dolosen Handlungen getroffen wurden.
- » Die identifizierten und beurteilten Risiken wesentlicher falscher Darstellungen aufgrund von dolosen Handlungen auf Abschluss- und auf Aussageebene.
- » Identifizierte Kontrollen in der Komponente Kontrollaktivitäten, die beurteilte Risiken wesentlicher falscher Darstellungen aufgrund von dolosen Handlungen behandeln.

Die Dokumentation nach ISA 330 zu den erforderlichen Reaktionen auf die beurteilten Risiken wesentlicher falscher Darstellungen muss beinhalten:
- » Die allgemeinen Reaktionen auf die beurteilten Risiken wesentlicher falscher Darstellungen aufgrund von dolosen Handlungen auf Abschlussebene sowie die Art, zeitliche Einteilung und den Umfang der PH sowie die Verknüpfung dieser PH mit den beurteilten Risiken.
- » Die Ergebnisse der PH, einschließlich derjenigen, die auf das Risiko einer Außerkraftsetzung von Kontrollen durch das Management ausgerichtet sind.

Dokumentation von Mitteilungen über dolose Handlungen, die an das Management, an die für die Überwachung Verantwortlichen, an die Aufsichtsbehörden und an andere gerichtet wurden.

Dokumentation der Schlussfolgerung, wenn die Vermutung eines Risikos wesentlicher falscher Darstellungen aufgrund von dolosen Handlungen bei der Erlöserfassung unter den Umständen des Auftrages nicht zutrifft.

ISA [DE] 250 (Revised)
Berücksichtigung von Gesetzen und anderen Rechtsvorschriften bei einer Abschlussprüfung

Zusammenfassung:

ISA [DE] 250 (Revised) ist die um spezifische Modifikationen zu Einzelaspekten (sog. „D.-Textziffern") ergänzte autorisierte deutsche Übersetzung von ISA 250. Der Standard differenziert zunächst unterschiedliche Kategorien von Gesetzen und anderen Rechtsvorschriften im Hinblick darauf, ob sich aus ihnen eine unmittelbare Auswirkung auf den Abschluss ergibt. Zudem wird in ISA [DE] 250 (Revised) der Begriff des Verstoßes definiert.

Nach ISA [DE] 250 (Revised) sind auch bei Nichtvorliegen identifizierter oder vermuteter Verstöße stets Prüfungshandlungen zur Erlangung eines Verständnisses des für die Einheit geltenden regulatorischen Rahmens und zur Einhaltung der Rechtsvorschriften mit unmittelbarer Auswirkung auf den Abschluss erforderlich. Im Hinblick auf sonstige Rechtsvorschriften sind Befragungen sowie die Einsichtnahme in ggf. vorhandenen Schriftverkehr mit Behörden vorzunehmen. Betont wird zudem die Beibehaltung der kritischen Grundhaltung. Grundsätzlich vorgesehen ist zudem die Einholung einer schriftlichen Erklärung des Managements und der für die Überwachung Verantwortlichen. Weitergehende Anforderungen ergeben sich im Falle von identifizierten oder vermuteten Verstößen.

Als nationale Besonderheit hebt ISA [DE] 250 (Revised) hervor, dass der Abschlussprüfer aufgrund seiner Verschwiegenheitspflicht gegenüber Dritten (z.B. Staatsanwaltschaft) keine identifizierten oder vermuteten Verstöße gegen Gesetze oder andere Rechtsvorschriften offenbaren darf, sofern keine Ausnahmen aufgrund gesetzlicher Regelungen bestehen.

Verweise:
— ISA [DE] 240: Verantwortlichkeiten des Abschlussprüfers bei dolosen Handlungen
— ISA [DE] 315 (Revised 2019): Identifizierung und Beurteilung der Risiken wesentlicher falscher Darstellungen aus dem Verständnis von der Einheit und ihrem Umfeld
— ISA [DE] 580: Schriftliche Erklärungen
— IDW PS 470 n.F. (10.2021): Grundsätze für die Kommunikation mit den für die Überwachung Verantwortlichen

ISA [DE] 250 (Revised)

ISA [DE] 250 (Revised): Berücksichtigung von Gesetzen und anderen Rechtsvorschriften bei einer Abschlussprüfung

Anwendungsbereich und Zielsetzung (1, 11)

- ISA [DE] 250 (Revised) behandelt die Verantwortlichkeiten des APr, bei einer Abschlussprüfung Gesetze und andere Rechtsvorschriften zu berücksichtigen.
- Die Ziele des APr sind die Erlangung ausreichender geeigneter Prüfungsnachweise hinsichtlich der Einhaltung der Bestimmungen derjenigen Gesetze und anderen Rechtsvorschriften, die Durchführung bestimmter Prüfungshandlungen, die bei der Identifizierung von Fällen von Verstößen gegen sonstige Gesetze und andere Rechtsvorschriften helfen, und eine angemessene Reaktion auf identifizierte oder vermutete Verstöße gegen Gesetze und andere Rechtsvorschriften.

Verantwortlichkeit für die Einhaltung von Gesetzen und anderen Rechtsvorschriften (3-9)

Verantwortlichkeit des Managements	Das Management hat sicherzustellen, dass die Geschäftstätigkeit der Einheit in Übereinstimmung mit den Bestimmungen der Gesetze und anderer Rechtsvorschriften ausgeübt wird.
Verantwortlichkeit des APr	» Der APr ist verantwortlich für die Erlangung hinreichender Sicherheit darüber, dass der Abschluss als Ganzes frei von einer wesentlichen falschen Darstellung, ob aufgrund von dolosen Handlungen oder Irrtümern, ist. » Der APr ist jedoch weder dafür verantwortlich, Verstöße zu verhindern, noch kann vom APr die Aufdeckung der Verstöße gegen sämtliche Gesetze und andere Rechtsvorschriften erwartet werden.

Kategorien von Gesetzen und anderen Rechtsvorschriften:
- Bestimmungen in Gesetzen und anderen Rechtsvorschriften, denen im Allgemeinen **eine unmittelbare Auswirkung** auf die Festlegung wesentlicher Beträge und Angaben im Abschluss beigemessen wird.
- Sonstige Gesetze und andere Rechtsvorschriften, die (selbst) **keine unmittelbare Auswirkung** auf den Abschluss haben, deren Einhaltung jedoch grundlegend für die betrieblichen Aspekte der Geschäftstätigkeit, für die Fähigkeit einer Einheit zur Fortführung ihrer Geschäftstätigkeit oder zur Vermeidung wesentlicher Strafen ist (d.h. Verstöße gegen solche Gesetze und andere Rechtsvorschriften können wesentliche Auswirkungen auf den Abschluss haben).

Definition (12)

Verstoß
- » Absichtliches oder unabsichtliches Tun oder Unterlassen, begangen durch die Einheit, die für die Überwachung Verantwortlichen, das Management oder andere für die Einheit oder unter deren Leitung tätige Personen, das den geltenden Gesetzen oder anderen Rechtsvorschriften entgegensteht.
- » Verstöße umfassen kein persönliches Fehlverhalten, das nicht mit den Geschäftstätigkeiten der Einheit im Zusammenhang steht.

Erwägungen des APr zur Einhaltung von Gesetzen und anderen Rechtsvorschriften (13-18)

Die folgenden Prüfungshandlungen sind **auch bei Nichtvorliegen** identifizierter oder vermuteter Verstöße stets erforderlich:

- Erlangung eines allgemeinen Verständnisses von dem für die Einheit einschlägigen gesetzlichen und sonstigen regulatorischen Rahmen und der Art und Weise, in der die Einheit diesen Rechtsrahmen einhält.

- Einholung ausreichender Prüfungsnachweise zur Einhaltung von Rechtsvorschriften, denen im Allgemeinen eine unmittelbare Auswirkung auf wesentlicher Beträge und Angaben im Abschluss beigemessen wird.

- Durchführung folgender Prüfungshandlungen zur Einhaltung von sonstigen Rechtsvorschriften:
  - » Befragung des Managements und ggf. der für die Überwachung Verantwortlichen, ob die Einheit solche Gesetze und andere Rechtsvorschriften einhält,
  - » Einsichtnahme in ggf. vorhandenen Schriftverkehr mit zuständigen Behörden.

- Beigehaltung einer kritischen Grundhaltung betreffend tatsächlicher oder vermuteter Verstöße gegen Gesetze und andere Rechtsvorschriften.

- Einholung einer schriftlichen Erklärung vom Management und ggf. von den für die Überwachung Verantwortlichen, dass alle bekannten Fälle tatsächlicher oder vermuteter Verstöße gegen Gesetze und andere Rechtsvorschriften mitgeteilt wurden, deren Auswirkungen bei der Aufstellung des Abschlusses zu berücksichtigen sind.

Prüfungshandlungen bei identifizierten oder vermuteten Verstößen (19-22)

Bei Bekanntwerden von tatsächlichen oder vermuteten Verstößen gegen Gesetze und andere Rechtsvorschriften (19)	» Erlangung eines Verständnisses von der Art der Handlung und den Umständen, unter denen sie vorgenommen wurde, » Erlangung weiterer Informationen, um die mögliche Auswirkung auf den Abschluss zu beurteilen.
Bei einer Vermutung, dass ein Verstoß vorliegen kann (20-21)	» Erörterung des Sachverhalts mit der entsprechenden Managementebene und ggf. den für die Überwachung Verantwortlichen » Sofern die Erörterung keine ausreichenden Informationen liefert, hat der APr die Notwendigkeit der Erlangung rechtlichen Rats zu erwägen. » Sofern keine ausreichenden Informationen über einen vermuteten Verstoß erlangt werden können, hat der APr die Auswirkung des Fehlens ausreichender geeigneter Prüfungsnachweise auf das Prüfungsurteil zu beurteilen.

Der APr hat die Auswirkungen identifizierter oder vermuteter Verstöße im Verhältnis zu anderen Aspekten der Abschlussprüfung, einschließlich seiner Risikobeurteilung und der Verlässlichkeit schriftlicher Erklärungen zu beurteilen und geeignete Maßnahmen zu ergreifen.

D.A25.1	Nach § 318 Abs. 6 HGB darf ein angenommener Prüfungsauftrag vom APr indes nur aus wichtigem Grund gekündigt werden.

Kommunikation und Berichterstattung identifizierter oder vermuteter Verstöße (23-29) (1/2)

Kommunikation mit den für die Überwachung Verantwortlichen über identifizierte oder vermutete Verstöße (23-25)

Der APr hat – sofern nicht nach Gesetzen oder anderen Rechtsvorschriften untersagt – über mit Verstößen gegen Gesetze und andere Rechtsvorschriften zusammenhängende Sachverhalte, auf die er im Laufe der Abschlussprüfung aufmerksam wird, mit den für die Überwachung Verantwortlichen zu kommunizieren.

Sind die Verstöße absichtlich und wesentlich, hat der APr – sobald praktisch durchführbar – mit den für die Überwachung Verantwortlichen über den Sachverhalt zu kommunizieren.

Vermutet der APr eine Beteiligung des Managements oder der für die Überwachung Verantwortlichen an Verstößen, hat er – sofern vorhanden – der nächsthöheren Hierarchieebene der Einheit (z.B. Prüfungsausschuss oder Aufsichtsrat), den Sachverhalt mitzuteilen.
» Ist keine höhere Hierarchieebene vorhanden oder ist der APr der Auffassung, dass auf die Mitteilung nicht reagiert werden könnte, oder ist er unsicher, an welche Person zu berichten ist, hat er die Notwendigkeit zur Erlangung rechtlichen Rats zu erwägen.

Mögliche Auswirkungen identifizierter oder vermuteter Verstöße auf den Vermerk (26-28)   → IDW PS 405 (10.2021)

Haben identifizierte oder vermutete Verstöße eine wesentliche Auswirkung auf den Abschluss und wurden diese nicht angemessen im Abschluss abgebildet, ist ein **eingeschränktes oder versagtes Prüfungsurteil** zum Abschluss abzugeben.

Verhindern das Management oder die für die Überwachung Verantwortlichen die Erlangung ausreichender geeigneter Prüfungsnachweise, ist aufgrund eines **Prüfungshemmnisses** ein **eingeschränktes Prüfungsurteil** abzugeben oder die Nichtabgabe eines Prüfungsurteils zum Abschluss zu erklären.

Ist der APr aufgrund der Umstände (d.h. nicht durch das Management oder die für die Überwachung Verantwortlichen bedingter Beschränkungen) nicht in der Lage festzustellen, ob ein Verstoß stattgefunden hat, hat er die Auswirkung auf sein Prüfungsurteil zu beurteilen.

Kommunikation und Berichterstattung identifizierter oder vermuteter Verstöße (23-29) (2/2)

Berichterstattung identifizierter oder vermuteter Verstöße an eine zuständige Behörde außerhalb der Einheit (29)

Der APr hat festzustellen, ob Gesetze, andere Rechtsvorschriften oder relevante berufliche Verhaltensanforderungen:
» ihn zur Berichterstattung an eine zuständige Behörde außerhalb der Einheit verpflichten
» Verantwortlichkeiten festlegen, nach denen die Berichterstattung an eine zuständige Behörde außerhalb der Einheit unter den Umständen angemessen sein kann.

D.29.1	Aufgrund der Verschwiegenheitspflicht (§ 43 Abs. 1 WPO, § 323 Abs. 1 Satz 1 HGB, § 203 Abs. 1 Nr. 3 StGB) darf der Abschlussprüfer gegenüber Dritten (z.B. Staatsanwaltschaft) keine identifizierten oder vermuteten Verstöße gegen Gesetze oder andere Rechtsvorschriften offenbaren, sofern keine Ausnahmen aufgrund gesetzlicher Regelungen bestehen.

Dokumentation (30)

In die **Prüfungsdokumentation** sind aufzunehmen: → ISA [DE] 230

- Identifizierte oder vermutete Verstöße gegen Gesetze und andere Rechtsvorschriften
- Die durchgeführten Prüfungshandlungen, die bedeutsamen Beurteilungen nach pflichtgemäßem Ermessen und die hieraus gezogenen Schlussfolgerungen
- Die Diskussionen bedeutsamer Sachverhalte bezüglich der Verstöße mit dem Management, den für die Überwachung Verantwortlichen und Anderen (einschließlich, wie das Management und ggf. die für die Überwachung Verantwortlichen auf den Sachverhalt reagiert haben).

ISA [DE] 300
Planung einer Abschlussprüfung

Zusammenfassung:

ISA [DE] 300 ist die um spezifische Modifikationen zu Einzelaspekten (sog. „D.-Textziffern") ergänzte autorisierte deutsche Übersetzung von ISA 300. Der Standard behandelt die Verantwortlichkeit des Abschlussprüfers zur Planung einer Abschlussprüfung.

Die Planung ist keine separate Prüfungsphase, sondern ein fortwährender und iterativer Prozess. Andererseits beinhaltet die Planung jedoch auch eine zeitliche Abfolge bestimmter Aktivitäten und Prüfungshandlungen, die abgeschlossen werden müssen, bevor weitere Prüfungshandlungen durchgeführt werden können.

Art und Umfang von Planungsaktivitäten hängen von der Größe und Komplexität der Einheit, den bisherigen Erfahrungen von Mitgliedern des Prüfungsteams in Schlüsselfunktionen mit der Einheit und veränderten Umständen, die während der Abschlussprüfung eintreten, ab. Besondere Anforderungen sind zudem bei Erstprüfungen zu beachten.

Zur Planung einer Prüfung gehören die Entwicklung der Prüfungsstrategie und die Entwicklung eines Prüfungsprogramms.

— In der Prüfungsstrategie werden Art und Umfang sowie zeitliche Einteilung und Ausrichtung der Prüfung festgelegt und sie dient bei der Entwicklung des Prüfungsprogramms als Leitfaden. Sobald die Prüfungsstrategie festgelegt ist, kann das Prüfungsprogramm entwickelt werden. Bei kleinen und mittleren Unternehmen kann als dokumentierte Prüfungsstrategie ein kurzes Memorandum dienen, das bei Beendigung der vorherigen Prüfung anhand einer Durchsicht der Arbeitspapiere erstellt wurde und das die bei der soeben beendeten Prüfung identifizierten Fragen aufzeigt sowie im Berichtszeitraum anhand von Diskussionen mit dem geschäftsführenden Eigentümer aktualisiert wird.

— Im Prüfungsprogramm werden erstens Art, zeitliche Einteilung und Umfang der geplanten Prüfungshandlungen zur Risikobeurteilung, zweitens Art, zeitliche Einteilung und Umfang der geplanten weiteren Prüfungshandlungen auf Aussageebene und drittens andere geplante Prüfungshandlungen, die durchgeführt werden müssen, beschrieben.

ISA [DE] 300 enthält zudem die Anforderungen, dass die Prüfungsstrategie, das Prüfungsprogramm sowie Änderungen von Prüfungsstrategie oder Prüfungsprogramm zu dokumentieren sind.

Verweise:
— ISA [DE] 200: Übergeordnete Ziele des unabhängigen Prüfers und Grundsätze einer Prüfung in Übereinstimmung mit den International Standards on Auditing
— ISA [DE] 315 (Revised 2019): Identifizierung und Beurteilung der Risiken wesentlicher falscher Darstellungen aus dem Verständnis von der Einheit und ihrem Umfeld
— ISA [DE] 330: Reaktionen des Abschlussprüfers auf beurteilte Risiken

ISA [DE] 300: Planung einer Abschlussprüfung

Anwendungsbereich und Zielsetzung (1, 4)

- ISA [DE] 300 behandelt die Verantwortlichkeit des APr zur Planung einer Abschlussprüfung.
- Ziel des APr ist es, die Prüfung so zu planen, dass sie wirksam durchgeführt wird.

Funktion und zeitliche Einteilung der Planung (2, A1-A2)

Eine adäquate **Planung unterstützt den APr**:
- angemessene Aufmerksamkeit für wichtige Prüfungsgebiete
- rechtzeitige Identifizierung und Lösung von Problemen
- ordnungsgemäße Organisation und Leitung der Prüfung zur wirksamen und wirtschaftlichen Durchführung
- Auswahl von Mitgliedern des Prüfungsteams mit angemessenen Fähigkeiten und Kompetenzen und bei der Zuordnung von Tätigkeiten an diese
- erleichtert die Anleitung und Überwachung des Prüfungsteam sowie die Durchsicht ihrer Arbeit
- unterstützt bei der Koordination der Arbeit der unterschiedlichen Zuständigen

---

- Planung als **fortwährender und iterativer Prozess**, der häufig kurz nach Beendigung der vorherigen Prüfung beginnt und bis zur Beendigung der laufenden Abschlussprüfung andauert
- Planung als zeitliche Abfolge bestimmter Aktivitäten und Prüfungshandlungen, die abgeschlossen werden müssen, bevor weitere Prüfungshandlungen durchgeführt werden können

Art und Umfang von Planungsaktivitäten hängen ab von:
- Größe und Komplexität der Einheit
- Bisherige Erfahrungen von Mitgliedern des Prüfungsteams in Schlüsselfunktionen mit der Einheit
- Veränderte Umstände, die während der Abschlussprüfung eintreten

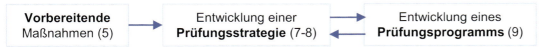

Vorbereitende Maßnahmen (5) → Entwicklung einer **Prüfungsstrategie** (7-8) ⇄ Entwicklung eines **Prüfungsprogramms** (9)

Einbindung von Mitgliedern des Prüfungsteams mit Schlüsselfunktionen (5, A4)

Der für den Auftrag Verantwortliche und andere Mitglieder des Prüfungsteams mit Schlüsselfunktionen müssen in die Planung der Prüfung eingebunden werden.
- » Nutzung von deren Erfahrungen und Erkenntnissen
- » Verbesserung der Wirksamkeit und Wirtschaftlichkeit des Planungsprozesses

Dazu gehört eine Diskussion im Prüfungsteam
→ entspricht der Vorgabe in ISA [DE] 240 und ISA [DE] 315 (Revised 2019)

Vorbereitende Maßnahmen, die zu Beginn der Abschlussprüfung vorgenommen werden müssen (6, A5)

- » Prüfungshandlungen im Hinblick auf die Fortführung der Mandantenbeziehung und des konkreten Auftrags
- » Beurteilung der Einhaltung der relevanten beruflichen Verhaltensanforderungen, einschließlich der Unabhängigkeit

→ IDW QS 1

- » Verständigung über die Auftragsbedingungen

→ ISA [DE] 210

Prüfungsstrategie (7- 8, A8)

Zweck
- » Festlegung von Art und Umfang sowie zeitliche Einteilung und Ausrichtung der Prüfung
- » Leitfaden für die Entwicklung des Prüfungsprogramms

Inhalt
- » Identifizierung der Merkmale des Auftrages, durch die dessen Umfang definiert wird
- » Ermittlung der Berichterstattungsziele des Auftrages zur Planung der zeitlichen Einteilung und der Art der Kommunikation
- » Würdigung der Faktoren, die für die Ausrichtung der Arbeit des Prüfungsteams bedeutsam sind
- » Würdigung der Ergebnisse von vorbereitenden Maßnahmen
- » Ermittlung von Art, zeitlicher Einteilung und Umfang der notwendigen Ressourcen

→ Anlage zu ISA [DE] 300: Beispiele für Sachverhalte, die der APr bei der Entwicklung der Prüfungsstrategie berücksichtigen kann.

KMU (A11)
Als dokumentierte Prüfungsstrategie kann ein kurzes Memorandum dienen, das bei Beendigung der vorherigen Prüfung anhand einer Durchsicht der Arbeitspapiere erstellt wurde und das die bei der soeben beendeten Prüfung identifizierten Fragen aufzeigt sowie im Berichtszeitraum anhand von Diskussionen mit dem geschäftsführenden Eigentümer aktualisiert wird.

Prüfungsprogramm (9, A12)

Das Prüfungsprogramm ist detaillierter als die Prüfungsstrategie, weil es Art, zeitliche Einteilung und Umfang der von den Mitgliedern des Prüfungsteams durchzuführenden Prüfungshandlungen enthält. Inhalt des Prüfungsprogramms:

Art, zeitliche Einteilung und Umfang der geplanten Prüfungshandlungen zur Risikobeurteilung (→ ISA [DE] 315 (Revised 2019))	Art, zeitliche Einteilung und Umfang der geplanten weiteren Prüfungshandlungen auf Aussageebene (→ ISA [DE] 330)	Andere geplante Prüfungshandlungen, die durchgeführt werden müssen, damit die Prüfung den GoA entspricht

» Prüfungshandlungen zur Risikobeurteilung werden in einem frühen Stadium des Prüfungsprozesses geplant, da deren Ergebnis die Planung von Art, zeitlicher Einteilung und Umfang bestimmter weiterer Prüfungshandlungen bestimmt
» Die Planung von Art, zeitlicher Einteilung und Umfang bestimmter weiterer Prüfungshandlungen hängt vom Ergebnis der Prüfungshandlungen zur Risikobeurteilung ab.

Aktualisierung und Änderung der Prüfungsstrategie und des Prüfungsprogramms im Laufe der Prüfung (10, A15)

Prüfungsstrategie und Prüfungsprogramm sind im Laufe der Prüfung bei Bedarf zu aktualisieren und zu ändern.
» Bei unerwarteten Ereignissen, veränderten Gegebenheiten oder aufgrund von erlangten Prüfungsnachweisen
» Wenn Informationen bekannt werden, die erheblich von denjenigen abweichen, die dem APr zum Zeitpunkt der Planung der Prüfungshandlungen zur Verfügung standen

ISA [DE] 300

Planung der Anleitung, Überwachung und Durchsicht (11, A16-A17)

Art, zeitliche Einteilung und Umfang der Anleitung und Überwachung der Mitglieder des Prüfungsteams sowie die Durchsicht ihrer Arbeit müssen geplant werden

KMU (A17)	» Falls eine Prüfung ausschließlich von dem für den Auftrag Verantwortlichen durchgeführt wird, stellt sich die Frage nicht. » Bei besonders komplexen oder ungewöhnlichen Sachverhalten kann jedoch die Einholung von rechtlichem Rat sinnvoll sein.

Dokumentation (12, A18-A20) → ISA [DE] 230

Prüfungsstrategie	Aufzeichnung der besonders wichtigen Entscheidungen zu Art und Umfang sowie zeitlicher Einteilung und Durchführung der Prüfung, die für notwendig erachtet werden, um die Prüfung ordnungsgemäß planen und dem Prüfungsteam bedeutsame Sachverhalte mitteilen zu können. Die Prüfungsstrategie kann in Form eines Memorandums zusammengefasst werden, das die besonders wichtigen Entscheidungen zu Art und Umfang sowie zeitlicher Einteilung und Durchführung der Prüfung enthält.
Prüfungsprogramm	Aufzeichnung der ordnungsgemäßen Planung von Art, zeitlicher Einteilung und Umfang der Prüfungshandlungen zur Risikobeurteilung sowie von weiteren Prüfungshandlungen auf Aussageebene als Reaktion auf die beurteilten Risiken. » Der APr kann standardisierte Prüfungsprogramme oder Prüfungschecklisten nutzen, die nach Bedarf auf die Umstände des jeweiligen Auftrages zugeschnitten werden.
Änderungen von Prüfungsstrategie und Prüfungsprogramm	Aufzeichnung von bedeutsamen Änderungen liefert Erklärungen dafür, warum die bedeutsamen Änderungen vorgenommen wurden sowie welche Prüfungsstrategie und welches Prüfungsprogramm für die Prüfung schließlich übernommen wurden und spiegelt die angemessene Reaktion auf die während der Prüfung eintretenden bedeutsamen Änderungen wider.

Zusätzliche Überlegungen bei Erstprüfungen (13, A22)

Vor Beginn einer Erstprüfung müssen die folgenden Maßnahmen durchgeführt werden:
» Durchführung der erforderlichen Maßnahmen beim Eingehen der Mandantenbeziehung und bei der Annahme des konkreten Auftrages zur Abschlussprüfung (→ IDW QS 1)
» Kommunikation mit dem vorherigen APr, wenn ein Wechsel des APr stattgefunden hat

Bei einer Erstprüfung müssen möglicherweise die Planungsaktivitäten ausgeweitet werden, da keine Erfahrungen mit der Einheit vorliegen, die bei der Planung von Folgeprüfungen berücksichtigt werden. Zweck und Ziel der Prüfungsplanung sind jedoch gleich, unabhängig davon, ob es sich um eine Erstprüfung oder um eine Folgeprüfung handelt.

Folgende zusätzliche Punkte können bei der Entwicklung von Prüfungsstrategie und Prüfungsprogramm zu berücksichtigen sein:
» Mit dem vorherigen APr zu treffende Vereinbarungen
» Erhebliche Sachverhalte, die im Zusammenhang mit der erstmaligen Bestellung zum APr mit dem Management erörtert wurden
» Notwendige Prüfungshandlungen, um ausreichende geeignete Prüfungsnachweise im Hinblick auf Eröffnungssalden zu erhalten
» Sonstige Verfahren, die das Qualitätssicherungssystem der Praxis bei Erstprüfungen verlangt

D.A22.1 Kommunikation mit dem vorherigen APr:
» Bei der Kommunikation mit dem bisherigen APr sind die Anforderungen des § 42 BS WP/vBP relevant.
» Bei Abschlussprüfungen von PIEs ist zudem Artikel 18 der EU-Abschlussprüferverordnung einschlägig.

ISA [DE] 315 (Revised 2019)
Identifizierung und Beurteilung der Risiken wesentlicher falscher Darstellungen aus dem Verständnis von der Einheit und ihrem Umfeld

Zusammenfassung:

ISA [DE] 315 (Revised 2019) ist die um spezifische Modifikationen zu Einzelaspekten (sog. „D.-Textziffern") ergänzte autorisierte deutsche Übersetzung von ISA 315 (Revised 2019). Der Standard behandelt die Verantwortlichkeit des Abschlussprüfers aus dem Verständnis von der Einheit und ihrem Umfeld, einschließlich ihres IKS, die Risiken wesentlicher falscher Darstellungen auf Abschluss- und Aussageebene zu identifizieren und zu beurteilen, um dadurch eine Grundlage für die Planung und Umsetzung von Reaktionen auf die beurteilten Risiken wesentlicher falscher Darstellungen zu schaffen. ISA [DE] 315 (Revised 2019) ist damit zentraler Bestandteil des risikoorientierten Prüfungsansatzes.

ISA [DE] 315 (Revised 2019) verlangt zunächst die Durchführung von Befragungen und analytischen Prüfungshandlungen zur Risikoidentifikation. Klargestellt wird zudem, dass der Abschlussprüfer ein umfassendes Verständnis über die Einheit und ihr Umfeld, die maßgebenden Rechnungslegungsgrundsätze sowie über das IKS der Einheit erlangen muss.

Auf dieser Grundlage hat der Abschlussprüfer die Risiken wesentlicher falscher Darstellungen zu identifizieren und zu beurteilen. Dabei ist bei jedem identifizierten Risiko festzustellen, ob es sich um ein sog. bedeutsames Risiko handelt. Sofern bei einigen Risiken keine ausreichend geeigneten Prüfungsnachweise ausschließlich durch aussagebezogene Prüfungshandlungen erlangt werden können, hat der Abschlussprüfer auch ein Verständnis der auf diese Risiken bezogenen Kontrollen der Einheit zu erlangen.

Verweise:

— ISA [DE] 200: Übergeordnete Ziele des unabhängigen Prüfers und Grundsätze einer Prüfung in Übereinstimmung mit den International Standards on Auditing
— ISA [DE] 240: Verantwortlichkeiten des Abschlussprüfers bei dolosen Handlungen
— ISA [DE] 250: Berücksichtigung von Gesetzen und anderen Rechtsvorschriften bei einer Abschlussprüfung
— ISA [DE] 330: Reaktionen des Abschlussprüfers auf beurteilte Risiken

ISA [DE] 315 (Revised 2019)

ISA [DE] 315 (Revised 2019): Identifizierung und Beurteilung der Risiken wesentlicher falscher Darstellungen

Anwendungsbereich und Zielsetzung (1, 11)

- » ISA [DE] 315 (Revised 2019) behandelt die Verantwortlichkeit des APr zur Identifizierung und Beurteilung der Risiken wesentlicher falscher Darstellungen im Abschluss.
- » Das Ziel des APr besteht darin, die Risiken wesentlicher falscher Darstellungen – sei es aufgrund von dolosen Handlungen oder Irrtümern – auf Abschluss- und Aussageebene zu identifizieren und zu beurteilen, um dadurch eine Grundlage für die Planung und Umsetzung von Reaktionen auf die beurteilten Risiken wesentlicher falscher Darstellungen zu schaffen.

Wichtige Konzepte in diesem ISA und Skalierbarkeit (2-9)

→ ISA [DE] 200	» Das Prüfungsrisiko ist eine Funktion der Risiken wesentlicher falscher Darstellungen und des Entdeckungsrisikos. » Risiken wesentlicher falscher Darstellungen können auf der **Ebene des Abschlusses als Ganzes** sowie der **Aussageebene** für Arten von Geschäftsvorfällen, Kontensalden und Abschlussangaben bestehen. » Risiken wesentlicher falscher Darstellungen sind auf Aussageebene zu beurteilen, um Art, zeitliche Einteilung und Umfang weiterer Prüfungshandlungen festzulegen. » Risiken wesentlicher falscher Darstellungen auf Aussageebene bestehen aus zwei Komponenten: inhärentes Risiko und Kontrollrisiko. » Für die identifizierten Risiken wesentlicher falscher Darstellungen auf Aussageebene ist eine gesonderte Beurteilung des inhärenten Risikos und des Kontrollrisikos erforderlich.
→ ISA [DE] 240	Identifizierte und beurteilte Risiken wesentlicher falscher Darstellungen schließen sowohl die **Risiken aufgrund von Irrtümern** als auch die **Risiken aufgrund von dolosen Handlungen** ein.
→ ISA [DE] 330	Der Prozess der Risikoidentifizierung und -beurteilung des Abschlussprüfers ist iterativ und dynamisch.
Skalierbarkeit (9)	» ISA [DE] 315 (Revised 2019) ist für Prüfungen aller Einheiten unabhängig von Größe oder Komplexität vorgesehen. » Die Anwendungshinweise enthalten spezifische Überlegungen für weniger komplexe und für komplexere Einheiten.

Definitionen (12) (1/2)

Aussagen	Explizite oder anderweitige Darlegungen in Bezug auf Ansatz, Bewertung, Darstellung und Angabe von Informationen im Abschluss.
Geschäftsrisiko	Ein Risiko, das aus bedeutsamen Gegebenheiten, Ereignissen, Umständen, Handlungen oder Unterlassungen resultiert, die sich auf die Fähigkeit der Einheit nachteilig auswirken könnten, ihre Ziele zu erreichen und ihre Strategien umzusetzen, oder das aus der Festlegung unangemessener Ziele und Strategien resultiert.
Kontrollen	Von einer Einheit eingerichtete Regelungen oder Maßnahmen zum Erreichen der Kontrollziele des Managements oder der für die Überwachung Verantwortlichen.
Generelle IT-Kontrollen	Kontrollen über die IT-Prozesse der Einheit, die den kontinuierlichen ordnungsgemäßen Betrieb der IT-Umgebung unterstützen, einschließlich der kontinuierlich wirksamen Funktion der Kontrollen der Informationsverarbeitung und der <u>Integrität von Informationen</u> (d.h. Vollständigkeit, Richtigkeit und Gültigkeit von Informationen) im Informationssystem der Einheit.
Kontrollen der Informationsverarbeitung	Kontrollen über die IT-Prozesse der Einheit, die den kontinuierlichen ordnungsgemäßen Betrieb der IT-Umgebung unterstützen, einschließlich der kontinuierlich wirksamen Funktion der Kontrollen der Informationsverarbeitung und der Integrität von Informationen im Informationssystem der Einheit.
Inhärente Risikofaktoren	Merkmale von Ereignissen oder Umständen, die die Anfälligkeit einer Aussage für falsche Darstellungen – sei es aufgrund von dolosen Handlungen oder Irrtümern – vor der Berücksichtigung von Kontrollen beeinflussen.
IT-Umgebung	IT-Anwendungen und unterstützende IT-Infrastruktur sowie IT-Prozesse und Personal, die in diejenigen Prozesse eingebunden sind, die eine Einheit zur Unterstützung des Geschäftsbetriebs und zur Erreichung von Geschäftsstrategien einsetzt.

Definitionen (12) (2/2)

Relevante Aussagen	» Eine Aussage über eine Art von Geschäftsvorfällen, Kontensalden oder Abschlussangaben ist relevant, wenn sie ein identifiziertes Risiko wesentlicher falscher Darstellungen aufweist. » Die Feststellung, ob eine Aussage eine relevante Aussage ist, wird vor Berücksichtigung etwaiger damit zusammenhängender Kontrollen (d.h. des inhärenten Risikos) vorgenommen.
Aus dem IT-Einsatz resultierende Risiken	Anfälligkeit der Kontrollen der Informationsverarbeitung für unwirksame Ausgestaltung oder Funktion oder Risiken für die Integrität von Informationen im Informationssystem der Einheit aufgrund unwirksamer Ausgestaltung oder Funktion von Kontrollen in den IT-Prozessen der Einheit.
Prüfungshandlungen zur Risikobeurteilung	Die Prüfungshandlungen, die geplant und durchgeführt werden zur Identifizierung und Beurteilung der Risiken wesentlicher falscher Darstellungen auf Abschluss- und Aussageebene.
Bedeutsame Art von Geschäftsvorfällen, Kontensalden oder Abschlussangaben	Eine Art von Geschäftsvorfällen, Kontensalden oder Abschlussangaben, für die eine oder mehrere relevante Aussagen vorhanden sind.
Bedeutsames Risiko	Ein identifiziertes Risiko wesentlicher falscher Darstellungen: » für das die Beurteilung des inhärenten Risikos nahe am oberen Ende des Spektrums inhärenter Risiken liegt; oder » das in Übereinstimmung mit den Anforderungen anderer ISA [DE] als bedeutsames Risiko zu behandeln ist.
Internes Kontrollsystem / IKS	» System, um hinreichende Sicherheit über die Erreichung der Ziele einer Einheit im Hinblick auf die Verlässlichkeit der Rechnungslegung, die Wirksamkeit und Effizienz der betrieblichen Tätigkeiten sowie die Einhaltung der maßgebenden Gesetze und anderen Rechtsvorschriften zu geben. » Das IKS besteht aus fünf in Wechselbeziehung stehenden Komponenten: (i) Kontrollumfeld, (ii) Risikobeurteilungsprozess der Einheit, (iii) Prozess der Einheit zur Überwachung des internen Kontrollsystems, (iv) Informationssystem und Kommunikation sowie (v) Kontrollaktivitäten.

ISA [DE] 315 (Revised 2019)

Prüfungshandlungen zur Risikobeurteilung und damit zusammenhängende Tätigkeiten (13-18)

Der APr hat Prüfungshandlungen zur Risikobeurteilung zu planen und durchzuführen, um eine geeignete Grundlage bilden für:
» die Identifizierung und Beurteilung von Risiken wesentlicher falscher Darstellungen auf Abschluss- und Aussageebene und
» die Planung weiterer Prüfungshandlungen in Übereinstimmung mit ISA [DE] 330.

Die Prüfungshandlungen zur Risikobeurteilung haben zu umfassen: (14)

- Befragungen des Managements und anderer geeigneter Personen innerhalb der Einheit (ggf. einschließlich der Internen Revision) (A22-A26)
- Analytische Prüfungshandlungen (A27-A31)
- Beobachtung und Inaugenscheinnahme/Einsichtnahme (A32-A36)

Berücksichtigung von **Informationen aus anderen Quellen**:
» Aus Maßnahmen des APr hinsichtlich der Annahme oder Fortführung der Mandantenbeziehung oder des Prüfungsauftrags und,
» falls einschlägig, anderen von dem Auftragsverantwortlichen für die Einheit durchgeführten Aufträgen.

Falls der APr beabsichtigt erlangte **Informationen aus seiner bisherigen Erfahrung** mit der Einheit und aus bei vorherigen Abschlussprüfungen durchgeführten Prüfungshandlungen zu nutzen: Der APr hat zu beurteilen, ob diese Informationen weiterhin relevant und verlässlich sind als Prüfungsnachweise für die Prüfung des Abschlusses des Berichtszeitraums.

Diskussion im Prüfungsteam (17, 18)	» Der für den Auftrag Verantwortliche und andere Mitglieder des Prüfungsteams mit Schlüsselfunktionen haben die **Anwendung der maßgebenden Rechnungslegungsgrundsätze** und die **Anfälligkeit des Abschlusses der Einheit für wesentliche falsche Darstellungen** zu diskutieren. » Der für den Auftrag Verantwortliche hat festzulegen, welche Sachverhalte den an der Diskussion nicht beteiligten Mitgliedern des Prüfungsteams mitzuteilen sind.

Verständnis von der Einheit, ihrem Umfeld und den maßgebenden Rechnungslegungsgrundsätzen (19-20)

Verständnis von der Einheit und ihrem Umfeld	Verständnis der Organisationsstruktur, Eigentümerschaft sowie Führung und Überwachung der Einheit sowie deren Geschäftsmodell, einschließlich des Umfangs, in dem das Geschäftsmodell den IT-Einsatz integriert (A56–A67)
	Verständnis von branchenbezogenen, regulatorischen und anderen externen Faktoren (A68–A73)
	Verständnis der zur Beurteilung des wirtschaftlichen Erfolgs intern und extern genutzten Kennzahlen (A74–A81)

Verständnis der Rechnungslegungsgrundsätze	Verständnis der maßgebenden Rechnungslegungsgrundsätzen sowie den Rechnungslegungsmethoden der Einheit und den Gründen für etwaige diesbezügliche Änderungen (A82–A84)		Der APr hat zu beurteilen, ob die Rechnungslegungsmethoden der Einheit angemessen sind und mit den maßgebenden Rechnungslegungsgrundsätzen im Einklang stehen.

Verständnis der Auswirkungen von inhärenten Risikofaktoren	Verständnis wie sich inhärente Risikofaktoren auf die Anfälligkeit von Aussagen für falsche Darstellung auswirken (A85–A89)

Verständnis von den Komponenten des IKS der Einheit (21-27) (1/4)

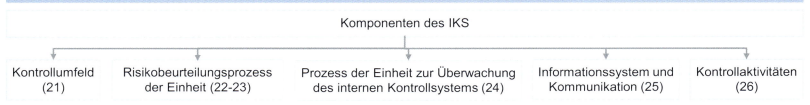

Kontrollumfeld (21)

Der APr hat ein Verständnis von dem für die Aufstellung des Abschlusses relevanten Kontrollumfeld zu erlangen.

Verstehen	» Wie werden die Aufsichtsverantwortlichkeiten des Managements vollzogen? » Wie ist die Unabhängigkeit der für die Überwachung Verantwortlichen und deren Aufsicht über das IKS? » Wie sind Befugnissen und Verantwortlichkeiten von der Einheit zugeordnet worden? » Wie gewinnt, entwickelt und bindet die Einheit kompetente Personen? » Wie zieht die Einheit Personen für ihre Verantwortlichkeiten bei der Verfolgung der Ziele des IKS zur Rechenschaft?
Beurteilen	» Hat das Management, unter Aufsicht der für die Überwachung Verantwortlichen, eine Kultur von Ehrlichkeit und ethischem Verhalten geschaffen hat und hält es diese aufrecht? » Bildet das Kontrollumfeld, unter Würdigung der Art und Komplexität der Einheit, eine angemessene Grundlage für die anderen Komponenten des IKS der Einheit? » Untergraben im Kontrollumfeld identifizierte Kontrollmängel die anderen Komponenten des IKS der Einheit?

Risikobeurteilungsprozess der Einheit (22-23) (1/2)

Der APr hat ein Verständnis von dem für die Aufstellung des Abschlusses relevanten Risikobeurteilungsprozess der Einheit zu erlangen.

ISA [DE] 315 (Revised 2019)

Verständnis von den Komponenten des IKS der Einheit (21-27) (2/4)

Risikobeurteilungsprozess der Einheit (22-23) (2/2)

Verstehen	» Prozess zur Identifizierung von für die Rechnungslegungsziele relevanten Geschäftsrisiken » Prozess zur Beurteilung der Bedeutsamkeit dieser Risiken, einschließlich ihrer Eintrittswahrscheinlichkeit » Prozess zur Behandlung dieser Risiken
Beurteilen	Ist der Risikobeurteilungsprozess der Einheit (unter Würdigung der Art und Komplexität der Einheit) den Umständen der Einheit angemessen?
Falls der APr vom Management nicht identifizierte Risiken wesentlicher falscher Darstellungen identifiziert:	» Der APr hat festzustellen, ob solche etwaigen Risiken der Art sind, von der er erwartet, dass sie durch den Risikobeurteilungsprozess der Einheit identifiziert worden wären. » Falls dies der Fall ist, hat er ein Verständnis davon zu erlangen, warum der Risikobeurteilungsprozess der Einheit solche Risiken wesentlicher falscher Darstellungen nicht identifiziert hat. » Der APr hat die Auswirkungen auf seine Beurteilung des Risikobeurteilungsprozesses zu würdigen.

Prozess der Einheit zur Überwachung des IKS (24)

Der APr hat ein Verständnis von dem für die Aufstellung des Abschlusses relevanten Prozess zur Überwachung des IKS zu erlangen.

Verstehen	» Wie erfolgt die Überwachung der Wirksamkeit der Kontrollen und die Behebung von identifizierten Kontrollmängeln? » Verstehen von Art, Verantwortlichkeit und Tätigkeit einer ggf. eingerichteten internen Revision » Verstehen der Quellen der im Prozess zur Überwachung des IKS genutzten Informationen und der Grundlage, auf der das Management die Informationen als für den Zweck ausreichend verlässlich erachtet
Beurteilen	Ist der Prozess der Einheit zur Überwachung des IKS (unter Würdigung der Art und Komplexität der Einheit) den Umständen der Einheit angemessen?

Verständnis von den Komponenten des IKS der Einheit (21-27) (3/4)

Informationssystem und Kommunikation (25)

Der APr hat ein Verständnis von dem Informationssystem und der Kommunikation der Einheit, die für die Aufstellung des Abschlusses relevant sind, zu erlangen.

Verstehen
- » Verstehen der Informationsverarbeitungstätigkeiten der Einheit, einschließlich ihrer Daten und Informationen sowie der bei solchen Tätigkeiten genutzten Ressourcen
- » Verstehen wie die Informationen durch das Informationssystem der Einheit fließen
- » Verständnis der Regelungen zu den Unterlagen des Rechnungswesens, zu spezifischen Konten im Abschluss und zu weiteren unterstützenden Unterlagen
- » Verständnis des angewandten Rechnungslegungsprozess zur Aufstellung des Abschlusses der Einheit, einschließlich Abschlussangaben
- » Verstehen, wie die Einheit bedeutsame Sachverhalte zwischen Personen innerhalb der Einheit, zwischen dem Management und den für die Überwachung Verantwortlichen sowie mit Externen (z.B. mit Aufsichtsbehörden) kommuniziert

Informationsfluss: Wie werden Geschäftsvorfälle → ausgelöst → aufgezeichnet → verarbeitet, erforderlichenfalls korrigiert → in das Hauptbuch übertragen → im Abschluss abgebildet

Beurteilen
Ist das Informationssystem und die Kommunikation der Einheit zur Aufstellung des Abschlusses in Übereinstimmung mit den maßgebenden Rechnungslegungsgrundsätzen angemessen?

ISA [DE] 315 (Revised 2019)

Verständnis von den Komponenten des IKS der Einheit (21-27) (4/4)

Kontrollaktivitäten (26)

Der APr hat ein Verständnis von der IKS-Komponente Kontrollaktivitäten zu erlangen.

Verstehen	Identifikation von Kontrollen … » die ein Risiko behandeln, das als bedeutsames Risiko festgestellt wurde » über Journalbuchungen, einschließlich nicht standardisierter Journalbuchungen » für die der APr plant, die Wirksamkeit deren Funktion zu prüfen (umfasst Kontrollen, die Risiken behandeln, für die aussagebezogene Prüfungshandlungen allein keine ausreichenden geeigneten Prüfungsnachweise liefern) » die der APr als angemessen erachtet, um seine Bezug auf Risiken auf Aussageebene zu erreichen
	Für identifizierte Kontrollen: Identifizierung von relevanten IT-Anwendungen und anderen Aspekten der IT-Umgebung
	Identifikation von sich aus dem IT-Einsatz ergebenden Risiken sowie der generellen IT-Kontrollen der Einheit, die solche Risiken behandeln
Beurteilen	Beurteilung für jede Kontrolle: Ist das Informationssystem und die Kommunikation der Einheit zur Aufstellung des Abschlusses in Übereinstimmung mit den maßgebenden Rechnungslegungsgrundsätzen angemessen?

Kontrollmängel innerhalb des IKS der Einheit (27)

Auf der Grundlage seiner Beurteilung jeder Komponente des IKS der Einheit hat der APr festzustellen, ob eine oder mehrere Kontrollmängel identifiziert wurden.

Identifizierung und Beurteilung der Risiken wesentlicher falscher Darstellungen (28-37) (1/2)

Der APr hat **die Risiken wesentlicher falscher Darstellungen** zu identifizieren und festzustellen, ob sie bestehen auf:
» der Abschlussebene oder
» der Aussageebene (für Arten von Geschäftsvorfällen, Kontensalden und Abschlussangaben).

Der APr hat **die relevanten Aussagen** und die zugehörigen bedeutsamen Arten von Geschäftsvorfällen, Kontensalden sowie Abschlussangaben festzustellen.

Aussagen zu Arten von Geschäftsvorfällen (zeitraumbezogen) (A190(a))	» **Eintritt** – Geschäftsvorfälle und Ereignisse haben stattgefunden und sind der Einheit zuzurechnen. » **Vollständigkeit** – Sämtliche aufzuzeichnende Geschäftsvorfälle und Ereignisse wurden aufgezeichnet. » **Genauigkeit** – Beträge und andere Daten wurden angemessen aufgezeichnet, und damit verbundene Abschlussangaben wurden angemessen bewertet und beschrieben. » **Periodenabgrenzung** – Geschäftsvorfälle und Ereignisse wurden in der richtigen Berichtsperiode aufgezeichnet. » **Kontenzuordnung** – Geschäftsvorfälle und Ereignisse wurden in den richtigen Konten aufgezeichnet. » **Darstellung** – Geschäftsvorfälle und Ereignisse sind angemessen aggregiert oder disaggregiert und klar beschrieben und damit verbundene Abschlussangaben sind relevant und verständlich.
Aussagen zu Kontensalden (stichtagsbezogen) (A190(b))	» **Vorhandensein** – Vermögenswerte, Schulden und Eigenkapitalansprüche sind vorhanden. » **Rechte und Verpflichtungen** – Die Einheit hält die Rechte an Vermögenswerten und Schulden stellen Verpflichtungen der Einheit dar. » **Vollständigkeit** – Sämtliche Vermögenswerte, Schulden und Eigenkapitalansprüche wurden aufgezeichnet. » **Genauigkeit, Bewertung und Zuordnung** – Vermögenswerte, Schulden und Eigenkapitalansprüche sind mit angemessenen Beträgen in den Abschluss aufgenommen. » **Ausweis** – Vermögenswerte, Schulden und Eigenkapitalansprüche wurden auf den richtigen Konten aufgezeichnet. » **Darstellung** – Vermögenswerte, Schulden und Eigenkapitalansprüche sind angemessen aggregiert oder disaggregiert und klar beschrieben und dazugehörige Abschlussangaben sind relevant und verständlich.

ISA [DE] 315 (Revised 2019)

Identifizierung und Beurteilung der Risiken wesentlicher falscher Darstellungen (28-37) (2/2)

Beurteilung der Risiken wesentlicher falscher Darstellungen auf Abschlussebene (30)

» Risiken auf Abschlussebene stellen Umstände dar, durch die sich die Risiken wesentlicher falscher Darstellungen auf Aussageebene umfassend erhöhen können.
» Risiken auf Abschlussebene können aus Mängeln im Kontrollumfeld oder aus externen Ereignissen oder Umständen, wie z.B. einer Verschlechterung der wirtschaftlichen Umstände, entstehen.

Beurteilung der Risiken wesentlicher falscher Darstellungen auf Aussageebene (31-34)

Beurteilung des inhärenten Risikos	» Stellen etwaige beurteilte Risiken wesentlicher falscher Darstellungen bedeutsame Risiken dar? » Können aussagebezogene Prüfungshandlungen allein keine ausreichenden geeigneten Prüfungsnachweise für jedes der Risiken wesentlicher falscher Darstellungen auf Aussageebene liefern?
Beurteilung des Kontrollrisikos	Plant der APr die Wirksamkeit der Funktion der Kontrollen zu prüfen, hat er das Kontrollrisiko zu beurteilen.

Weitere Beurteilungen (35-37)

Beurteilung der aus den Prüfungshandlungen zur Risikobeurteilung erlangten Prüfungsnachweise (35)	Geschäftsvorfällen, Kontensalden und Abschlussangaben, die nicht bedeutsam, aber wesentlich sind (36)	Anpassung der Risikobeurteilung (37)
Es sind solange zusätzliche Prüfungshandlungen zur Risikobeurteilung durchzuführen, bis diese eine angemessene Grundlage für die Identifizierung und Beurteilung der Risiken wesentlicher falscher Darstellungen bilden.	Der APr hat zu beurteilen, ob für solche Arten von Geschäftsvorfällen, Kontensalden und Abschlussangaben seine Feststellung weiterhin angemessen ist.	Erlangt der APr neue Informationen, die zu den bisherigen Prüfungsnachweisen, inkonsistent sind, hat er die Identifizierung oder Beurteilung anzupassen.

Dokumentation (38)

In die **Prüfungsdokumentation** sind aufzunehmen: → ISA [DE] 230

- die Diskussion im Prüfungsteam sowie die daraus resultierenden bedeutsamen Entscheidungen

- besonders wichtige Elemente des erlangten Verständnisses der Komponenten des IKS, die Informationsquellen, aus denen das Verständnis erlangt wurde, sowie die durchgeführten Prüfungshandlungen zur Risikobeurteilung

- die Beurteilung der Ausgestaltung der identifizierten Kontrollen und die Feststellung, ob solche Kontrollen implementiert wurden

- die identifizierten und beurteilten Risiken wesentlicher falscher Darstellungen auf Abschluss- und Aussageebene, einschließlich bedeutsamer Risiken und Risiken, für die aussagebezogene Prüfungshandlungen allein keine ausreichenden geeigneten Prüfungsnachweise liefern können, sowie der Begründung für die vorgenommenen bedeutsamen Beurteilungen

ISA [DE] 320
Wesentlichkeit bei der Planung und Durchführung einer Abschlussprüfung

Zusammenfassung:

ISA [DE] 320 ist die um spezifische Modifikationen zu Einzelaspekten (sog. „D.-Textziffern") ergänzte autorisierte deutsche Übersetzung von ISA 320. Der Standard behandelt die Anwendung des Konzepts der Wesentlichkeit bei der Planung und Durchführung einer Abschlussprüfung. Falsche Darstellungen, einschließlich fehlender Darstellungen, gelten als wesentlich, wenn erwartet wird, dass sie einzeln oder in der Summe die auf Grundlage des Abschlusses getroffenen wirtschaftlichen Entscheidungen von Nutzern beeinflussen.

Das Konzept der Wesentlichkeit wird vom Abschlussprüfer angewendet bei
— der Planung und Durchführung der Abschlussprüfung,
— der Beurteilung der Auswirkung von festgestellten falschen Darstellungen auf die Abschlussprüfung und von vorhandenen, nicht korrigierten falschen Darstellungen auf den Abschluss,
— der Bildung des Prüfungsurteils im Vermerk des Abschlussprüfers.

Bei der Planung vorgenommene Beurteilungen von als wesentlich erachteten falschen Darstellungen bilden eine Grundlage für die Festlegung von Art, zeitlicher Einteilung und Umfang von Prüfungshandlungen zur Risikobeurteilung, die Feststellung und Beurteilung der Risiken wesentlicher falscher Darstellungen und die Festlegung von Art, zeitlicher Einteilung und Umfang weiterer Prüfungshandlungen.

Bei der Festlegung der Prüfungsstrategie muss der Abschlussprüfer folgende Wesentlichkeiten bestimmen:
— Wesentlichkeit für den Abschluss als Ganzes,
— Toleranzwesentlichkeit für den Abschluss als Ganzes,
— ggf. Wesentlichkeitsgrenze oder -grenzen für bestimmte Arten von Geschäftsvorfällen, Kontensalden oder Abschlussangaben und
— Toleranzwesentlichkeit für bestimmte Arten von Geschäftsvorfällen, Kontensalden oder Abschlussangaben.

Verweise:

— ISA [DE] 200: Übergeordnete Ziele des unabhängigen Prüfers und Grundsätze einer Prüfung in Übereinstimmung mit den International Standards on Auditing
— ISA [DE] 315 (Revised 2019): Identifizierung und Beurteilung der Risiken wesentlicher falscher Darstellungen aus dem Verständnis von der Einheit und ihrem Umfeld
— ISA [DE] 450: Beurteilung der während der Abschlussprüfung identifizierten falschen Darstellungen

ISA [DE] 320: Wesentlichkeit bei der Planung und Durchführung einer Abschlussprüfung

Anwendungsbereich und Zielsetzung (1, 8)

» ISA [DE] 320 behandelt die Verantwortlichkeit des APr zur Anwendung des Konzepts der Wesentlichkeit bei der Planung und Durchführung einer Abschlussprüfung.
» Ziel des APr ist die angemessenen Anwendung des Konzepts der Wesentlichkeit bei der Planung und Durchführung einer Abschlussprüfung.

Die Anwendung der Wesentlichkeit bei der Beurteilung der Auswirkungen von identifizierten falschen Darstellungen und von vorhandenen, nicht korrigierten falschen Darstellungen auf den Abschluss erläutert ISA [DE] 450.   → ISA [DE] 450

Wesentlichkeit im Zusammenhang mit einer Abschlussprüfung (2-6)

Die Festlegung der Wesentlichkeit liegt im **pflichtgemäßen Ermessen** des APr und wird von seiner Wahrnehmung der Finanzinformationsbedürfnisse der Nutzer des Abschlusses beeinflusst.
» Falsche oder fehlende Darstellungen gelten **als wesentlich**, wenn es sein könnte, dass sie einzeln oder in der Summe die auf der Grundlage des Abschlusses getroffenen wirtschaftlichen Entscheidungen von Nutzern beeinflussen,
» Die Einschätzung basiert auf den gemeinsamen Finanzinformationsbedürfnisse der **Nutzer als Gruppe**. Die mögliche Auswirkung von falschen Darstellungen auf bestimmte einzelne Nutzer, deren Bedürfnisse sich stark unterscheiden können, wird nicht berücksichtigt.

Anwendungsbereiche des Konzepts der Wesentlichkeit: (5)

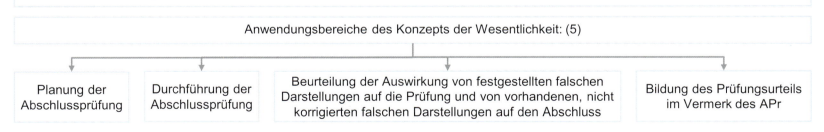

- Planung der Abschlussprüfung
- Durchführung der Abschlussprüfung
- Beurteilung der Auswirkung von festgestellten falschen Darstellungen auf die Prüfung und von vorhandenen, nicht korrigierten falschen Darstellungen auf den Abschluss
- Bildung des Prüfungsurteils im Vermerk des APr

Wesentlichkeit im Zusammenhang mit einer Abschlussprüfung (2-6)

Bedeutung der Wesentlichkeit bei der Prüfungsplanung (6)

Bei der Planung vorgenommene Beurteilungen über als wesentlich erachtete falsche Darstellungen sind Grundlage für:
- » Festlegung von Art, zeitlicher Einteilung und Umfang von Prüfungshandlungen zur Risikobeurteilung
- » Feststellung und Beurteilung der Risiken wesentlicher falscher Darstellungen
- » Festlegung von Art, zeitlicher Einteilung und Umfang weiterer Prüfungshandlungen

Die bei der Planung festgelegte Wesentlichkeit entspricht nicht notwendigerweise einem Betrag, unterhalb dessen nicht korrigierte falsche Darstellungen einzeln oder in Summe stets unwesentlich sind.
- » Umstände falscher Darstellungen können zur Beurteilung „wesentlich" führen, selbst wenn sie unterhalb der Wesentlichkeit liegen.
- » Die Beurteilung der Auswirkung nicht korrigierter falscher Darstellungen auf den Abschluss erfolgt unter Berücksichtigung von deren Ausmaß, aber auch von deren Art sowie der besonderen Umstände ihres Eintretens.

Definition (9)

Toleranz-wesentlichkeit	Der Betrag, der vom APr unterhalb der Wesentlichkeit für den Abschluss als Ganzes festgelegt wird, um die Wahrscheinlichkeit dafür auf ein angemessen niedriges Maß zu reduzieren, dass die Summe aus den nicht korrigierten und den nicht aufgedeckten falschen Darstellungen die Wesentlichkeit für den Abschluss als Ganzes überschreitet.

Festlegung der Wesentlichkeit und Toleranzwesentlichkeit bei der Prüfungsplanung (10-11) (1/3)

Bei der Festlegung der Prüfungsstrategie hat der APr folgende Wesentlichkeitsgrenzen festzulegen:

- Wesentlichkeit für den Abschluss als Ganzes
- ggf. Wesentlichkeitsgrenze oder -grenzen für bestimmte Arten von Geschäftsvorfällen, Kontensalden oder Abschlussangaben
- Toleranzwesentlichkeit
- ggf. Toleranzwesentlichkeit für bestimmte Arten von Geschäftsvorfällen, Kontensalden oder Abschlussangaben

Festlegung der Wesentlichkeit und Toleranzwesentlichkeit bei der Prüfungsplanung (10-11) (2/3)

Wesentlichkeit für den Abschluss als Ganzes (A4-A10)

Bezugsgröße

Beispiele für Bezugsgrößen, die je nach den Gegebenheiten der Einheit geeignet sein können, sind Kategorien von ausgewiesenen Erträgen, z.B. Gewinn vor Steuern, Gesamterlös, Bruttogewinn und Gesamtaufwendungen, des Weiteren das Eigenkapital oder der Nettovermögenswert.
» Bei gewinnorientierten Einheiten wird häufig der **Gewinn vor Steuern** aus der laufenden Geschäftstätigkeit verwendet.
» Wenn der Gewinn vor Steuern aus der laufenden Geschäftstätigkeit starken Schwankungen unterworfen ist, können **andere Bezugsgrößen** geeigneter sein (z.B. Bruttogewinn oder Gesamterlöse).
» Bei Einheit des öffentlichen Sektors können die Gesamtaufwendungen oder die Nettoaufwendungen geeignete Bezugsgrößen sein. Wenn eine Einheit mit der Verwahrung öffentlicher Vermögenswerte betraut ist, können die Vermögenswerte eine geeignete Bezugsgröße sein.

Faktoren, die sich auf die Bestimmung einer geeigneten Bezugsgröße auswirken können:

| Bestandteile des Abschlusses | Posten, auf die sich die Aufmerksamkeit der Nutzer des Abschlusses richtet | Art der Einheit, derzeitige Lebenszyklusphase sowie Branche und wirtschaftliches Umfeld | Eigentumsverhältnisse sowie die Art und Weise der Finanzierung | Relative Volatilität der Bezugsgröße |

Prozentsatz

Ein Prozentsatz, der auf den Gewinn vor Steuern aus der laufenden Geschäftstätigkeit angewendet wird, ist normalerweise höher ist als ein auf den Gesamterlös angewendeter Prozentsatz.
» **Beispiel**: Für eine gewinnorientierte Einheit können 5 % des Gewinns vor Steuern aus der laufenden Geschäftstätigkeit angemessen sein, während für eine nicht gewinnorientierte Einheit 1 % des Gesamterlöses oder der Gesamtaufwendungen als angemessen erachtet wird.

ISA [DE] 320

Festlegung der Wesentlichkeit und Toleranzwesentlichkeit bei der Prüfungsplanung (10-11) (3/3)

Wesentlichkeitsgrenzen für bestimmte Arten von Geschäftsvorfällen, Kontensalden oder Abschlussangaben (A11-A12)

Die Festlegung spezieller Wesentlichkeitsgrenzen erfolgt dann, wenn es bestimmte Arten von Geschäftsvorfällen, Kontensalden oder Abschlussangaben gibt, von denen vernünftigerweise erwartet werden kann, dass falsche Darstellungen von Beträgen unterhalb der Wesentlichkeit für den Abschluss als Ganzes die Entscheidungen von Nutzern beeinflussen.

Faktoren, die auf das Vorhandensein solcher Gegebenheiten hindeuten:
» Gesetze, andere Rechtsvorschriften oder das maßgebende Regelwerk der Rechnungslegung beeinflusst die Erwartungen von Nutzern über die Bewertung oder die Angabe bestimmter Posten
» Besonders wichtige Abschlussangaben für die Branche, in der die Einheit tätig ist (z.B. Forschungs- und Entwicklungskosten bei einem Pharmaunternehmen)
» Die Aufmerksamkeit richtet sich auf bestimmten Aspekt der Geschäftstätigkeit der Einheit mit gesonderter Abschlussangabe

Toleranzwesentlichkeit (A13)

Anhand der festgelegten Toleranzwesentlichkeit erfolgt die Beurteilung der Risiken wesentlicher falscher Darstellungen sowie Bestimmung von Art, zeitlicher Einteilung und Umfang weiterer Prüfungshandlungen.

Die Festlegung der Toleranzwesentlichkeit wird beeinflusst von:

Verständnis von der Einheit, das während der Durchführung der Prüfungshandlungen zur Risikobeurteilung aktualisiert wird	Art und Umfang der bei vorhergehenden Abschlussprüfungen festgestellten falschen Darstellungen	Erwartungen des APr über falsche Darstellungen im laufenden Zeitraum

Anpassungen im Verlauf der Abschlussprüfung (12-13, A14)

| Wenn während der Prüfung Informationen bekannt werden, die dazu geführt hätten, dass der APr ursprünglich eine andere Wesentlichkeit festgelegt hätte: | ▶ | Anpassung der Wesentlichkeit für den Abschluss als Ganzes (und ggf. die Wesentlichkeitsgrenze oder -grenzen für bestimmte Arten von Geschäftsvorfällen, Kontensalden oder Abschlussangaben) |

Wenn der APr eine niedrigere als die ursprünglich festgelegte Wesentlichkeit für den Abschluss als Ganzes für angemessen hält, hat er festzustellen, ob:
» eine Notwendigkeit zur Anpassung der Toleranzwesentlichkeit besteht;
» Art, zeitliche Einteilung und Umfang der weiteren Prüfungshandlungen weiterhin angemessen bleiben.

Dokumentation (14) → ISA [DE] 230

In die Prüfungsdokumentation sind die folgenden Beträge und die bei deren Festlegung berücksichtigten Faktoren aufzunehmen:

- Wesentlichkeit für den Abschluss als Ganzes
- ggf. die Wesentlichkeitsgrenze oder -grenzen für bestimmte Arten von Geschäftsvorfällen Kontensalden oder Abschlussangaben
- Toleranzwesentlichkeit
- Jede Anpassung der zuvor genannten Punkte im Verlauf der Abschlussprüfung

ISA [DE] 330
Reaktionen des Abschlussprüfers auf beurteilte Risiken

Zusammenfassung:

ISA [DE] 330 ist die um spezifische Modifikationen zu Einzelaspekten (sog. „D.-Textziffern") ergänzte autorisierte deutsche Übersetzung von ISA 330. Wesentlicher Bestandteil des Standards ist die Definition und Erläuterung der beiden zentralen Begriffe „aussagebezogene Prüfungshandlung" und „Funktionsprüfung".

— Aussagebezogene Prüfungshandlungen bezwecken die Aufdeckung von wesentlichen falschen Darstellungen auf Aussageebene durch Einzelfallprüfungen oder durch aussagebezogene analytische Prüfungshandlungen.
— Funktionsprüfungen sind darauf angelegt, die Wirksamkeit von Kontrollen zur Verhinderung bzw. Aufdeckung und Korrektur wesentlicher falscher Darstellungen auf Aussageebene zu beurteilen.

Insbesondere bei Einheiten, in denen ein wirksames Kontrollumfeld vorliegt, können umfangreiche Funktionsprüfungen durchgeführt werden. Funktionsprüfungen sind verpflichtend durchzuführen, sofern im Einzelfall aussagebezogene Prüfungshandlungen allein keine ausreichenden geeigneten Prüfungsnachweise auf Aussageebene erbringen können. Zu erwähnen ist, dass Funktionsprüfungen bereits innerhalb eines unterjährigen Zeitraums durchgeführt werden können. Sofern keine Änderungen eingetreten sind und die Kontrollen sich nicht auf als bedeutsam eingestufte Risiken beziehen, müssen Funktionsprüfung mindestens einmal in jeder dritten Abschlussprüfung durchgeführt werden; gleichwohl sind bei jeder Abschlussprüfung einige Funktionsprüfungen durchzuführen.

Verweise:

— ISA [DE] 315 (Revised 2019): Identifizierung und Beurteilung der Risiken wesentlicher falscher Darstellungen aus dem Verständnis von der Einheit und ihrem Umfeld

ISA [DE] 330: Reaktionen des Abschlussprüfers auf beurteilte Risiken

Anwendungsbereich und Zielsetzung (1, 3)

» ISA [DE] 330 behandelt die Verantwortlichkeit des APr, angesichts von Risiken wesentlicher falscher Darstellungen sein Vorgehen zu planen und umzusetzen, die er in Übereinstimmung mit ISA [DE] 315 (Revised 2019) identifiziert und beurteilt hat.
» Das Ziel des APr besteht darin, ausreichende geeignete Prüfungsnachweise zu den beurteilten Risiken wesentlicher falscher Darstellungen zu erhalten, indem er ein angemessenes Vorgehen auf diese Risiken plant und umsetzt.

Definitionen (4)

Aussagebezogene Prüfungshandlung	Eine Prüfungshandlung, die darauf angelegt ist, wesentliche falsche Darstellungen auf Aussageebene aufzudecken. Zu den aussagebezogenen Prüfungshandlungen gehören » Einzelfallprüfungen (für Arten von Geschäftsvorfällen, Kontensalden und Abschlussangaben), » aussagebezogene analytische Prüfungshandlungen.
Funktionsprüfung	Eine Prüfungshandlung, die darauf angelegt ist, die Wirksamkeit der Funktion von Kontrollen zur Verhinderung bzw. Aufdeckung und Korrektur wesentlicher falscher Darstellungen auf Aussageebene zu beurteilen.

Allgemeine Reaktionen (5) (1/2)

Der APr hat allgemeine Reaktionen zu planen und umzusetzen, um den beurteilten Risiken wesentlicher falscher Darstellungen **auf Abschlussebene** zu begegnen.

Die Beurteilung der Risiken wesentlicher falscher Darstellungen auf Abschlussebene, und damit auch das allgemeine Vorgehen des Abschlussprüfers, wird durch das Verständnis von der Wirksamkeit des Kontrollumfelds beeinflusst. Folge kann beispielsweise eine Schwerpunktsetzung auf aussagebezogene Prüfungshandlungen (**aussagebezogener Ansatz**) oder die Nutzung sowohl von Funktionsprüfungen als auch von aussagebezogenen Prüfungshandlungen (**kombinierter Ansatz**) sein. (A3)

Allgemeine Reaktionen (5) (2/2)

Die allgemeinen Reaktionen auf die Risiken wesentlicher falscher Darstellungen **auf Abschlussebene** können umfassen (A1):

Betonung der Notwendigkeit der kritischen Grundhaltung gegenüber dem Prüfungsteam	Einsatz von erfahreneren Mitarbeitern oder von solchen mit speziellen Fähigkeiten bzw. Hinzuziehung von Sachverständigen	stärkere Überwachung der Auftragsabwicklung	Einbau von zusätzlichen Überraschungsmomenten bei der Auswahl der weiteren durchzuführenden Prüfungshandlungen	allgemeine Änderungen der Art, der zeitlichen Einteilung oder des Umfangs von Prüfungshandlungen

Als Reaktion auf ein **unwirksames Kontrollumfeld** kann der APr die folgenden Maßnahmen ergreifen (A2):
» vermehrte Durchführung von Prüfungshandlungen zum Abschlussstichtag
» Einholung umfassenderer Prüfungsnachweise durch aussagebezogene Prüfungshandlungen
» Erhöhung der Anzahl der in die Prüfung einzubeziehenden Standorte.

Reaktion auf die beurteilten Risiken wesentlicher falscher Darstellungen auf Aussageebene (6-23) (1/4)

Der APr hat weitere Prüfungshandlungen zu planen und durchzuführen, deren Art, zeitliche Einteilung und Umfang auf den beurteilten Risiken wesentlicher falscher Darstellungen **auf Aussageebene** basieren und auf diese ausgerichtet sind.

Funktionsprüfungen (8-17)

Aussagebezogene Prüfungshandlungen (18-23)

Zu berücksichtigen sind die Gründe für die Beurteilung der Risiken als Risiken wesentlicher falscher Darstellungen, einschließlich
» der Wahrscheinlichkeit und des Ausmaßes falscher Darstellungen (d. h. des inhärenten Risikos) und
» der Frage, ob die relevante Kontrollen bei der Risikobeurteilung berücksichtigt wurden (d.h. des Kontrollrisikos).

Der APr muss umso überzeugendere Prüfungsnachweise einholen, je höher das beurteilte Risiko ist. → ISA [DE] 500

Reaktion auf die beurteilten Risiken wesentlicher falscher Darstellungen auf Aussageebene (6-23) (2/4)

Funktionsprüfungen (8-17) (1/2)

Anwendung von Funktionsprüfungen	Falls die Risikobeurteilung von der Erwartung ausgeht, dass die Kontrollen wirksam funktionieren (d. h. der APr plant, die Wirksamkeit der Funktion von Kontrollen zu prüfen)
	Falls aussagebezogene Prüfungshandlungen alleine keine ausreichenden geeigneten Prüfungsnachweise auf Aussageebene erbringen können.
Art und Umfang von Funktionsprüfungen	Der APr muss Nachweise über die Wirksamkeit der Funktion der Kontrollen erlangen. Dies schließt die Aspekte ein, » wie die Kontrollen zu relevanten Zeiten während des zu prüfenden Zeitraums angewandt wurden, » die Stetigkeit ihrer Anwendung sowie » von wem oder auf welche Weise sie angewandt wurden
	Die Durchführung von Befragungen alleine ist nicht ausreichend.
	Der APr muss feststellen, ob die zu prüfenden Kontrollen von anderen Kontrollen abhängen (indirekte Kontrollen) und – sofern dies der Fall ist – ob es notwendig ist, Prüfungsnachweise über die wirksame Funktion dieser indirekten Kontrollen zu erlangen
Zeitliche Einteilung von Funktionsprüfungen	**Grundsatz**: Der APr hat Funktionsprüfungen für die bestimmte Zeit oder für den gesamten Zeitraum durchzuführen, für die/den er beabsichtigt, sich auf die betreffenden Kontrollen zu verlassen.
	Ausnahme: Verwendung von bei vorhergehenden Abschlussprüfungen erlangten Prüfungsnachweisen » Die Funktionsprüfung für die Kontrollen sind mindestens einmal in jeder dritten Abschlussprüfung durchführen. Gleichwohl sind bei jeder Abschlussprüfung einige Funktionsprüfungen durchzuführen » Für als bedeutsam eingestufte Risiken müssen die Kontrollen im laufenden Berichtszeitraum geprüft werden.
	Möglich ist die Verwendung von innerhalb eines unterjährigen Zeitraums erlangten Prüfungsnachweisen.

ISA [DE] 330

Reaktion auf die beurteilten Risiken wesentlicher falscher Darstellungen auf Aussageebene (6-23) (3/4)

Funktionsprüfungen (8-17) (2/2)

Voraussetzung für die Verwendung von innerhalb eines **unterjährigen** Zeitraums **erlangten Prüfungsnachweisen**:

Sind nach Ende des unterjährigen Zeitraums bedeutsame Änderungen an diesen Kontrollen eingetreten?	Der APr hat dazu Prüfungsnachweise einzuholen und festlegen, welche weiteren Prüfungsnachweise für den verbleibenden Zeitraum einzuholen sind.

Voraussetzung für die Verwendung von **bei vorhergehenden Abschlussprüfungen erlangten Prüfungsnachweisen**:

Der APr hat folgende Aspekte in Betracht ziehen:
» die Wirksamkeit anderer Bestandteile IKS,
» die Risiken, die sich aus den Eigenarten der Kontrolle (manuelle oder automatisierte Kontrolle) ergeben,
» die Wirksamkeit der allgemeinen IT-Kontrollen,
» die Wirksamkeit der Kontrolle und ihrer Anwendung durch die Einheit (z.B. festgestellte Abweichungen bei der Anwendung der Kontrolle sowie eventuelle Personalwechsel),
» die Frage, ob unterlassene Änderungen der Kontrolle bei sich verändernden Umständen ein Risiko darstellen,
» die Risiken wesentlicher falscher Darstellungen und den Umfang, in dem man sich auf die Kontrolle verlässt.

Der APr hat sich zu vergewissern, ob nach der vorhergehenden Abschlussprüfung **bedeutsame Änderungen** bei diesen Kontrollen eingetreten sind. Der Prüfungsnachweis erfolgt durch Befragungen, die mit Beobachtungen oder Einsichtnahmen verbunden sind.
» Wenn Änderungen eingetreten sind, die sich auf die fortdauernde Relevanz der Prüfungsnachweise auswirken, muss der APr die Kontrollen in der laufenden Abschlussprüfung erneut prüfen.

Beurteilung der **Wirksamkeit der Funktion von Kontrollen**:

Falls Abweichungen bei Kontrollen festgestellt werden, hat der APr spezifische Befragungen durchzuführen, um diese Sachverhalte und ihre möglichen Konsequenzen zu verstehen und festzustellen, ob:
» die durchgeführten Funktionsprüfungen eine angemessene Grundlage darstellen, um sich auf diese Kontrollen zu verlassen,
» zusätzliche Funktionsprüfungen notwendig sind oder
» es notwendig ist, den potentiellen Risiken wesentlicher falscher Darstellungen durch aussagebezogene Prüfungshandlungen zu begegnen.

ISA [DE] 330

Reaktion auf die beurteilten Risiken wesentlicher falscher Darstellungen auf Aussageebene (6-23) (4/4)

Aussagebezogene Prüfungshandlungen (18-23)

Art und Umfang von aussagebezogenen Prüfungshandlungen	Für sämtliche wesentlichen Arten von Geschäftsvorfällen, Kontensalden sowie Abschlussangaben müssen aussagebezogene Prüfungshandlungen geplant und durchführt werden.
	Der APr hat abzuwägen, ob Verfahren der externen Bestätigung durchzuführen sind.
	Die auf den Prozess der Abschlussbuchungen bezogenen Prüfungshandlungen umfassen: » Abgleich oder Abstimmung der Informationen im Abschluss mit den zugrunde liegenden Unterlagen des Rechnungswesens, » Untersuchung wesentlicher Journaleinträge und anderer im Laufe der Abschlussaufstellung vorgenommener Anpassungen.
	Für bedeutsame Risiken sind die speziell auf dieses Risiko ausgerichtete Prüfungshandlungen durchzuführen.
Zeitliche Einteilung von aussagebezogenen Prüfungshandlungen	Werden aussagebezogene Prüfungshandlungen unterjährig durchgeführt, muss der Abschlussprüfer den verbleibenden Zeitraum abdecken » durch aussagebezogene Prüfungshandlungen in Kombination mit Funktionsprüfungen für den dazwischen liegenden Zeitraum oder » durch weitere aussagebezogene Prüfungshandlungen allein.
	Falls unterjährig falsche Darstellungen aufgedeckt werden, die der APr nicht erwartet hatte, muss er beurteilen, ob die damit verbundene Risikobeurteilung sowie die Planung von Art, zeitlicher Einteilung oder Umfang der zur Abdeckung des verbleibenden Zeitraums durchzuführenden, aussagebezogenen Prüfungshandlungen geändert werden müssen.

ISA [DE] 330

Angemessenheit der Darstellung im Abschluss und der Abschlussangaben (24)

Es ist zu beurteilen, ob die Gesamtdarstellung des Abschlusses in Übereinstimmung mit dem maßgebenden Regelwerk der Rechnungslegung steht. Bei Vornahme dieser Beurteilung hat der APr zu würdigen:
» die angemessene Klassifizierung und Beschreibung der Finanzinformationen sowie der zugrunde liegenden Geschäftsvorfälle, Ereignisse und Umstände sowie
» die angemessene Darstellung sowie den angemessenen Aufbau und Inhalt des Abschlusses.

Beurteilung, ob die erlangten Prüfungsnachweise ausreichend und geeignet sind (25-27)

Auf der Grundlage der durchgeführten Prüfungshandlungen und der erlangten Prüfungsnachweise muss vor Beendigung der Prüfung beurteilen werden, ob die Beurteilungen der Risiken wesentlicher falscher Darstellungen auf Aussageebene weiterhin angemessen sind.

Der APr muss abschließend beurteilen, ob ausreichende geeignete Prüfungsnachweise erlangt wurden.
» Wenn bezüglich einer relevanten Aussage keine ausreichenden geeigneten Prüfungsnachweise erlangt wurden, muss versucht werden, weitere Prüfungsnachweise zu erhalten.
» Falls es nicht möglich ist, ausreichende geeignete Prüfungsnachweise zu erhalten, muss entweder ein eingeschränktes Prüfungsurteil abgeben oder die Nichtabgabe eines Prüfungsurteils erklärt werden.

Dokumentation (28-30) → ISA [DE] 230

In die **Prüfungsdokumentation** sind aufzunehmen:

- die **allgemeinen Reaktionen**, um den beurteilten Risiken wesentlicher falscher Darstellungen **auf Abschlussebene** zu begegnen, sowie Art, zeitliche Einteilung und Umfang der weiteren durchgeführten Prüfungshandlungen
- die Verbindung zwischen diesen Prüfungshandlungen und den beurteilten Risiken **auf Aussageebene**
- die Ergebnisse der Prüfungshandlungen, einschließlich der Schlussfolgerungen daraus, soweit diese nicht anderweitig klar erkennbar sind

Werden bei **vorhergehenden Abschlussprüfungen erlangte Prüfungsnachweise** über die Wirksamkeit von Kontrollen zu verwenden, sind in die Prüfungsdokumentation die gezogenen Schlussfolgerungen aufzunehmen, die dazu geführt haben, dass der APr sich auf die betreffenden in einer vorhergehenden Abschlussprüfung geprüften Kontrollen verlässt.

Die Dokumentation muss zeigen, dass die Informationen im Abschluss mit den zugrunde liegenden Unterlagen des Rechnungswesens übereinstimmen oder abstimmbar sind.

ISA [DE] 402
Überlegungen bei der Abschlussprüfung von Einheiten, die Dienstleister in Anspruch nehmen

Zusammenfassung:

ISA [DE] 402 ist die um spezifische Modifikationen zu Einzelaspekten (sog. „D.-Textziffern") ergänzte autorisierte deutsche Übersetzung von ISA 402. Der Standard behandelt die sich ergebenden Fragestellungen, die im Falle der Auslagerungen von Dienstleistungen durch die zu prüfende Einheit an Dienstleister auftreten.

Gemäß ISA [DE] 402 hat der Abschlussprüfer des Auslagernden zunächst ein Verständnis von der auslagernden Einheit einschließlich des für die Abschlussprüfung relevanten IKS zu erlangen. Von einem Dienstleister erbrachte Dienstleistungen sind für die Prüfung des Abschlusses einer auslagernden Einheit relevant, wenn diese Dienstleistungen sowie die zugehörigen Kontrollen Teil des rechnungslegungsbezogenen Informationssystems der auslagernden Einheit einschließlich der damit verbundenen Geschäftsprozesse sind.

In der Praxis werden durch den Dienstleister regelmäßig Prüfungsberichte eines unabhängigen Prüfers über die Ausgestaltung des IKS beim Dienstleister vorgelegt. ISA [DE] 402 unterscheidet in diesem Zusammenhang zwischen zwei Berichtsarten:
— Bericht über die Beschreibung und Ausgestaltung der Kontrollen bei einem Dienstleister (Bericht Typ 1)
— Bericht über die Beschreibung, Ausgestaltung und Wirksamkeit von Kontrollen bei einem Dienstleister (Bericht Typ 2)

Verweise:
— ISA [DE] 315 (Revised 2019): Identifizierung und Beurteilung der Risiken wesentlicher falscher Darstellungen aus dem Verständnis von der Einheit und ihrem Umfeld
— ISA [DE] 330: Reaktionen des Abschlussprüfers auf beurteilte Risiken

ISA [DE] 402: Überlegungen bei der Abschlussprüfung von Einheiten, die Dienstleister in Anspruch nehmen

Anwendungsbereich und Zielsetzung (1-5, 7)

» ISA [DE] 402 behandelt die Verantwortlichkeit des APr zur Erlangung von ausreichenden Prüfungsnachweisen, sofern eine auslagernde Einheit die Dienstleistungen eines oder mehrerer Dienstleister in Anspruch nimmt.
» Das Ziel des APr besteht darin, ein Verständnis von Art und Bedeutsamkeit der von dem Dienstleister erbrachten Dienstleistungen zu zu erlangen, das ausreicht, um eine angemessene Grundlage für die Identifizierung und Beurteilung der Risiken wesentlicher falscher Darstellungen zu schaffen. Weiteres Ziel ist es Prüfungshandlungen zu planen und durchzuführen, um diesen Risiken zu begegnen.

Von einem Dienstleister erbrachte Dienstleistungen sind für die Prüfung des Abschlusses einer auslagernden Einheit relevant, wenn diese Dienstleistungen sowie die zugehörigen Kontrollen Teil des für die Aufstellung des Abschlusses relevanten Informationssystems der auslagernden Einheit sind.

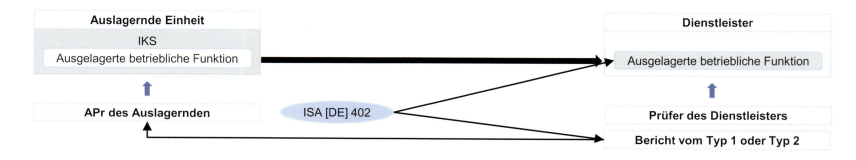

ISA [DE] 402

Definitionen (8) (1/2)

Auslagernde Einheit	Eine Einheit, die einen Dienstleister in Anspruch nimmt und deren Abschluss geprüft wird.
Dienstleister	Ein Dritter (oder ein Segment davon), der für auslagernde Einheiten Dienstleistungen erbringt, die Teil der rechnungslegungsbezogenen Informationssysteme dieser Einheiten sind.
Subdienstleister	Ein Dienstleister, der von einem anderen Dienstleister in Anspruch genommen wird, um einige für auslagernde Einheiten erbrachte Dienstleistungen durchzuführen, die Teil der rechnungslegungsbezogenen Informationssysteme dieser auslagernden Einheiten sind.
Abschlussprüfer des Auslagernden	Ein APr, der den Abschluss einer auslagernden Einheit prüft und dazu einen Vermerk erteilt.
Prüfer des Dienstleisters	Ein Prüfer, der auf Aufforderung des Dienstleisters einen Bericht über die Prüfung der Kontrollen des Dienstleisters erstellt.
System des Dienstleisters	Die Regelungen und Verfahren, die von dem Dienstleister ausgestaltet, eingerichtet und aufrechterhalten werden, um für auslagernde Einheiten die Dienstleistungen zu erbringen, die unter den Bericht des Prüfers des Dienstleisters fallen.
Komplementäre Kontrollen der auslagernden Einheit	Kontrollen, bei denen der Dienstleister im Rahmen der Ausgestaltung seiner Dienstleistung annimmt, dass sie von den auslagernden Einheiten eingerichtet werden, und die in der Beschreibung des Systems des Dienstleisters genannt werden, wenn dies für das Erreichen der Kontrollziele notwendig ist.

Definitionen (8) (2/2)

	Bericht über die Beschreibung und Ausgestaltung der Kontrollen bei einem Dienstleister (**Bericht Typ 1**)	Bericht über die Beschreibung, Ausgestaltung **und Wirksamkeit** von Kontrollen bei einem Dienstleister (**Bericht Typ 2**)
Vom Management des Dienstleisters erstellte Beschreibung	Beschreibung des Systems des Dienstleisters, seiner Kontrollziele und der damit verbundenen Kontrollen, die zu einem bestimmten Zeitpunkt ausgestaltet und eingerichtet sind.	Beschreibung des Systems des Dienstleisters, seiner Kontrollziele und der damit verbundenen Kontrollen sowie von deren Ausgestaltung und Einrichtung zu einem bestimmten Zeitpunkt oder **während eines bestimmten Zeitraums** und, in manchen Fällen, **ihrer Wirksamkeit während eines bestimmten Zeitraums**.
Bericht des Prüfers des Dienstleisters mit dem Ziel, hinreichende Sicherheit zu vermitteln	Das Prüfungsurteil über die Beschreibung des Systems des Dienstleisters, seiner Kontrollziele und der damit verbundenen Kontrollen sowie über die Eignung der Ausgestaltung der Kontrollen für das Erreichen der festgelegten Kontrollziele.	Das Prüfungsurteil über die Beschreibung des Systems des Dienstleisters, seiner Kontrollziele und der damit verbundenen Kontrollen sowie über die Eignung der Ausgestaltung der Kontrollen für das Erreichen der festgelegten Kontrollziele **und die Wirksamkeit der Kontrollen**.
	Fehlanzeige	eine Beschreibung der vom Prüfer des Dienstleisters durchgeführten Funktionsprüfungen und deren Ergebnisse.

ISA [DE] 402

Erlangung eines Verständnisses der durch einen Dienstleister erbrachten Dienstleistungen, einschließlich der internen Kontrollen (9-14) (1/2)

→ ISA [DE] 315 (Revised 2019)

Der APr der auslagernden Einheit muss ein **Verständnis davon gewinnen**, wie die auslagernde Einheit bei ihrer Geschäftstätigkeit die Dienstleistungen eines Dienstleisters in Anspruch nimmt:

Art der vom Dienstleister erbrachten Dienstleistungen und deren Bedeutung für die auslagernde Einheit, einschließlich der Auswirkungen auf die internen Kontrollen der auslagernden Einheit	Art und Wesentlichkeit der vom Dienstleister verarbeiteten Geschäftsvorfälle, betroffenen Konten, Rechnungslegungsprozesse	Grad der Wechselwirkung zwischen den Tätigkeiten des Dienstleisters und denjenigen der auslagernden Einheit	Art der Beziehung zwischen auslagernder Einheit und Dienstleister, einschließlich relevanter vertraglicher Bestimmungen

Der APr der auslagernden Einheit hat die Kontrollen in der Komponente Kontrollaktivitäten zu identifizieren, die mit den Dienstleistungen des Dienstleisters verbunden sind, einschließlich der Kontrollen, die auf die von dem Dienstleister verarbeiteten Geschäftsvorfälle angewandt werden. Der APr hat die Ausgestaltung dieser Kontrollen zu beurteilen und festzustellen, ob sie implementiert sind.

Gewinnung eines Verständnisses anhand der von der auslagernden Einheit bereitgestellten Informationen möglich?

- nein
- ja

Einholung eines Berichts vom Typ 1 oder 2	Kontaktaufnahme über die auslagernde Einheit zu dem Dienstleister	Besuch des Dienstleisters und Durchführung von Prüfungshandlungen	Hinzuziehen eines anderen Prüfers zur Durchführung von Prüfungshandlungen	Durchführung von Prüfungshandlungen bei der auslagernden Einheit sind ausreichend

ISA [DE] 402

Erlangung eines Verständnisses der durch einen Dienstleister erbrachten Dienstleistungen, einschließlich der internen Kontrollen (9-14) (2/2)	→ ISA [DE] 315 (Revised 2019)

Verwendung eines Berichts vom Typ 1 oder Typ 2 zur Bekräftigung des Verständnisses des APr des Auslagernden von dem Dienstleister

Voraussetzungen	Der APr des Auslagernden überzeugt sein von: » der beruflichen Kompetenz des Prüfers des Dienstleisters und dessen Unabhängigkeit von dem Dienstleister, » der Angemessenheit der Standards, nach denen der Bericht vom Typ 1 oder Typ 2 erstellt wurde.
Beurteilungen	Bezieht sich die Beschreibung und die Ausgestaltung der Kontrollen beim Dienstleister auf einen **Zeitpunkt oder einen Zeitraum**, der für die Zwecke des APr des Auslagernden angemessen ist?
	Sind die durch **den Bericht gelieferten Nachweise** für das Verständnis von dem für die Abschlussprüfung relevanten IKS der auslagernden Einheit geeignet und haben einen ausreichenden Umfang?
	Sind von dem Dienstleister identifizierte **komplementäre Kontrollen der auslagernden Einheit** für diese relevant? Wenn dies der Fall ist, hat der APr ein Verständnis davon zu gewinnen, ob die auslagernde Einheit solche Kontrollen ausgestaltet und eingerichtet hat.

Reaktion auf die beurteilten Risiken wesentlicher falscher Darstellungen (15-17) (1/2)	→ ISA [DE] 330

Der APr der auslagernden Einheit muss **bei der Reaktion auf beurteilte Risiken** feststellen, ob ausreichende geeignete Prüfungsnachweise zu den relevanten Aussagen auf Abschlussebene aus bei der auslagernden Einheit vorhandenen Aufzeichnungen verfügbar sind.
» Wenn dies nicht der Fall ist muss der APr weitere Prüfungshandlungen durchführen, um ausreichende geeignete Prüfungsnachweise zu erlangen, oder einen anderen Prüfer hinzuziehen, der diese Prüfungshandlungen für den APr des Auslagernden bei dem Dienstleister durchführt.

ISA [DE] 402

Reaktion auf die beurteilten Risiken wesentlicher falscher Darstellungen (15-17) (2/2) → ISA [DE] 330

Funktionsprüfungen (16-17)

Anwendung von Funktionsprüfungen als Reaktion auf beurteilte Risiken wesentlicher falscher Darstellungen (→ **ISA [DE] 330**, Tz. 8)	Falls die Risikobeurteilung von der Erwartung ausgeht, dass die Kontrollen wirksam funktionieren (d. h. der APr beabsichtigt, sich bei der Festlegung von Art, zeitlicher Einteilung und Umfang aussagebezogener Prüfungshandlungen auf die Wirksamkeit von Kontrollen zu verlassen).
	Falls aussagebezogene Prüfungshandlungen alleine keine ausreichenden geeigneten Prüfungsnachweise auf Aussageebene erbringen können.

Mögliche Funktionsprüfungen für aufbeurteilte Risiken wesentlicher falscher Darstellungen im Zusammenhang mit Auslagerungen (16):

Einholen eines **Berichts vom Typ 2**	**Durchführung von** geeigneten **Funktionsprüfungen** beim Dienstleister	Hinzuziehen eines anderen Prüfers, der für den APr des Auslagernden Funktionsprüfungen beim Dienstleister durchführt

Voraussetzung für die Verwendung als Prüfungsnachweis dafür, dass die Kontrollen bei dem Dienstleister wirksam sind (17):	Bezieht sich die Beschreibung, die Ausgestaltung und die Wirksamkeit der Kontrollen beim Dienstleister auf einen **Zeitpunkt oder einen Zeitraum**, der für die Zwecke des APr des Auslagernden angemessen ist?
	Sind von dem Dienstleister identifizierte **komplementäre Kontrollen der auslagernden Einheit** für diese relevant? » Wenn dies der Fall ist, hat der APr ein Verständnis davon zu gewinnen, ob die auslagernde Einheit solche Kontrollen ausgestaltet und eingerichtet hat und deren Wirksamkeit zu prüfen.
	Ist der von den Funktionsprüfungen abgedeckte Zeitraum sowie die seit der Durchführung der Funktionsprüfungen vergangene Zeit angemessen?
	Sind die im Bericht des Prüfers des Dienstleisters beschrieben Funktionsprüfungen für die Aussagen im Ab-schluss der auslagernden Einheit relevant und liefern sie ausreichende geeignete Prüfungsnachweise zur Bekräftigung der Risikobeurteilung des APr des Auslagernden?

Berichte der Typen 1 und 2 unter Ausschluss der Dienstleistungen eines Subdienstleisters (18)

Welche Anforderungen muss der APr beachten, falls in einem Bericht vom Typ 1 oder Typ 2 » die von einem Subdienstleister erbrachten Dienstleistungen ausgeschlossen sind und » diese Dienstleistungen für die Prüfung des Abschlusses der auslagernden Einheit relevant sind?	Der APr muss die Anforderungen dieses ISA im Hinblick auf die von dem Subdienstleister erbrachten Dienstleistungen einhalten.

Dolose Handlungen, Verstöße gegen Gesetze und andere Rechtsvorschriften sowie nicht korrigierte falsche Darstellungen im Zusammenhang mit Tätigkeiten beim Dienstleister (19)

Befragung des Managements der auslagernden Einheit	» Hat der Dienstleister an die auslagernde Einheit über dolose Handlungen, Verstöße gegen Gesetze und andere Rechtsvorschriften oder nicht korrigierte falsche Darstellungen, die sich auf den Abschluss der auslagernden Einheit auswirken, berichtet? » Ist die auslagernde Einheit sich anderweitig darüber bewusst?	Auswirkungen entsprechender Sachverhalte sind ggf. zu beurteilen

Erteilung des Vermerks durch den APr des Auslagernden (20-22)

Wenn der APr nicht in der Lage ist, ausreichende geeignete Prüfungsnachweise zu den von dem Dienstleister erbrachten Dienstleistungen zu erlangen, die für die Prüfung des Abschlusses der auslagernden Einheit relevant sind?	Modifikation des Vermerks
» Grundsatz: In einem Vermerk, der ein nicht modifiziertes Prüfungsurteil enthält, darf nicht auf die Tätigkeit eines Prüfers des Dienstleisters Bezug genommen werden. » Ausnahme: Eine Bezugnahme ist aufgrund von Gesetzen oder anderen Rechtsvorschriften erforderlich.	Hinweis im Vermerk, dass die Verantwortung für das Prüfungsurteil durch die Bezugnahme nicht verringert wird
Ist eine Bezugnahme auf die Tätigkeit eines Prüfers des Dienstleisters für das Verständnis einer Modifizierung des Prüfungsurteils des APr relevant?	Hinweis im Vermerk, dass die Verantwortung für das Prüfungsurteil durch die Bezugnahme nicht verringert wird.

ISA [DE] 450
Beurteilung der während der Abschlussprüfung identifizierten falschen Darstellungen

Zusammenfassung:

ISA [DE] 450 ist die um spezifische Modifikationen zu Einzelaspekten (sog. „D.-Textziffern") ergänzte autorisierte deutsche Übersetzung von ISA 450. Der Standard behandelt die Frage, wie die Auswirkungen festgestellter falscher Darstellungen auf die Abschlussprüfung und etwaiger nicht korrigierter falscher Darstellungen auf den Abschluss zu beurteilen sind.

Eine falsche Darstellung wird in ISA [DE] 450 definiert als eine Abweichung zwischen dem/der im Abschluss abgebildeten Betrag, Ausweis, Darstellung oder einem/einer Abschlussposten/-angabe und dem/der zur Übereinstimmung mit dem maßgebenden Regelwerk der Rechnungslegung erforderlichen Betrag, Ausweis, Darstellung oder Angabe. Falsche Darstellungen können aus Irrtümern oder aus dolosen Handlungen resultieren. Nicht korrigierte falsche Darstellungen umfassen die falschen Darstellungen, die der Abschlussprüfer während der Abschlussprüfung kumuliert hat und die nicht korrigiert wurden.

Während der Prüfung festgestellte falsche Darstellungen werden kumuliert, soweit diese nicht zweifelsfrei unbeachtlich sind, um festzustellen, ob sie in der Summe wesentlich sind. Jede falsche Darstellung muss darauf überprüft werden, ob sie einzeln wesentlich ist. In diesem Zusammenhang ist zu beachten, dass auch falsche Darstellungen in qualitativen Angaben wesentlich sein können. Eine Wesentlichkeit ist stets anzunehmen bei originären quantitativen oder qualitativen Anhangangaben, die nicht der VFE-Lage dienen sowie bei Anhangangaben zur Aufgliederung bzw. Erläuterung eines wesentlichen Bilanz- oder GuV-Postens.

Festgestellte falsche Darstellungen können zur Überarbeitung der Prüfungsstrategie und des Prüfungsprogramms führen, wenn ihre Summe sich der festgelegten Wesentlichkeit annähert oder es Indizien für weitere falsche Darstellungen gibt, die zusammen mit den während der Prüfung kumulierten falschen Darstellungen wesentlich sein könnten.

ISA [DE] 450 regelt zudem, dass der Abschlussprüfer zum Austausch über kumulierte falsche Darstellungen mit der geeigneten Managementebene und zur Aufforderung des Managements zur Korrektur der falschen Darstellungen verpflichtet ist. Falls das Management die Korrektur verweigert, muss der Abschlussprüfer ein Verständnis der Gründe dafür erlangen und beurteilen, ob der Abschluss als Ganzes frei von einer wesentlichen falschen Darstellung ist. Über nicht korrigierte falsche Darstellungen hat zudem eine Kommunikation mit den für die Überwachung Verantwortlichen zu erfolgen.

Verweise:
— ISA [DE] 320: Wesentlichkeit bei der Planung und Durchführung einer Abschlussprüfung
— IDW PS 470 n.F. (10.2021): Grundsätze für die Kommunikation mit den für die Überwachung Verantwortlichen
— IDW PS 475: Mitteilung von Mängeln im internen Kontrollsystem an die für die Überwachung Verantwortlichen und das Management

ISA [DE] 450: Beurteilung der während der Abschlussprüfung festgestellten falschen Darstellungen

Anwendungsbereich und Zielsetzung (1, 3)

- ISA [DE] 450 behandelt die Verantwortlichkeit des APr zur Beurteilung der Auswirkungen identifizierter falscher Darstellungen auf die Abschlussprüfung und etwaiger nicht korrigierter falscher Darstellungen auf den Abschluss.
- Das Ziel des APr besteht darin, Auswirkungen festgestellter falscher Darstellungen auf die Abschlussprüfung und etwaiger nicht korrigierter falscher Darstellungen auf den Abschluss zu beurteilen.

ISA [DE] 320: Angemessene Anwendung des Konzepts der Wesentlichkeit, bei der Planung und Durchführung einer Abschlussprüfung	ISA [DE] 450	IDW PS 400 n.F. (10.2021): Beurteilung bei der Bildung eines Prüfungsurteils, ob hinreichende Sicherheit darüber erlangt wurde, ob der Abschluss als Ganzes frei von einer wesentlichen falschen Darstellung ist

Definitionen (4)

Falsche Darstellung	Eine Abweichung zwischen dem/der im Abschluss abgebildeten Betrag, Ausweis, Darstellung oder Angabe eines/einer Abschlusspostens/-angabe und dem/der für den/die Abschlussposten/-angabe zur Übereinstimmung mit den maßgebenden Rechnungslegungsgrundsätzen erforderlichen Betrag, Ausweis, Darstellung oder Angabe. » Falsche Darstellungen können aus Irrtümern oder aus dolosen Handlungen resultieren. » Falsche Darstellungen umfassen auch solche Anpassungen von Beträgen, Ausweis, Darstellungen oder Angaben, die nach der Beurteilung des APr notwendig sind, damit der Abschluss in allen wesentlichen Belangen insgesamt sachgerecht dargestellt ist oder ein den tatsächlichen Verhältnissen entsprechendes Bild vermittelt.
Nicht korrigierte falsche Darstellungen	Falsche Darstellungen, die der APr während der Abschlussprüfung kumuliert hat und die nicht korrigiert wurden.

Kumulierung identifizierter falscher Darstellungen (5, A2-A4)

Die während der Prüfung identifizierten falschen Darstellungen **sind zu kumulieren**, soweit diese nicht zweifelsfrei unbeachtlich sind.

zweifelsfrei unbeachtlich = nicht wesentlich

» Falsche Darstellungen, die zweifelsfrei unbeachtlich sind, werden von einer ganz anderen (kleineren) Größenordnung oder von einer ganz anderen Art sein als diejenigen, die als wesentlich festgestellt würden, und werden falsche Darstellungen sein, die zweifelsfrei unbedeutend sind, unabhängig davon, ob einzeln oder in der Summe betrachtet und nach welchem Kriterium von Größe, Art oder Umständen beurteilt.

» Besteht irgendeine Unsicherheit darüber, ob eines oder mehrere Elemente zweifelsfrei unbeachtlich sind, wird die falsche Darstellung als nicht zweifelsfrei unbeachtlich angesehen.

Falsche Darstellungen in einzelnen Aufstellungen

Der APr kann **einen Betrag** festlegen, unterhalb dessen falsche Darstellungen von Beträgen in den einzelnen Aufstellungen zweifelsfrei unbeachtlich sein würden und nicht kumuliert werden müssten.

» Falsche Darstellungen im Zusammenhang mit Beträgen können außerdem bei einer Beurteilung **nach Maßgabe von Art oder Umständen** nicht zweifelsfrei unbeachtlich sind.

Falsche Darstellungen in Angaben

Auch falsche Darstellungen in **qualitativen Angaben** können wesentlich sein.

Bei der Kumulierung identifizierter falscher Darstellungen kann eine **Unterscheidung zwischen** folgenden **Kategorien** hilfreich sein:

Tatsächliche falsche Darstellungen

Falsche Darstellungen, über die kein Zweifel besteht.

Beurteilungsbedingte falsche Darstellungen

Unterschiede, die aus Beurteilungen des Managements resultieren, die der APr als unbegründet oder unangemessen erachtet.

Hochgerechnete falsche Darstellungen

Bestmögliche Schätzung des APr von falschen Darstellungen in den Grundgesamtheiten durch Hochrechnung der in den Stichproben festgestellten falschen Darstellungen auf die Grundgesamtheiten, aus denen die Stichproben gezogen wurden.

ISA [DE] 450

Berücksichtigung der identifizierten falschen Darstellungen im weiteren Verlauf der Abschlussprüfung (6-7)

Der APr hat festzustellen, ob die **Prüfungsstrategie und das Prüfungsprogramm überarbeitet** werden müssen, wenn:

- Die Art der festgestellten falschen Darstellungen und die Umstände, unter denen sie aufgetreten sind, darauf hindeuten, dass weitere falsche Darstellungen vorhanden sein können, die zusammen mit den während der Prüfung kumulierten falschen Darstellungen wesentlich sein könnten
- Die Summe der während der Prüfung kumulierten falschen Darstellungen sich der festgelegten Wesentlichkeit (→ ISA [DE] 320) annähert

Der APr hat **zusätzliche Prüfungshandlungen** durchzuführen, um festzustellen, ob falsche Darstellungen verbleiben, wenn das Management nach Aufforderung durch den APr eine bestimmte Art von Geschäftsvorfällen, Kontensalden oder Abschlussangaben untersucht und aufgedeckte falsche Darstellungen korrigiert hat.

Kommunikation und Korrektur falscher Darstellungen (8-9)

Über **alle** während der Abschlussprüfung kumulierten falschen Darstellungen ist (sofern nicht nach Gesetzen oder anderen Rechtsvorschriften untersagt) zeitgerecht **mit der angemessenen Managementebene** zu kommunizieren (→ IDW PS 470 n.F. (10.2021).

Der APr hat das Management aufzufordern, diese falschen Darstellungen zu korrigieren.

Falls das Management die Korrektur einiger oder aller vom Abschlussprüfer mitgeteilten falschen Darstellungen verweigert: Der APr hat ein Verständnis der Gründe zu erlangen, aus denen das Management die Korrekturen unterlässt, und dieses in die Beurteilung der Frage einzubeziehen, ob der Abschluss als Ganzes frei von einer wesentlichen falschen Darstellung ist.

Beurteilung der Auswirkungen nicht korrigierter falscher Darstellungen (10-13)

Vorbereitung (→ ISA [DE] 320)	Erneute Beurteilung zur Bekräftigung, dass die festgelegte Wesentlichkeit im Zusammenhang mit den tatsächlichen finanziellen Ergebnissen der Einheit weiterhin angemessen ist.
Feststellung, ob nicht korrigierte falsche Darstellungen einzeln oder in der Summe wesentlich sind	Würdigung von **Umfang und Art** der falschen Darstellungen für bestimmte Arten von Geschäftsvorfällen, Kontensalden oder Abschlussangaben als auch für den Abschluss als Ganzes, und die **besonderen Umstände**, unter denen diese auftreten.
	Würdigung der **Auswirkungen nicht korrigierter falscher Darstellungen aus vorhergehenden Zeiträumen** auf die relevanten Arten von Geschäftsvorfällen, Kontensalden oder Abschlussangaben sowie auf den Abschluss als Ganzes.
Unterlassung von Angaben (D.11.1, D.A23.1)	Die sich aus folgenden Unterlassungen ergebenden falschen Darstellungen sind in der Regel wesentlich: » Unterlassung einer originären quantitativen oder qualitativen Anhangangabe, die anderen Einblickszielen dient als der Gewährung eines Einblicks in die Vermögens-, Finanz- und Ertragslage » Unterlassung einer Anhangangabe zur Aufgliederung bzw. Erläuterung eines wesentlichen Bilanz- oder GuV-Postens

Kommunikation mit den für die Überwachung Verantwortlichen (12-13, A27)

Der APr hat sich (sofern nicht nach Gesetzen oder anderen Rechtsvorschriften untersagt) mit den für die Überwachung Verantwortlichen über **nicht korrigierte falsche** Darstellungen und die Auswirkungen auszutauschen, die sie einzeln oder in der Summe auf das Prüfungsurteil im Vermerk haben können (→ IDW PS 470 n.F. (10.2021)).
» Wesentliche nicht korrigierte falsche Darstellungen sind in der Mitteilung des APr einzeln zu bezeichnen.

Der APr hat zur Korrektur nicht korrigierter falscher Darstellungen aufzufordern.

Der Austausch umfasst auch die Auswirkungen, die nicht korrigierte falsche Darstellungen aus vorhergehenden Zeiträumen auf die relevanten Arten von Geschäftsvorfällen, Kontensalden oder Abschlussangaben und auf den Abschluss als Ganzes haben.

ISA [DE] 450

Schriftliche Erklärungen (14)

Vom Management und - soweit angebracht - von den für die Überwachung Verantwortlichen ist **eine schriftliche Erklärung** darüber einzuholen, **ob Ihrer Meinung nach die Auswirkungen** nicht korrigierter falscher Darstellungen auf den Abschluss als Ganzes einzeln und in der Summe **unwesentlich sind**.
» Eine Aufstellung der nicht korrigierter falscher Darstellungen hat in der schriftlichen Erklärung enthalten oder ihr beigefügt zu sein.

Dokumentation (15)

In die **Prüfungsdokumentation** sind aufzunehmen:

- Betrag, unterhalb dessen falsche Darstellungen als zweifelsfrei unbeachtlich angesehen werden
- Alle während der Prüfung kumulierten falschen Darstellungen und ob sie korrigiert wurden
- Die Schlussfolgerung des APr darüber, ob nicht korrigierte falsche Darstellungen einzeln oder in der Summe wesentlich sind, einschließlich der Grundlage für diese Schlussfolgerung

Die Dokumentation über die Schlussfolgerung des APr kann berücksichtigen (A30):
» Beurteilung der Gesamtauswirkung nicht korrigierter falscher Darstellungen
» Beurteilung, ob die Wesentlichkeitsgrenze oder -grenzen für bestimmte Arten von Geschäftsvorfällen, Kontensalden oder Abschlussangaben überschritten wurden
» Beurteilung der Auswirkung nicht korrigierter falscher Darstellungen auf Schlüsselkennzahlen oder besonders wichtige Trends und auf die Einhaltung gesetzlicher und anderer rechtlicher sowie vertraglicher Anforderungen

ISA [DE] 500
Prüfungsnachweise

Zusammenfassung:

ISA [DE] 500 ist die um spezifische Modifikationen zu Einzelaspekten (sog. „D.-Textziffern") ergänzte autorisierte deutsche Übersetzung von ISA 500. Der Standard erläutert, was einen Prüfungsnachweis ausmacht, und behandelt die Verantwortlichkeit des Abschlussprüfers Prüfungshandlungen so zu planen und durchzuführen, dass ausreichende geeignete Prüfungsnachweise erlangt werden.

Als Prüfungsnachweise werden Informationen definiert, die zur Ziehung von Schlussfolgerungen genutzt werden, welche die Grundlage für das Prüfungsurteil bilden. Prüfungsnachweise umfassen sowohl Informationen, die in den dem Abschluss zugrunde liegenden Unterlagen des Rechnungswesens enthalten sind, als auch aus anderen Quellen erlangte Informationen. In diesem Zusammenhang wird in den Anwendungshinweisen von ISA [DE] 500 mit der Einsichtnahme/Inaugenscheinnahme, der Beobachtung, der Einholung von externen Bestätigungen, dem Nachrechnen, dem Nachvollziehen und der Durchführung von analytischen Prüfungshandlungen das „Instrumentarium" beschrieben, welches zur Erlangung von Prüfungsnachweisen zur Verfügung steht. Bei der Verwendung von Prüfungsnachweisen hat der Abschlussprüfer sowohl die Relevanz wie auch die Verlässlichkeit der erlangten Informationen zu würdigen.

Als weiteren zentralen Begriff definiert ISA [DE] 500, was unter „Sachverständigen des Managements" zu verstehen ist und welche Prüfungshandlungen für die Nutzung der Tätigkeit eines Sachverständigen des Managements als Prüfungsnachweis erforderlich sind.

Schließlich wird die praxisrelevante Thematik behandelt, welche Prüfungshandlungen für die Nutzung von Informationen, die durch die Einheit erstellt wurden („information produced by the entity"), erforderlich sind. Je nach den Umständen des Einzelfalls ist diesbezüglich insbesondere die Genauigkeit und Vollständigkeit der Informationen zu beurteilen.

Verweise:

— ISA [DE] 200: Übergeordnete Ziele des unabhängigen Prüfers und Grundsätze einer Prüfung in Übereinstimmung mit den International Standards on Auditing
— ISA [DE] 300: Planung einer Abschlussprüfung
— ISA [DE] 330: Reaktionen des Abschlussprüfers auf beurteilte Risiken
— ISA [DE] 450: Beurteilung der während der Abschlussprüfung identifizierten falschen Darstellungen
— ISA [DE] 505: Externe Bestätigungen
— ISA [DE] 520: Analytische Prüfungshandlungen
— ISA [DE] 530: Stichprobenprüfungen
— ISA [DE] 580: Schriftliche Erklärungen
— ISA [DE] 620: Nutzung der Tätigkeit eines Sachverständigen des Abschlussprüfers

ISA [DE] 500: Prüfungsnachweise

Anwendungsbereich und Zielsetzung (1-2, 4)

» ISA [DE] 500 erläutert, was einen Prüfungsnachweis ausmacht, und behandelt die Verantwortlichkeit des APr Prüfungshandlungen so zu planen und durchzuführen, dass ausreichende geeignete Prüfungsnachweise erlangt werden.
» Das Ziel des APr besteht darin, Prüfungshandlungen so zu planen und durchzuführen, dass er ausreichende geeignete Prüfungsnachweise erlangen kann, um begründete Schlussfolgerungen als Grundlage für das Prüfungsurteil zu ziehen.

Definitionen (5) (1/2)

Unterlagen des Rechnungswesens	Die Unterlagen der erstmaligen buchhalterischen Erfassung und ergänzende Unterlagen (z.B. Rechnungen, Verträge, Haupt- und Nebenbücher, Journalbuchungen sowie Unterlagen, die Berechnungen belegen).
Eignung (von Prüfungsnachweisen)	Das Maß für die Qualität von Prüfungsnachweisen, d.h. ihre Relevanz und Verlässlichkeit, die Schlussfolgerungen zu untermauern, auf denen das Prüfungsurteil basiert.
Prüfungsnachweise	Informationen, die vom APr genutzt werden, um die Schlussfolgerungen zu ziehen, die die Grundlage für das Prüfungsurteil bilden. Prüfungsnachweise umfassen sowohl Informationen, die in den dem Abschluss zugrunde liegenden Unterlagen des Rechnungswesens enthalten sind, als auch aus anderen Quellen erlangte Informationen.
Externe Informationsquelle	Eine externe natürliche Person oder Organisation, die Informationen zur Verfügung stellt, die von der Einheit bei der Aufstellung des Abschlusses genutzt oder vom APr als Prüfungsnachweis erlangt wurden, sofern diese Informationen für die Nutzung durch eine große Bandbreite von Nutzern geeignet sind. » Wurden Informationen von einer natürlichen Person oder Organisation bereitgestellt, die in der Eigenschaft als Sachverständiger des Managements, Dienstleister oder Sachverständiger des APr handelt, ist die natürliche Person oder Organisation bezüglich dieser bestimmten Informationen nicht als externe Informationsquelle zu betrachten.

Definitionen (5) (2/2)

Sachverständiger des Managements	Eine Person oder Organisation mit Fachkenntnissen auf **einem anderen Gebiet** als dem der Rechnungslegung oder Prüfung, deren Tätigkeit auf diesem Gebiet von der Einheit zur Unterstützung bei der Aufstellung des Abschlusses genutzt wird.
Ausreichender Umfang (von Prüfungsnachweisen)	Das Maß für die Quantität der Prüfungsnachweise. Die Quantität der benötigten Prüfungsnachweise wird sowohl durch die vom APr vorgenommene Beurteilung der Risiken wesentlicher falscher Darstellungen als auch durch die Qualität dieser Prüfungsnachweise beeinflusst.

Ausreichende geeignete Prüfungsnachweise (6) (1/2)

Der APr hat die Prüfungshandlungen zu planen und durchzuführen, die unter den gegebenen Umständen sachgerecht sind, um ausreichende geeignete Prüfungsnachweise zu erlangen.

Ausreichender Umfang und Eignung von Prüfungsnachweisen stehen in einer Wechselbeziehung.

Ausreichender Umfang ist das Maß für die Quantität der Prüfungsnachweise. Die Quantität der benötigten Prüfungsnachweise hängt ab von der vorgenommenen Beurteilung der Risiken falscher Darstellungen (je höher die beurteilten Risiken, desto mehr Prüfungsnachweise sind voraussichtlich erforderlich) und von der Qualität dieser Prüfungsnachweise (je höher die Qualität, desto weniger Nachweise können erforderlich sein).

Eignung ist das Maß für die Qualität von Prüfungsnachweisen, d.h. ihre Relevanz und Verlässlichkeit, die Schlussfolgerungen zu untermauern, auf denen das Prüfungsurteil basiert. Die Verlässlichkeit von Nachweisen wird durch deren Quelle und Art beeinflusst und hängt von den individuellen Umständen ab, unter denen sie erlangt werden.

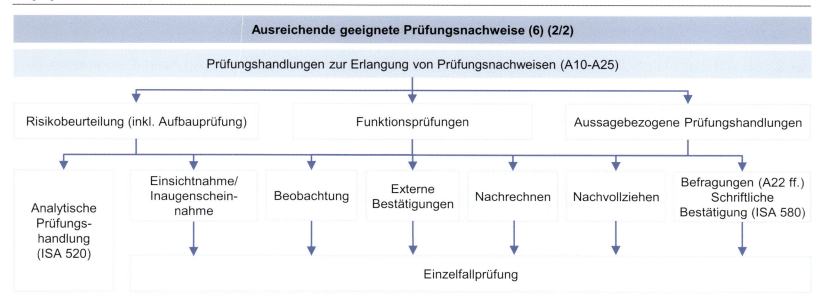

ISA [DE] 500

Informationen, die als Prüfungsnachweise verwendet werden (7-9) (1/2)

Bei der Planung und Durchführung der Prüfungshandlungen sind die Relevanz und Verlässlichkeit der Informationen zu würdigen, die als Prüfungsnachweise genutzt werden.

Relevanz bezieht sich auf die logische Verknüpfung/ den Zusammenhang mit dem Zweck der Prüfungshandlung und der betrachteten Aussage (soweit angemessen).

Die Erlangung von Prüfungsnachweisen zu einer bestimmten Aussage ist kein Ersatz für die Erlangung von Prüfungsnachweisen zu einer anderen Aussage! Prüfungsnachweise aus unterschiedlichen Quellen oder unterschiedlicher Art können jedoch häufig für dieselbe Aussage relevant sein.

Die **Verlässlichkeit** einer Informationen, wird durch Quelle und Art der Informationen sowie durch die Umstände beeinflusst, unter denen sie erlangt werden.

» Verlässlichkeit von Prüfungsnachweisen steigt, wenn diese aus unabhängigen Quellen außerhalb der Einheit stammen
» Verlässlichkeit von intern erzeugten Prüfungsnachweisen steigt, wenn die damit verbundenen, von der Einheit eingerichteten Kontrollen wirksam sind
» Unmittelbar vom APr erlangte Prüfungsnachweise sind verlässlicher als Prüfungsnachweise, die mittelbar oder durch Rückschluss erlangt werden
» Prüfungsnachweise in dokumentierter Form sind verlässlicher als mündlich erlangte Nachweise
» Originaldokumente sind als Prüfungsnachweise verlässlicher als Fotokopien, etc.

Sachverständiger des Managements (8)

Bei der Verwendung von Prüfungsnachweisen, die unter Einsatz der Tätigkeit eines Sachverständigen des Managements erstellt wurden, sind unter Berücksichtigung der Bedeutung der Tätigkeit des Sachverständigen die folgenden Punkte zu beachten:
» Kompetenz, Fähigkeiten und Objektivität des Sachverständigen zu beurteilen,
» ein Verständnis von der Tätigkeit des Sachverständigen zu erlangen und
» die Eignung der Tätigkeit des Sachverständigen als Prüfungsnachweis für die relevante Aussage zu beurteilen.

Nutzung der Tätigkeit eines Sachverständigen des APr → ISA [DE] 620

ISA [DE] 500

Informationen, die als Prüfungsnachweise verwendet werden (7-9) (2/2)

Von der Einheit erstellte und für Zwecke des APr genutzte Informationen (9)

Der APr hat zu beurteilen, ob die von der Einheit erstellten Informationen ausreichend verlässlich sind. Dazu sind ggf. die folgenden Prüfungshandlungen durchzuführen:
» Erlangung von Prüfungsnachweisen über die Richtigkeit und Vollständigkeit der Informationen und
» Beurteilung, ob die Informationen für die Ziele des Abschlussprüfers ausreichend genau und detailliert sind.

Auswahl der zu prüfenden Elemente (10)

Bei der Planung von Funktions- und Einzelfallprüfungen sind Verfahren zur Auswahl von zu prüfenden Elementen festzulegen, die wirksam sind, um den Zweck der Prüfungshandlung zu erreichen.

Möglichkeiten der Auswahl der Prüfelemente (A52-A56)	Auswahl aller Elemente (Vollerhebung)	Auswahl bestimmter Elemente	Stichprobenprüfungen

Unstimmigkeit in Prüfungsnachweisen oder Zweifel an deren Verlässlichkeit (11)

Prüfungsnachweise aus einer Quelle stehen nicht mit Prüfungsnachweisen aus einer anderen Quelle in Einklang

APr hat Zweifel an der Verlässlichkeit der als Prüfungsnachweise verwendeten Informationen

» Festlegung, wie die Prüfungshandlungen angepasst oder ergänzt werden müssen, um den Sachverhalt zu klären, und
» Abwägung der etwaigen Auswirkungen des Sachverhalts auf andere Aspekte der Prüfung

ISA [DE] 501
Prüfungsnachweise – Besondere Überlegungen zu ausgewählten Sachverhalten

Zusammenfassung:
ISA [DE] 501 ist die um spezifische Modifikationen zu Einzelaspekten (sog. „D.-Textziffern") ergänzte autorisierte deutsche Übersetzung von ISA 501. Der Standard enthält Überlegungen zur Erlangung von ausreichend geeigneten Prüfungsnachweisen in Bezug auf folgende Themen:
— Prüfung der Vorräte,
— Beurteilung von Rechtsstreitigkeiten und Ansprüchen, die die Einheit betreffen, sowie
— Prüfung von Segmentinformationen.

Hinsichtlich der Prüfung von Vorräten wird grundsätzlich die Durchführung einer Inventurbeobachtung konkretisiert. Weitere Ausführungen behandeln die Besonderheiten bei einer nicht am Abschlussstichtag durchgeführten Inventur, bei einer fehlender Anwesenheit des Prüfers während der Durchführung der Inventur sowie bei von Dritten verwahrten Vorräten.

Schwerpunkt der Ausführungen zur Beurteilung von Rechtsstreitigkeiten und Ansprüchen sind Erläuterungen zur Kommunikation des Abschlussprüfers mit externen Rechtsberatern der Einheit. Der Standard enthält zudem die Anforderung, dass eine Vollständigkeitserklärung zu allen bekannten tatsächlichen oder möglichen Rechtsstreitigkeiten und Ansprüchen einzuholen ist.

Bei der Prüfung von Segmentinformationen wird insbesondere die Notwendigkeit der Erlangung eines Verständnisses der vom Management bei der Bestimmung der Segmentinformationen angewandten Methoden hervorgehoben.

Verweise:
— ISA [DE] 300: Planung einer Abschlussprüfung
— ISA [DE] 500: Prüfungsnachweise
— ISA [DE] 505: Externe Bestätigungen
— ISA [DE] 580: Schriftliche Erklärungen

ISA [DE] 501: Prüfungsnachweise – Besondere Überlegungen zu ausgewählten Sachverhalten

Anwendungsbereich und Zielsetzung (1, 3)

ISA [DE] 501 behandelt spezifische Überlegungen um ausreichende geeignete Prüfungsnachweise in Bezug auf bestimmte Aspekte der Vorräte, Rechtsstreitigkeiten und Ansprüche, die die Einheit betreffen, sowie Segmentinformationen bei einer Abschlussprüfung zu erlangen.

Das Ziel des APr besteht darin, ausreichende geeignete Prüfungsnachweise zu Folgendem zu erlangen:
- » zum Vorhandensein und zur Beschaffenheit der Vorräte;
- » zur Vollständigkeit der die Einheit betreffenden Rechtsstreitigkeiten und Ansprüche sowie
- » zur Angabe und Darstellung von Segmentinformationen in Übereinstimmung mit den maßgebenden Rechnungslegungsgrundsätzen.

Vorräte (4-8) (1/2)

Anwesenheit bei der Inventur sowie Prüfungshandlungen zu den endgültigen Inventuraufzeichnungen (4)

Falls die Vorräte für den Abschluss wesentlich sind, muss der APr ausreichende geeignete Prüfungsnachweise **zu Vorhandensein** und **Beschaffenheit** der Vorräte erlangen durch:

Anwesenheit bei der Inventur, es sei denn, dass dies praktisch nicht durchführbar ist, um:
- » Anweisungen und Verfahren des Managements zur Aufzeichnung und Kontrolle der Ergebnisse der Inventur der Einheit zu beurteilen,
- » die Durchführung der Zählverfahren des Managements zu beobachten,
- » die Vorräte in Augenschein zu nehmen und
- » Testzählungen durchzuführen

Durchführung von Prüfungshandlungen zu den **endgültigen Inventuraufzeichnungen**, um festzustellen, ob sie die tatsächlichen Inventurergebnisse zutreffend widerspiegeln

Vorräte (4-8) (2/2)

Nicht am Abschlussstichtag durchgeführte Inventur (5)

Stichtag der Inventur weicht von Abschlussstichtag ab (z.B. bei permanenter Inventur) ▶ Es sind **zusätzliche Prüfungshandlungen** durchführen, um Prüfungsnachweise darüber zu erlangen, ob Veränderungen der Vorräte zwischen dem Aufnahmestichtag und dem Abschlussstichtag ordnungsgemäß erfasst sind.

Fehlende Anwesenheit bei der Inventur (6-7)

Anwesenheit ist aufgrund von unvorhergesehenen Umständen nicht möglich ▶
- » Vornahme oder Beobachtung einiger Bestandsaufnahmen zu einem anderen Zeitpunkt und
- » Durchführung von Prüfungshandlungen zu zwischenzeitlichen Geschäftsvorfällen

Anwesenheit bei der Inventur ist (z.B. aufgrund der Art oder dem Standort der Vorräte) praktisch nicht durchführbar ▶ Durchführung alternativer Prüfungshandlungen (z.B. die Einsichtnahme in die Dokumentation über den späteren Verkauf) zur Erlangung ausreichender geeigneter Prüfungsnachweise zu Vorhandensein und Beschaffenheit der Vorräte

Bei Unmöglichkeit: Modifizierung des Prüfungsurteils im Vermerk aufgrund eines **Prüfungshemmnisses** (→ IDW PS 405 (10.2021))

Von Dritten verwahrte und verwaltete Vorräte (8)

Falls für den Abschluss wesentliche Vorräte von einem Dritten verwahrt und verwaltet werden, muss der APr ausreichende geeignete Prüfungsnachweise zu Vorhandensein und Beschaffenheit dieser Vorräte durch eine oder beide der folgenden Maßnahmen erlangen:

- Anforderung einer Bestätigung des Dritten über Mengen und Beschaffenheit der im Auftrag der Einheit gehaltenen Vorräte
- Inaugenscheinnahme oder andere unter den gegebenen Umständen angemessene Prüfungshandlungen

Rechtsstreitigkeiten und Ansprüche (9-12) (1/2)

Vollständigkeit der Rechtsstreitigkeiten und Ansprüche (9)

Der APr hat Prüfungshandlungen zu planen und durchzuführen, um Rechtsstreitigkeiten und Ansprüche zu identifizieren, welche die Einheit betreffen und ein Risiko wesentlicher falscher Darstellungen zur Folge haben können. Dazu gehören:

Befragungen des Managements und ggf. anderer Personen innerhalb der Einheit, einschließlich hausinterner Rechtsberater	Durchsicht der Protokolle von Sitzungen der für die Überwachung Verantwortlichen und des Schriftverkehrs zwischen der Einheit und ihren externen Rechtsberatern	Durchsicht von Aufwandskonten für Rechtsberatung

Kommunikation mit externen Rechtsberatern der Einheit (10-11)

Voraussetzung	Folge
Bei einem Risiko wesentlicher falscher Darstellungen im Zusammenhang mit identifizierten Rechtsstreitigkeiten oder Ansprüchen oder wenn durchgeführte Prüfungshandlungen darauf hindeuten, dass andere wesentliche Rechtsstreitigkeiten oder Ansprüche bestehen können:	Der APr muss die unmittelbare Kommunikation mit den externen Rechtsberatern der Einheit suchen.
Wenn Gesetz, andere Rechtsvorschriften oder die jeweilige anwaltliche Berufsorganisation eine unmittelbare Kommunikation der externen Rechtsberater der Einheit mit dem APr untersagen:	Der APr muss alternative Prüfungshandlungen durchführen
» Falls das Management sich weigert, dem APr zu gestatten, mit den externen Rechtsberatern zu kommunizieren oder die externen Rechtsberater sich weigern, auf die Anfrage angemessen zu antworten oder ihnen die Antwort untersagt ist, **und** » die Erlangung ausreichender geeigneter Prüfungsnachweise aus der Durchführung alternativer Prüfungshandlungen nicht möglich ist,	Modifizierung des Prüfungsurteils im Vermerk des APr (→ IDW PS 405 (10.2021))

Rechtsstreitigkeiten und Ansprüche (9-12) (2/2)

Schriftliche Erklärungen (12)

Der APr hat das Management und – sofern angemessen – die für die Überwachung Verantwortlichen aufzufordern, schriftliche Erklärungen darüber abzugeben, dass **alle bekannten tatsächlichen oder möglichen Rechtsstreitigkeiten und Ansprüche**, deren Auswirkungen bei der Aufstellung des Abschlusses zu berücksichtigen sind, mitgeteilt und in Übereinstimmung mit den maßgebenden Rechnungslegungsgrundsätzen erfasst und angegeben wurden.

Segmentinformationen (13)

Erlangung ausreichender geeigneter Prüfungsnachweise durch:

Erlangung eines Verständnisses von den vom Management bei der Bestimmung der Segmentinformationen angewandten Methoden und	Durchführung von analytischen oder anderen Prüfungshandlungen, die unter den gegebenen Umständen sachgerecht sind
» Beurteilung, ob diese Methoden voraussichtlich zu mit dem maßgebenden Regelwerk der Rechnungslegung übereinstimmenden Abschlussangaben führen, sowie » Prüfung der Anwendung dieser Methoden (sofern sachgerecht)	

ISA [DE] 505
Externe Bestätigungen

Zusammenfassung:

ISA [DE] 505 ist die um spezifische Modifikationen zu Einzelaspekten (sog. „D.-Textziffern") ergänzte autorisierte deutsche Übersetzung von ISA 505. Der Standard definiert eine „externe Bestätigung" als Prüfungsnachweis, der als unmittelbare schriftliche Antwort eines Dritten (der bestätigenden Partei) an den Abschlussprüfer in Papierform oder auf einem elektronischen oder anderen Medium erlangt wird.

ISA [DE] 505 unterscheidet zwischen „positiven Bestätigungsanfragen" und „negativen Bestätigungsanfragen". Da negative Bestätigungen weniger überzeugende Prüfungsnachweise als positive Bestätigungen liefern, dürfen diese, um dem Risiko wesentlicher falscher Darstellungen auf Aussageebene zu begegnen, nur in Ausnahmefällen als alleinige aussagebezogene Prüfungshandlung angewandt werden.

Hinsichtlich der Durchführung von Bestätigungsanfragen stellt der Standard klar, dass diese stets unter der Kontrolle des Abschlussprüfers zu erfolgen haben. Weiterhin enthält ISA [DE] 505 Anforderungen, welche im Falle der Weigerung des Managements, den Versand von Bestätigungsanfragen zu gestatten, zu beachten sind. Im Falle der Nichtbeantwortung einer positiven Bestätigungsanfrage sind zudem alternative Prüfungshandlungen erforderlich.

Als deutsche Besonderheit wird in den Anwendungshinweisen die Einholung von Bankbestätigungsschreiben thematisiert, deren verpflichtende Einholung jedoch keine Anforderung des Standards ist.

Verweise:
— ISA [DE] 300: Planung einer Abschlussprüfung
— ISA [DE] 500: Prüfungsnachweise

ISA [DE] 505: Externe Bestätigungen

Anwendungsbereich und Zielsetzung (1, 5)

» ISA [DE] 505 behandelt die Anwendung von Verfahren der externen Bestätigung durch den APr.
» Das Ziel des APr bei der Anwendung von Verfahren der externen Bestätigung besteht darin, diese Verfahren zu planen und durchzuführen, um relevante und verlässliche Prüfungsnachweise zu erlangen.

Definitionen (6)

Externe Bestätigung	Prüfungsnachweis, der als unmittelbare schriftliche Antwort eines Dritten (der bestätigenden Partei) an den APr in Papierform oder auf einem elektronischen oder anderen Medium erlangt wird.
Positive Bestätigungsanfrage	Eine Anfrage, mit der die bestätigende Partei aufgefordert wird, dem APr unmittelbar zu antworten, womit zum Ausdruck gebracht wird, ob die bestätigende Partei den Informationen in der Anfrage zustimmt oder nicht oder die angefragten Informationen liefert.
Negative Bestätigungsanfrage	Eine Anfrage, mit der die bestätigende Partei aufgefordert wird, dem APr unmittelbar nur dann zu antworten, wenn diese den in der Anfrage enthaltenen Informationen nicht zustimmt.
Nichtbeantwortung	Eine Unterlassung der bestätigenden Partei, die darin besteht, eine positive Bestätigungsanfrage nicht oder nicht vollständig zu beantworten, oder eine als nicht zugestellt zurückgesandte Bestätigungsanfrage.
Abweichung	Eine Antwort, aus der ein Unterschied hervorgeht zwischen den Informationen, um deren Bestätigung gebeten wird oder die in den Aufzeichnungen der Einheit enthalten sind, und den von der bestätigenden Partei gelieferten Informationen.

Verfahren der externen Bestätigung (7)

Bei der Durchführung hat der APr **die Kontrolle** über externe Bestätigungsanfragen zu bewahren. Dies schließt Folgendes ein:

Festlegung der zu bestätigenden oder anzufragenden Informationen	Auswahl der geeigneten bestätigenden Partei	Ausgestaltung der Bestätigungsanfragen, einschließlich der Feststellung, dass die Anfragen richtig adressiert und Informationen für die Rücksendung der Antworten unmittelbar an den APr enthalten sind	Versand der Anfragen sowie eventueller Folgeanfragen an die bestätigende Partei

Weigerung des Managements, dem APr den Versand einer Bestätigungsanfrage zu gestatten (8-9)

Wenn sich das Management weigert, den Versand einer Bestätigungsanfrage zu gestatten, hat der APr:

» Befragung des Managements zu den Gründen für die Weigerung und Einholung von Prüfungsnachweisen zu deren Stichhaltigkeit und Begründetheit
» Beurteilung der Auswirkungen auf die Beurteilung der relevanten Risiken wesentlicher falscher Darstellungen, der Risiken doloser Handlungen, sowie auf Art, zeitliche Einteilung und Umfang anderer Prüfungshandlungen
» Durchführung alternativer Prüfungshandlungen

Wenn Weigerung des Managements unangemessen ist <u>oder</u> es nicht möglich ist, aus alternativen Prüfungshandlungen relevante und verlässliche Prüfungsnachweise zu erlangen:

Kommunikation mit den für die Überwachung Verantwortlichen (→ IDW PS 470 n.F. (10.2021))

Feststellung der Auswirkungen auf die Abschlussprüfung und das Prüfungsurteil (→ IDW PS 405 (10.2021))

Ergebnisse der Verfahren der externen Bestätigung (10-14)

Verlässlichkeit der Antworten auf Bestätigungsanfragen (10-11)

| Faktoren, die auf Zweifel an der Verlässlichkeit einer Antwort hindeuten:
» Antwort wurde mittelbar erhalten.
» Antwort stammt nicht von der ursprünglich vorgesehenen bestätigenden Partei. | ▶ | Erlangung weiterer Prüfungsnachweise, um diese Zweifel zu beseitigen. | ▶ | Wenn Antwort auf eine Bestätigungsanfrage nicht verlässlich ist, dann erfolgt eine Einschätzung der Konsequenzen für die Beurteilung der relevanten Risiken wesentlicher falscher Darstellungen, des Risikos doloser Handlungen, sowie für Art, zeitliche Einteilung und Umfang anderer Prüfungshandlungen, die damit zusammenhängen. |

Nichtbeantwortung (12-13)

Bei **jeder** Nichtbeantwortung	▶	Durchführung alternativer Prüfungshandlungen, um relevante und verlässliche Prüfungsnachweise zu erlangen
Sofern die Beantwortung einer positiven Bestätigungsanfrage notwendig ist, um ausreichende geeignete Prüfungsnachweise zu erlangen	▶	Feststellung der Auswirkungen auf die Abschlussprüfung und das Prüfungsurteil (→ IDW PS 405 (10.2021))

Abweichungen (14)

Abweichungen hat der APr zu untersuchen, um festzustellen, ob sie auf falsche Darstellungen hindeuten oder nicht.

Negative Bestätigungen (15)

Negative Bestätigungen liefern weniger überzeugende Prüfungsnachweise als positive Bestätigungen.

Um einem beurteilten **Risiko wesentlicher falscher Darstellungen** auf Aussageebene zu begegnen, dürfen negative Bestätigungsanfragen nicht als alleinige aussagebezogene Prüfungshandlung angewandt werden, sofern nicht sämtliche der folgenden Punkte vorliegen:

Das Risiko wesentlicher falscher Darstellungen wird als gering beurteilt und ausreichende geeignete Prüfungsnachweise zur Wirksamkeit der für die Aussage relevanten Kontrollen wurden erlangt	die Grundgesamtheit der Elemente, die negativen Bestätigungsanfragen unterzogen wird, umfasst eine große Anzahl von kleinen, homogenen Kontensalden, Geschäftsvorfällen oder Gegebenheiten	es wird eine sehr geringe Anzahl von Abweichungen erwartet	Es sind keine Umstände oder Gegebenheiten bekannt, welche die Empfänger von negativen Bestätigungsanfragen dazu veranlassen könnten, diese Anfragen nicht zu beachten.

Beurteilung der erlangten Nachweise (16)

Es ist zu beurteilen, ob die Ergebnisse der Verfahren der externen Bestätigung relevante und verlässliche Prüfungsnachweise liefern oder ob weitere Prüfungsnachweise notwendig sind. Dabei können die Ergebnisse einzelner Anfragen folgendermaßen kategorisiert werden:
» eine Antwort durch die zuständige, bestätigende Partei, in der die Zustimmung zu den in der Bestätigungsanfrage enthaltenen Informationen zum Ausdruck gebracht wird oder welche die angefragten Informationen ohne Abweichung liefert;
» eine nicht für verlässlich gehaltene Antwort;
» eine Nichtbeantwortung oder
» eine Antwort, in der auf eine Abweichung hingewiesen wird.

ISA [DE] 510
Eröffnungsbilanzwerte bei Erstprüfungsaufträgen

Zusammenfassung:
ISA [DE] 510 ist die um spezifische Modifikationen zu Einzelaspekten (sog. „D.-Textziffern") ergänzte autorisierte deutsche Übersetzung von ISA 510. Der Standard definiert einen „Erstprüfungsauftrag" als Auftrag, bei dem entweder der Abschluss für den vorhergehenden Zeitraum nicht geprüft wurde oder der Abschluss für den vorhergehenden Zeitraum von einem anderen („bisherigen") Abschlussprüfer geprüft wurde.

Bei einer Erstprüfung verfügt der Abschlussprüfer über keine eigenen Prüfungsnachweise aus einer Vorjahresprüfung, die Aussagen über die Ordnungsmäßigkeit der Eröffnungsbilanzwerte erlauben. Daher muss in Fällen, in denen der Eröffnungsbilanzwert seine Wurzeln in früheren Jahren hat, durch eine Ausdehnung der Prüfungshandlungen auf vorhergehende Geschäftsjahre gewährleistet sein, dass Prüfungsaussagen mit hinreichender Sicherheit getroffen werden können.

ISA [DE] 510 verlangt zunächst, dass – sofern vorhanden – der letzte Abschluss und der dazugehörige Vermerk des bisherigen Abschlussprüfers im Hinblick auf die für die Eröffnungsbilanzwerte und Abschlussangaben relevanten Informationen zu lesen sind. Neben der Prüfung der Eröffnungsbilanzwerte wird zudem die Bedeutung der Erlangung von ausreichenden Prüfungsnachweisen zur stetigen Anwendung von Rechnungslegungsmethoden betont.

Als deutsche Besonderheit wird zudem festgelegt, dass der Abschlussprüfer – sofern vorhanden – zudem den letzten Prüfungsbericht des bisherigen Abschlussprüfers zu lesen hat. In den Anwendungshinweisen wird ergänzend dargelegt, dass der Prüfungsbericht im Einzelfall selbst als Prüfungsnachweis dienen kann und unter welchen Bedingungen eine Einsichtnahme in die Arbeitspapiere des bisherigen Abschlussprüfers möglich ist.

Der Standard behandelt außerdem die Frage, welche Auswirkungen Prüfungshemmnisse sowie fehlerhafte Darstellungen betreffend der Eröffnungsbilanzwerte auf den Vermerk des Abschlussprüfers haben. Abschließend enthält ISA [DE] 510 zudem Hinweise für die Fälle, in denen das Prüfungsurteil des bisherigen Abschlussprüfers eine Modifizierung aufwies, die für den Abschluss des Berichtszeitraums relevant und wesentlich bleibt.

Verweise:
— ISA [DE] 300: Planung einer Abschlussprüfung
— ISA [DE] 710: Vergleichsinformationen – Vergleichsangaben und Vergleichsabschlüsse
— IDW PS 405: Modifizierungen des Prüfungsurteils im Bestätigungsvermerk

ISA [DE] 510: Eröffnungsbilanzwerte bei Erstprüfungsaufträgen

Anwendungsbereich und Zielsetzung (1, 3)

ISA [DE] 510 behandelt die Verantwortlichkeiten des APr im Zusammenhang mit Eröffnungsbilanzwerten bei einem Erstprüfungsauftrag.

Das Ziel des APr besteht darin, ausreichende geeignete Prüfungsnachweise darüber zu erlangen, ob
» Eröffnungsbilanzwerte falsche Darstellungen enthalten, die wesentliche Auswirkungen auf den Abschluss des Berichtszeitraums haben, und
» die sich in den Eröffnungsbilanzwerten widerspiegelnden angemessenen Rechnungslegungsmethoden stetig im Abschluss des Berichtszeitraums angewendet wurden oder Methodenänderungen in Übereinstimmung mit den maßgebenden Rechnungslegungsgrundsätze im Abschluss sachgerecht erfasst, dargestellt und angegeben sind.

Definitionen (4)

Erstprüfungsauftrag	Ein Auftrag, bei dem entweder » der Abschluss für den vorhergehenden Zeitraum nicht geprüft wurde oder » der Abschluss für den vorhergehenden Zeitraum vom bisherigen APr geprüft wurde.
Eröffnungsbilanzwerte	Die zu Beginn des Berichtszeitraums bestehenden Kontensalden. Eröffnungsbilanzwerte basieren auf den Schlussbilanzwerten des vorhergehenden Zeitraums und spiegeln die Auswirkungen von Geschäftsvorfällen und Ereignissen aus vorhergehenden Zeiträumen sowie die im vorhergehenden Zeitraum angewendeten Rechnungslegungsmethoden wider. Darüber hinaus gehören zu den Eröffnungsbilanzwerten die im Abschluss anzugebenden Sachverhalte, die zu Beginn des Berichtszeitraums vorlagen.
Bisheriger Abschlussprüfer	Wirtschaftsprüfer in eigener Praxis oder die Wirtschaftsprüfungsgesellschaft, der bzw. die den Abschluss einer Einheit im vorhergehenden Zeitraum geprüft hat.

ISA [DE] 510

Eröffnungsbilanzwerte (5-7)

Sofern vorhanden sind der letzte Abschluss und der dazugehörigen Vermerk des bisherigen APr im Hinblick auf die für die Eröffnungsbilanzwerte und Abschlussangaben relevanten Informationen zu **lesen**.

D.5.1 Sofern vorhanden ist zudem der **letzten Prüfungsbericht** zu lesen.

Erlangung ausreichend geeigneter Prüfungsnachweise darüber, ob die Eröffnungsbilanzwerte falsche Darstellungen mit wesentlichen Auswirkungen auf den Abschluss des Berichtszeitraums enthalten, durch:

Feststellung, ob die Schlussbilanzwerte des vorhergehenden Zeitraums richtig vorgetragen oder erforderlichenfalls angepasst wurden	Feststellung, ob die Eröffnungsbilanzwerte die Anwendung sachgerechter Rechnungslegungsmethoden widerspiegeln.	Durchführung einer oder (sofern erforderlich) mehrerer der folgenden Prüfungshandlungen: » Durchsicht der **Arbeitspapiere des bisherigen APr** » Beurteilung ob die zum Berichtszeitraum durchgeführten Prüfungshandlungen auch für die Eröffnungsbilanzwerte relevante Nachweise liefern » Durchführung spezifischer Prüfungshandlungen, um Nachweise zu den Eröffnungsbilanzwerten zu erlangen
Erlangung von Prüfungsnachweise darüber, dass die Eröffnungsbilanzwerte **falsche Darstellungen** enthalten, die wesentliche Auswirkungen auf den Abschluss des Berichtszeitraums haben könnten:	Durchführung **zusätzlicher Prüfungshandlungen**, die unter den gegebenen Umständen geeignet sind, die Auswirkungen auf den Abschluss des Berichtszeitraums festzustellen.	Sofern falschen Darstellungen im Abschluss des Berichtszeitraums enthalten sind: **Kommunikation** mit der angemessenen Managementebene und den für die Überwachung Verantwortlichen (→ ISA [DE] 450).

Stetigkeit der Rechnungslegungsmethoden (8)

Der APr hat ausreichende geeignete Prüfungsnachweise darüber zu erlangen, ob
» die in den Eröffnungsbilanzwerten widergespiegelten Rechnungslegungsmethoden im Abschluss stetig angewendet wurden
» Methodenänderungen in Übereinstimmung mit den maßgebenden Rechnungslegungsgrundsätzen im Abschluss sachgerecht erfasst, dargestellt und angegeben sind.

Relevante Informationen im Vermerk des bisherigen APr (9)

Wenn der Abschluss des vorhergehenden Zeitraums von einem bisherigen APr geprüft wurde und das **Prüfungsurteil modifiziert** wurde:	Bei der Beurteilung der Risiken wesentlicher falscher Darstellungen im Abschluss sind die Auswirkungen des Sachverhalts einzuschätzen, der zu der Modifizierung geführt hat (→ ISA [DE] 315 (Revised 2019)).

ISA [DE] 510

Prüfungsschlussfolgerungen und Erteilung des Vermerks (10-13) (→ IDW PS 405 (10.2021))

Eröffnungsbilanzwerte (10-11)

Sofern es nicht möglich ist ausreichend geeignete Prüfungsnachweise zu den Eröffnungsbilanzwerten zu erlangen: → Prüfungshemmnis →
- Einschränkung Prüfungsurteil
- Nichtabgabe Prüfungsurteil

Eröffnungsbilanzwerte enthalten eine falsche Darstellung mit wesentlichen Auswirkungen auf den Abschluss Die Auswirkungen sind nicht
» sachgerecht in Rechnungslegung berücksichtigt oder
» zutreffend im Abschluss erfasst, dargestellt oder angegeben →
- Einschränkung Prüfungsurteil
- Versagung Prüfungsurteil

Stetigkeit der Rechnungslegungsmethoden (12)

» Rechnungslegungsmethoden werden nicht in Übereinstimmung mit dem maßgebenden Regelwerk der Rechnungslegung stetig angewendet oder
» Änderung der Rechnungslegungsmethoden ist nicht sachgerecht in Übereinstimmung mit dem maßgebenden Regelwerk der Rechnungslegung im Abschluss erfasst, dargestellt oder angegeben →
- Einschränkung Prüfungsurteil
- Versagung Prüfungsurteil

Modifizierung des Prüfungsurteils im Vermerk des bisherigen APr (13)

Wenn das Prüfungsurteil des bisherigen APr eine Modifizierung aufwies, die für den Abschluss des Berichtszeitraums relevant und wesentlich bleibt: → Modifizierung des Prüfungsurteils

ISA [DE] 520
Analytische Prüfungshandlungen

Zusammenfassung:

ISA [DE] 520 ist die um spezifische Modifikationen zu Einzelaspekten (sog. „D.-Textziffern") ergänzte autorisierte deutsche Übersetzung von ISA 520. Der Standard behandelt die Anwendung analytischer Prüfungshandlungen als aussagebezogene Prüfungshandlungen. Die Anwendung analytischer Prüfungshandlungen beruht auf der Erwartung, dass Beziehungen zwischen bestimmten Informationen und Daten vorhanden sind und fortbestehen.

Definiert werden analytische Prüfungshandlungen als die Beurteilungen von Finanzinformationen durch die Analyse plausibler Beziehungen zwischen sowohl finanziellen als auch nichtfinanziellen Daten. Diese umfassen die jeweils notwendigen Untersuchungen von identifizierten Schwankungen oder Beziehungen, die nicht mit anderen relevanten Informationen in Einklang stehen oder die um einen erheblichen Betrag von den erwarteten Werten abweichen.

Bei der Planung und Durchführung aussagebezogener analytischer Prüfungshandlungen ist
— die Eignung bestimmter aussagebezogener analytischer Prüfungshandlungen für gegebene Aussagen festzulegen,
— die Verlässlichkeit der Daten zu beurteilen,
— eine Erwartung zu erfassten Beträgen oder Kennzahlen zu entwickeln und zu beurteilen, ob die Erwartung ausreichend genau für die Identifizierung einer falschen Darstellung ist,
— ein vertretbarer Differenzbetrag zwischen den erfassten Beträgen und den erwarteten Werten festzulegen.

Bei der Durchführung analytischer Prüfungshandlungen können verschiedene Methoden angewandt werden, die von einfachen Vergleichen bis hin zu komplexen Analysen mittels hoch entwickelter statistischer Verfahren reichen. Die Auswahl der anzuwendenden Methode liegt im pflichtgemäßen Ermessen des Abschlussprüfers.

Verweise:
— ISA [DE] 300: Planung einer Abschlussprüfung
— ISA [DE] 500: Prüfungsnachweise

ISA [DE] 520: Analytische Prüfungshandlungen

Anwendungsbereich und Zielsetzung (1, 3)

ISA [DE] 520 behandelt
- » die Anwendung analytischer Prüfungshandlungen als aussagebezogene Prüfungshandlungen
- » die Verantwortlichkeit des APr, in zeitlicher Nähe zum Ende der Abschlussprüfung analytische Prüfungshandlungen durchzuführen, die bei der Ableitung einer Gesamtschlussfolgerung zum Abschluss unterstützen.

Die Ziele des APr sind
- » Erlangung relevanter und verlässlicher Prüfungsnachweise bei der Durchführung aussagebezogener analytischer Prüfungshandlungen
- » analytische Prüfungshandlungen in zeitlicher Nähe zum Ende der Abschlussprüfung zu planen und durchzuführen, die bei der Ableitung einer Gesamtschlussfolgerung unterstützen, ob der Abschluss mit dem Verständnis des APr von der Einheit in Einklang steht.

Anwendung analytischer Prüfungshandlungen als Verfahren zur Risikobeurteilung.	→ ISA [DE] 315 (Revised 2019)
Aussagebezogene analytische Prüfungshandlungen können Prüfungshandlungen in Reaktion auf beurteilte Risiken sein.	→ ISA [DE] 330

Definition (4)

analytische Prüfungshandlungen	» Beurteilungen von Finanzinformationen durch die Analyse plausibler Beziehungen zwischen sowohl finanziellen als auch nichtfinanziellen Daten. » Außerdem umfassen analytische Prüfungshandlungen die jeweils notwendigen Untersuchungen von identifizierten Schwankungen oder Beziehungen, die nicht mit anderen relevanten Informationen in Einklang stehen oder die um einen erheblichen Betrag von den erwarteten Werten abweichen.

ISA [DE] 520

Aussagebezogene analytische Prüfungshandlungen (5) (1/2)

Bei der Planung und Durchführung aussagebezogener analytischer Prüfungshandlungen sind:

- die Eignung bestimmter aussagebezogener analytischer Prüfungshandlungen für gegebene Aussagen festzulegen
- die Verlässlichkeit der Daten zu beurteilen
- eine Erwartung zu erfassten Beträgen oder Kennzahlen zu entwickeln und zu beurteilen, ob die Erwartung ausreichend genau für die Identifizierung einer falschen Darstellung ist
- Festlegung eines vertretbaren Differenzbetrags zwischen den erfassten Beträgen und den erwarteten Werten

Eignung bestimmter analytischer Prüfungshandlungen für gegebene Aussagen (5(a), A6-A10)

» Aussagebezogene analytische Prüfungshandlungen eignen sich im Allgemeinen besser bei einer großen Anzahl von Geschäftsvorfällen, die im Zeitablauf dazu tendieren, vorhersehbar zu sein. Die Anwendung geplanter analytischer Prüfungshandlungen basiert auf der Erwartung, dass Beziehungen zwischen Daten bestehen und fortdauern.
» In manchen Fällen kann ein einfaches Prognosemodell als analytische Prüfungshandlung wirksam sein (z.B. Personalaufwand pro Mitarbeiter, Gewinnspannen im Einzelhandel).

Die Eignung bestimmter aussagebezogener analytischer Prüfungshandlungen wird beeinflusst durch die Art der Aussage und die Beurteilung des Risikos wesentlicher falscher Darstellungen.
» Wenn bspw. die Kontrollen über die Abwicklung von Verkäufen mangelhaft sind, kann der APr für Aussagen zu Forderungen mehr Vertrauen in Einzelfallprüfungen als in aussagebezogene analytische Prüfungshandlungen setzen.

Aussagebezogene analytische Prüfungshandlungen können auch als geeignet erachtet werden, wenn Einzelfallprüfungen zu derselben Aussage durchgeführt werden.
» Bspw. können bei der Erlangung von Prüfungsnachweisen zur Bewertung von Forderungssalden zusätzlich zu den Einzelfallprüfungen zu Zahlungseingängen an die Einheit nach dem Abschlussstichtag analytische Prüfungshandlungen zu den Fälligkeiten auf den Kundenkonten durchgeführt werden, um die Einbringlichkeit der Forderungen festzustellen.

Aussagebezogene analytische Prüfungshandlungen (5) (2/2)

Verlässlichkeit der Daten (5(b), A12-A14)

Folgende Faktoren bestimmen, ob Daten für Zwecke aussagebezogener analytischer Prüfungshandlungen verlässlich sind:

- Quelle der verfügbaren Informationen
- Vergleichbarkeit der verfügbaren Informationen
- Art und Relevanz der verfügbaren Informationen
- Kontrollen über die Erstellung der Informationen

Beurteilung, ob die Erwartung ausreichend genau ist (5(c), A15)

Zu den Sachverhalten, die relevant sind, um eine falsche Darstellung zu identifizieren, gehören:

- Die Genauigkeit, mit der sich die erwarteten Ergebnisse vorhersagen lassen
- Der Grad, in dem Informationen aufgegliedert werden können
- Die Verfügbarkeit von sowohl finanziellen als auch nichtfinanziellen Informationen

Vertretbarer Differenzbetrag zwischen den erfassten Beträgen und den erwarteten Werten (5(d), A16-A)

Die Festlegung des ohne weitere Untersuchung vertretbaren Differenzbetrags gegenüber der Erwartung wird beeinflusst durch:
» die Wesentlichkeit (→ ISA [DE] 320) und
» die Übereinstimmung mit dem gewünschten Grad an Prüfungssicherheit.

Die Prüfungsnachweise müssen umso überzeugender sein, je höher das beurteilte Risiko ist (→ ISA [DE] 330).

ISA [DE] 520

Analytische Prüfungshandlungen zur Unterstützung bei der Ableitung einer übergreifenden Schlussfolgerung (6)

Ziel	Ableitung einer Gesamtschlussfolgerung, ob der Abschluss mit dem Verständnis des APr von der Einheit in Einklang steht
Zeitpunkt	In zeitlicher Nähe zum Ende der Abschlussprüfung
Feststellungen	Die Ergebnisse dieser analytischen Prüfungshandlungen können ein bisher nicht erkanntes Risiko wesentlicher falscher Darstellungen aufzeigen. ▶ Anpassung der Beurteilung der Risiken wesentlicher falscher Darstellungen und Modifikation der weiteren geplanten Prüfungshandlungen (→ ISA [DE] 315 (Revised 2019))

Untersuchung der Ergebnisse analytischer Prüfungshandlungen (7)

Werden Schwankungen oder Beziehungen identifiziert, die nicht mit anderen relevanten Informationen in Einklang stehen oder die um einen erheblichen Betrag von den erwarteten Werten abweichen, sind diese Abweichungen zu untersuchen:

- Durchführung von Befragungen des Managements **und** Erlangung relevanter Prüfungsnachweise für die Antworten des Managements
- Durchführung anderer Prüfungshandlungen, die unter den gegebenen Umständen notwendig sind

ISA [DE] 530
Stichprobenprüfungen

Zusammenfassung:
ISA [DE] 530 ist die um spezifische Modifikationen zu Einzelaspekten (sog. „D.-Textziffern") ergänzte autorisierte deutsche Übersetzung von ISA 530. Der Standard definiert eine „Stichprobenprüfung" als die Anwendung von Prüfungshandlungen auf weniger als 100 Prozent der Elemente einer prüfungsrelevanten Grundgesamtheit, so dass alle Stichprobenelemente eine Chance haben, ausgewählt zu werden, um eine hinreichende Grundlage für Schlussfolgerungen über die Grundgesamtheit zu schaffen. Stichprobenprüfungen können sowohl im Rahmen von Funktionstests wie auch im Rahmen von Einzelfallprüfungen durchgeführt werden.

Bei der Durchführung von Stichprobenprüfungen ist zunächst ein Stichprobenumfang festzulegen. Dazu nennt ISA [DE] 530 in den Anlagen 2 und 3 Beispiele für Faktoren, die den Stichprobenumfang beeinflussen. Letztlich kann der Stichprobenumfang sowohl durch Anwendung einer statistikbasierten Formel als auch durch Ausübung pflichtgemäßen Ermessens festgelegt werden.

Im nächsten Schritt erfolgt sodann die Auswahl der zu prüfenden Elemente. In Anlage 4 stellt ISA [DE] 530 die wichtigsten Methoden der Stichprobenauswahl dar. Dabei zeichnen sich statistische Stichprobenverfahren durch die Merkmale einer zufallsgesteuerten Auswahl der Stichprobenelemente und die Anwendung der Wahrscheinlichkeitstheorie zur Auswertung der Stichprobenergebnisse aus. Bei nichtstatistischen Stichprobenverfahren basiert die Auswahl der Stichprobenelemente hingegen auf pflichtgemäßem Ermessen.

Für die gewählten Elemente einer Stichprobe sind Prüfungshandlungen durchzuführen. Voraussetzung dafür ist zunächst ein klares Verständnis dessen, was eine Abweichung oder eine falsche Darstellung ist. Im Rahmen von Einzelfallprüfungen festgestellte Abweichungen in der Stichprobe sind regelmäßig auf die Grundgesamtheit hochzurechnen. Lediglich im Fall einer sog. Anomalie kann diese bei der Hochrechnung unberücksichtigt bleiben.

Verweise:
— ISA [DE] 300: Planung einer Abschlussprüfung
— ISA [DE] 450: Beurteilung der während der Abschlussprüfung identifizierten falschen Darstellungen
— ISA [DE] 500: Prüfungsnachweise

ISA [DE] 530: Stichprobenprüfungen

Anwendungsbereich und Zielsetzung (1, 4)

» ISA [DE] 530 behandelt die Anwendung statistischer und nichtstatistischer Stichprobenverfahren durch den APr bei der Konzeption und Auswahl der Prüfungsstichprobe, die Durchführung von Funktions- und Einzelfallprüfungen sowie die Auswertung der Stichprobenergebnisse.
» Ziel des APr bei der Anwendung von Stichprobenprüfungen ist es, eine hinreichende Grundlage zu schaffen, um Schlussfolgerungen über die Grundgesamtheit zu ziehen, aus der die Stichprobe ausgewählt wurde.

Definitionen (5) (1/2)

Stichprobenprüfung	Die Anwendung von Prüfungshandlungen auf weniger als 100 % der Elemente einer prüfungsrelevanten Grundgesamtheit, so dass alle Stichprobenelemente eine Chance haben, ausgewählt zu werden, um dem APr eine hinreichende Grundlage für Schlussfolgerungen über die Grundgesamtheit zu verschaffen.
Grundgesamtheit	Die Gesamtmenge an Daten, aus der eine Stichprobe ausgewählt wird und über die der APr Schlussfolgerungen zu ziehen beabsichtigt.
Stichprobenrisiko	Das Risiko, dass die stichprobenbasierte Schlussfolgerung von der Schlussfolgerung abweicht, wenn die vollständige Grundgesamtheit Gegenstand derselben Prüfungshandlung wäre. Das Stichprobenrisiko kann zu **zwei Arten von falschen Schlussfolgerungen** führen:

Bei Funktionsprüfungen die Schlussfolgerung, Kontrollen seien wirksamer als sie tatsächlich sind, oder bei Einzelfallprüfungen die Schlussfolgerung, es liege keine wesentliche falsche Darstellung vor, obwohl dies tatsächlich der Fall ist. » Auswirkung auf **die Wirksamkeit** der Abschlussprüfung.	Bei Funktionsprüfungen die Schlussfolgerung, Kontrollen seien weniger wirksam, als sie tatsächlich sind, oder bei Einzelfallprüfungen die Schlussfolgerung, es liege eine wesentliche falsche Darstellung vor, obwohl dies tatsächlich nicht der Fall ist. » Auswirkung auf **die Wirtschaftlichkeit** der Abschlussprüfung.

ISA [DE] 530

Definitionen (5) (2/2)

Nicht-Stichprobenrisiko	Das Risiko, dass der APr aus einem Grund, der **nicht** mit dem Stichprobenrisiko zusammenhängt, zu einer falschen Schlussfolgerung gelangt. » Beispiele: Anwendung ungeeigneter Prüfungshandlungen, die falsche Auslegung von Prüfungsnachweisen sowie das Nichterkennen von falschen Darstellungen
Anomalie	Eine falsche Darstellung oder eine Abweichung, die **nachweisbar** nicht repräsentativ für falsche Darstellungen oder Abweichungen in einer Grundgesamtheit ist.
Stichprobenelement	Die einzelnen Elemente, die eine Grundgesamtheit bilden. » Stichprobenelemente können physische Elemente (bspw. auf Scheckeinreichern verzeichnete Schecks, Gutschriften auf Bankkontoauszügen, Verkaufsrechnungen oder Debitorensalden) oder Geldeinheiten sein.
Statistisches Stichprobenverfahren	Ein Stichprobenverfahren mit den folgenden Merkmalen: » zufallsgesteuerte Auswahl der Stichprobenelemente und » Anwendung der Wahrscheinlichkeitstheorie zur Auswertung der Stichprobenergebnisse, einschließlich der Bewertung des Stichprobenrisikos.
Schichtung	Der Prozess der Unterteilung einer Grundgesamtheit in Teilgrundgesamtheiten, die jeweils eine Gruppe von Stichprobenelementen mit ähnlichen Eigenschaften (häufig Geldbetrag) darstellen.
Tolerierbare falsche Darstellung	Ein festgelegter Geldbetrag, für den der APr anstrebt, einen angemessenen Grad an Prüfungssicherheit darüber zu erreichen, dass er nicht durch die tatsächliche falsche Darstellung in der Grundgesamtheit überschritten wird. » Eine tolerierbare falsche Darstellung ist die Anwendung der Toleranzwesentlichkeit (→ ISA [DE] 320), auf ein bestimmtes Stichprobenverfahren. Der Betrag der tolerierbaren falschen Darstellung kann der Toleranzwesentlichkeit entsprechen oder niedriger sein.
Tolerierbarer Abweichungsgrad	Ein festgelegter Grad der Abweichung von vorgesehenen internen Kontrollen, für den der APr anstrebt, einen angemessenen Grad an Prüfungssicherheit darüber zu erreichen, dass er nicht durch den tatsächlichen Abweichungsgrad in der Grundgesamtheit überschritten wird.

ISA [DE] 530

Konzeption und Umfang der Stichprobe sowie Auswahl der zu prüfenden Elemente (6-8)

Konzeption der Stichprobe (6)

Würdigung des Zwecks der Prüfungshandlung	Umfasst ein klares Verständnis dessen, was eine Abweichung oder eine falsche Darstellung darstellt.
Würdigung der Merkmale der Grundgesamtheit	Umfasst die Beurteilung des erwarteten Abweichungsgrads (bei Funktionsprüfungen) bzw. die erwartete falsche Darstellung (bei Einzelfallprüfungen).

Die Würdigung kann die Festlegung beinhalten, dass **eine Schichtung oder eine wertproportionale Auswahl** angemessen ist:
- » Ziel einer Schichtung (→ Anlage 2) ist es, die Variabilität der Elemente innerhalb jeder Schicht zu verringern und eine Verringerung des Stichprobenumfangs ohne Anstieg des Stichprobenrisikos zu ermöglichen.
- » Eine Schichtung **nach dem Geldbetrag (wertproportionale Auswahl)** erlaubt es, die Prüfungstätigkeit stärker auf die höherwertigen Elemente auszurichten. In gleicher Weise kann eine Grundgesamtheit **nach einem bestimmten Merkmal** geschichtet werden, das auf ein höheres Risiko falscher Darstellungen hindeutet.

Stichprobenumfang (7, Anlagen 2 und 3)

Der APr hat einen Stichprobenumfang festzulegen, der ausreicht, um das Stichprobenrisiko auf ein vertretbar niedriges Maß zu reduzieren. Beispiele für Faktoren, die den Stichprobenumfang beeinflussen, sind:
- » Umfang, in dem der APr bei seiner Risikobeurteilung relevante Kontrollen berücksichtigt bzw. Höhe des eingeschätzten Risikos wesentlicher falscher Darstellungen
- » Höhe des tolerierbaren Abweichungsgrads bzw. der tolerierbaren falschen Darstellung sowie des erwarteten Abweichungsgrads
- » Umfang anderer aussagebezogener Prüfungshandlungen

Der Stichprobenumfang kann durch Anwendung einer statistikbasierten Formel oder durch Ausübung pflichtgemäßen Ermessens festgelegt werden.

ISA [DE] 530

Konzeption und Umfang der Stichprobe sowie Auswahl der zu prüfenden Elemente (6-8)

Auswahl der zu prüfenden Elemente (8, Anlage 4)

Der APr hat die Elemente für die Stichprobe so auszuwählen, dass für jedes Stichprobenelement in der Grundgesamtheit eine Chance besteht, ausgewählt zu werden. Die wichtigsten Methoden der Stichprobenauswahl sind:

Zufallsgesteuerte Auswahl	Auswahl durch Zufallszahlengeneratoren (z.B. Zufallszahlentabellen)
Systematische Auswahl	Die Anzahl der Stichprobenelemente in der Grundgesamtheit wird durch den Stichprobenumfang geteilt, so dass sich ein Stichprobenintervall (bspw. von 50) ergibt. Nachdem ein Ausgangspunkt innerhalb der ersten 50 Stichprobenelemente festgelegt wurde, wird jedes 50. Element ausgewählt.
Auswahl anhand von Geldeinheiten (Monetary Unit Sampling)	Art von wertproportionaler Auswahl, bei der Stichprobenumfang, -auswahl und -auswertung zu einer in Geldbeträgen ausgedrückten Schlussfolgerung führen.
Zufallsimitierende Auswahl	Auswahl der Stichprobe, ohne dabei ein strukturiertes Verfahren zu befolgen (bei Anwendung eines statistischen Stichprobenverfahrens nicht geeignet).
Blockauswahl	Auswahl eines oder mehrerer Blöcke von aufeinander folgenden Elementen innerhalb der Grundgesamtheit (kann bei Stichprobenprüfungen i.d.R. nicht angewandt werden).

Bei nichtstatistischen Stichprobenverfahren basiert die Auswahl der Stichprobenelemente auf pflichtgemäßem Ermessen.

Durchführung von Prüfungshandlungen (9-11)

Für die ausgewählten Elemente einer Stichprobe **sind** Prüfungshandlungen durchzuführen, die für den jeweiligen Zweck geeignet sind.	Wenn die Prüfungshandlung nicht auf das ausgewählte Element anwendbar ist, sind diese an **einem Ersatzelement** durchzuführen.	Wenn es nicht möglich ist, die geplanten Prüfungshandlungen oder geeignete alternative Prüfungshandlungen auf ein ausgewähltes Element anzuwenden, ist dieses Element bei Funktionsprüfungen als **Abweichung** von der vorgesehenen Kontrolle bzw. bei Einzelfallprüfungen als **falsche Darstellung** zu behandeln.

Art und Ursache von Abweichungen und falschen Darstellungen (12-13)

Bei identifizierten Abweichungen oder falschen Darstellungen	Untersuchung von Art und Ursache der Abweichungen oder falschen Darstellungen und Beurteilung ihre möglichen Auswirkungen auf den Zweck der betreffenden Prüfungshandlung sowie auf andere Prüfungsbereiche.
Sonderfall: Identifizierte Abweichung oder falsche Darstellung wird als **Anomalie** angesehen	Der APr hat ein hohes Maß an Sicherheit darüber zu erlangen, dass diese falsche Darstellung oder Abweichung nicht repräsentativ für die Grundgesamtheit ist. Dafür sind zusätzliche Prüfungshandlungen erforderlich.

Hochrechnung falscher Darstellungen (14)

Einzelfallprüfungen	» Falsche Darstellungen sind auf die Grundgesamtheit hochrechnet, um einen umfassenden Überblick über das Ausmaß der falschen Darstellungen zu erhalten. » Im Sonderfall einer Anomalie, kann diese bei der Hochrechnung unberücksichtigt bleiben.
Funktionsprüfungen	» Eine explizite Hochrechnung von Abweichungen ist **nicht notwendig**. » ISA [DE] 330, Tz. 17 enthält Hinweise für den Fall, dass Abweichungen von Kontrollen aufgedeckt werden, auf die sich der APr verlassen will.

ISA [DE] 530

Auswertung der Ergebnisse der Stichprobenprüfung (15)

Unerwarteter Abweichungsgrad bei Funktionsprüfungen

Ein unerwartet hoher Abweichungsgrad in der Stichprobe kann zu einem Anstieg des beurteilten Risikos wesentlicher falscher Darstellungen führen.

Unerwarteter falsch dargestellter Betrag bei Einzelfallprüfungen

» Ein unerwartet hoher falsch dargestellter Betrag in einer Stichprobe kann zu der Annahme führen, eine Art von Geschäftsvorfällen oder ein Kontensaldo enthalte eine wesentliche falsche Darstellung.
» Die hochgerechnete falsche Darstellung zuzüglich etwaiger anomaler falscher Darstellungen stellt die beste Schätzung zu falschen Darstellungen in der Grundgesamtheit dar.
» Wenn die hochgerechnete falsche Darstellung zuzüglich etwaiger anomaler falscher Darstellungen die tolerierbare falsche Darstellung überschreitet, bildet die Stichprobe keine hinreichende Grundlage für Schlussfolgerungen über die geprüfte Grundgesamtheit.
» Wenn die hochgerechnete falsche Darstellung größer ist als die Erwartungen über falsche Darstellungen, anhand derer der Stichprobenumfang festgelegt wurde, kann ein unvertretbares Stichprobenrisiko bestehen.

Wenn der APr zu dem Schluss gelangt, dass die Stichprobenprüfung keine hinreichende Grundlage für Schlussfolgerungen über die geprüfte Grundgesamtheit geliefert hat, kann er

- das Management auffordern, identifizierte falsche Darstellungen sowie die Möglichkeit weiterer falscher Darstellungen zu untersuchen und alle notwendigen Anpassungen vorzunehmen, oder
- Art, zeitliche Einteilung und Umfang dieser weiteren Prüfungshandlungen so konzipieren, dass die benötigte Prüfungssicherheit am besten erreicht wird (bspw. durch Ausdehnung des Stichprobenumfangs oder Prüfung von alternativen Kontrollen).

ISA [DE] 540 (Revised)
Prüfung geschätzter Werte in der Rechnungslegung und damit zusammenhängender Abschlussangaben

Zusammenfassung:

ISA [DE] 540 (Revised) ist die um spezifische Modifikationen zu Einzelaspekten (sog. „D.-Textziffern") ergänzte autorisierte deutsche Übersetzung von ISA 540 (Revised).

Der Standard definiert einen „geschätzten Wert in der Rechnungslegung" als einen Geldbetrag, bei dem die Bemessung in Übereinstimmung mit den Anforderungen der maßgebenden Rechnungslegungsgrundsätze der Schätzunsicherheit unterliegt.

ISA [DE] 540 (Revised) konkretisiert zunächst die allgemeinen Anforderungen aus ISA [DE] 315 (Revised 2019) dahingehend, dass der Abschlussprüfer bei der Erlangung eines Verständnisses von der Einheit und ihrem Umfeld ein Verständnis in Bezug auf die geschätzten Werte in der Rechnungslegung der Einheit zu erlangen hat. Zudem sind bei der Identifizierung und Beurteilung der Risiken wesentlicher falscher Darstellungen im Zusammenhang mit einem geschätzten Wert auf Aussageebene das inhärente Risiko und das Kontrollrisiko gesondert zu beurteilen.

In Ergänzung von ISA [DE] 330 wird sodann festgelegt, dass die Prüfungshandlungen des Abschlussprüfers als Reaktion auf die beurteilten Risiken wesentlicher falscher Darstellungen auf Aussageebene eine oder mehrere der folgenden Vorgehensweisen zu enthalten haben:
— Erlangung von Prüfungsnachweisen für Ereignisse, die bis zum Datum des Vermerks eintreten
— Prüfen, wie das Management den geschätzten Wert ermittelt hat
— Entwicklung einer Punktschätzung oder Bandbreite des Abschlussprüfers

Hervorzuheben ist weiterhin, dass eine schriftliche Erklärung darüber anzufordern ist, ob die bei der Ermittlung der geschätzten Werte und damit zusammenhängenden Abschlussangaben genutzten Methoden, bedeutsamen Annahmen und Daten zur Erfüllung von Ansatz, Bewertung und Darstellung in Übereinstimmung mit den maßgebenden Rechnungslegungsgrundsätzen angemessen sind. Auch im Hinblick auf die Kommunikation mit den für die Überwachung Verantwortlichen oder dem Management sind etwaige Sachverhalte zu würdigen, die bezogen auf die geschätzten Werte zu kommunizieren sind. Schließlich enthält der Standard verschiedene spezifische Dokumentationsanforderungen.

Verweise:
— ISA [DE] 230: Prüfungsdokumentation
— ISA [DE] 315 (Revised 2019): Identifizierung und Beurteilung der Risiken wesentlicher falscher Darstellungen aus dem Verständnis von der Einheit und ihrem Umfeld
— ISA [DE] 330: Reaktionen des Abschlussprüfers auf beurteilte Risiken
— ISA [DE] 580: Schriftliche Erklärungen
— IDW PS 470 n.F. (10.2021): Grundsätze für die Kommunikation mit den für die Überwachung Verantwortlichen
— IDW PS 475: Mitteilung von Mängeln im internen Kontrollsystem an die für die Überwachung Verantwortlichen und das Management

ISA [DE] 540 (Revised)

ISA [DE] 540 (Revised): Prüfung geschätzter Werte in der Rechnungslegung und damit zusammenhängender Abschlussangaben

Anwendungsbereich und Zielsetzung (1, 11)

» ISA [DE] 540 (Revised) behandelt die Verantwortlichkeiten des APr im Zusammenhang mit geschätzten Werten in der Rechnungslegung. Außerdem enthält der Standard Anforderungen und erläuternde Hinweise zur Beurteilung von falschen Darstellungen bei geschätzten Werten in der Rechnungslegung sowie zu Anzeichen für eine mögliche einseitige Ausrichtung des Managements.
» Das Ziel des APr ist es ausreichende geeignete Prüfungsnachweise darüber zu erlangen, ob die geschätzten Werte in der Rechnungslegung im Rahmen der maßgebenden Rechnungslegungsgrundsätze **vertretbar** sind.

Definitionen (12)

Geschätzter Wert in der Rechnungslegung	Ein Geldbetrag, bei dem die Bemessung in Übereinstimmung mit den Anforderungen der maßgebenden Rechnungslegungsgrundsätze der Schätzunsicherheit unterliegt.
Punktschätzung des APr oder Bandbreite des APr	Ein Betrag bzw. eine Bandbreite von Beträgen, der/die vom APr zur Beurteilung der Punktschätzung des Managements entwickelt wurde.
Schätzunsicherheit	Anfälligkeit für eine inhärente Ungenauigkeit bei der Bewertung.
Einseitige Ausrichtung des Managements	Fehlende Neutralität des Managements bei der Erstellung von Informationen.
Punktschätzung des Managements	Der vom Management gewählte Betrag als geschätzter Wert für den Ansatz oder die Angabe im Abschluss.
Ergebnis eines geschätzten Werts in der Rechnungslegung	Der tatsächliche Geldbetrag, der sich aus dem Ausgang der Geschäftsvorfälle, Ereignisse oder Gegebenheiten ergibt, auf die sich der geschätzte Wert in der Rechnungslegung bezieht.

Prüfungshandlungen zur Risikobeurteilung und damit zusammenhängende Tätigkeiten (13-15)

Bei der Erlangung eines Verständnisses von der Einheit und ihrem Umfeld, den maßgebenden Rehnungslegungsgrundsätzen und dem internen Kontrollsystems (IKS), hat der APr ein Verständnis in Bezug auf die geschätzten Werte in der Rechnungslegung der Einheit zu erlangen.

→ ISA [DE] 315 (Revised 2019)

Das Ergebnis der vorherigen geschätzten Werte oder, sofern einschlägig, deren nachträgliche Neuschätzung sind durchzusehen, um die Identifizierung und Beurteilung der Risiken wesentlicher falscher Darstellungen im Berichtszeitraum zu unterstützen.

Der APr hat festzustellen, ob das Prüfungsteam im Hinblick auf geschätzte Werte in der Rechnungslegung besondere Fähigkeiten oder Kenntnisse benötigt, um die Prüfungshandlungen zur Risikobeurteilung durchzuführen, die Risiken wesentlicher falscher Darstellungen zu identifizieren und zu beurteilen, Prüfungshandlungen als Reaktion auf solche Risiken zu planen und durchzuführen oder die erlangten Prüfungsnachweise zu beurteilen.

Identifizierung und Beurteilung der Risiken wesentlicher falscher Darstellungen (16-17)

Bei der Identifizierung und Beurteilung der Risiken wesentlicher falscher Darstellungen im Zusammenhang mit einem geschätzten Wert auf Aussageebene sind **das inhärente Risiko** und **das Kontrollrisiko** auf Aussageebene gesondert zu beurteilen.

→ ISA [DE] 315 (Revised 2019)

Bei der Beurteilung des **inhärenten Risikos** und des **Kontrollrisikos** ist zu berücksichtigen:

Inwieweit unterliegt der geschätzte Wert einer Schätzunsicherheit? inwieweit Folgendes durch Komplexität, Subjektivität oder sonstige inhärente Risikofaktoren beeinflusst ist:
» Auswahl und Anwendung von Methode, Annahmen und Daten bei der Ermittlung des geschätzten Werts, oder
» Auswahl der Punktschätzung des Managements und damit zusammenhängenden Abschlussangaben für die Aufnahme in den Abschluss.

Der APr hat festzustellen, ob identifizierte und beurteilte Risiken wesentlicher falscher Darstellungen, **ein bedeutsames Risiko** darstellen.

Sofern ein bedeutsames Risiko vorliegt: Der APr hat …
» Kontrollen zu identifizieren, die dieses Risiko behandeln,
» zu beurteilen, ob solche Kontrollen wirksam ausgestaltet wurden und
» Festzustellen, ob sie implementiert wurden.

ISA [DE] 540 (Revised)

Reaktionen auf die beurteilten Risiken wesentlicher falscher Darstellungen (18-30) (1/2)

Als Reaktion auf die beurteilten Risiken wesentlicher falscher Darstellungen auf Aussageebene haben die Prüfungshandlungen des APr eine oder mehrere der folgenden Vorgehensweisen zu enthalten: → ISA [DE] 330

Erlangung von Prüfungsnachweisen für **Ereignisse, die bis zum Datum des Vermerks des APr** eintreten (21)	Prüfen, wie das Management den **geschätzten Wert ermittelt** hat (22-27)	Entwicklung einer (Punkt-) **Schätzung** oder Bandbreite **des APr** (28-29)	**Sonstige Würdigungen** im Zusammenhang mit Prüfungsnachweisen (30)
	Prüfungsnachweise zur Auswahl und Anwendung: » der **Methoden** (23), » der **bedeutsamen Annahmen** (24) und » der **Daten** (25), die bei der Ermittlung des geschätzten Werts genutzt wurden	Prüfungsnachweise zur Art und Weise, wie die **Punktschätzung ausgewählt** und die damit zusammenhängenden **Angaben zur Schätzunsicherheit entwickelt** wurden (26-27).	Bei Nutzung der Tätigkeit eines Sachverständigen des Managements → ISA [DE] 500

Anwendung von Funktionsprüfungen (19) → ISA [DE] 330	Falls die Risikobeurteilung von der Erwartung ausgeht, dass die Kontrollen wirksam funktionieren.
	Falls aussagebezogene Prüfungshandlungen alleine keine ausreichenden geeigneten Prüfungsnachweise auf Aussageebene erbringen können.
Bei bedeutsamen Risiken (20)	Die Prüfungshandlungen müssen ggf. Funktionsprüfungen oder Einzelfallprüfungen umfassen.

Erlangung von Prüfungsnachweisen für Ereignisse, die bis zum Datum des Vermerks des APr eintreten (21)

Bei der Erlangung von Prüfungsnachweisen für Ereignisse, die bis zum Datum des Vermerks eintreten, ist zu berücksichtigen, dass Änderungen in den Gegebenheiten und sonstigen relevanten Umständen zwischen dem Ereignis und dem Datum der Bewertung die Relevanz solcher Prüfungsnachweise beeinflussen können.

Reaktionen auf die beurteilten Risiken wesentlicher falscher Darstellungen (18-30) (2/2)

Prüfung der Art und Weise, mit der das Management den geschätzten Wert in der Rechnungslegung ermittelt hat (22-27)

Sofern das Management keine angemessenen Schritte ergriffen hat, um die Schätzunsicherheit zu verstehen oder mit dieser umzugehen:
- » Der APr hat das Management aufzufordern, zusätzliche Handlungen durchzuführen, um die Schätzunsicherheit zu verstehen oder mit dieser umzugehen.
- » Sofern die vom Management ergriffenen Maßnahmen mit der Schätzunsicherheit nicht ausreichend umgehen <u>und</u> sofern praktisch durchführbar: Entwicklung einer Punktschätzung oder Bandbreite des APr. (→ Tz. 28-29)
- » Der APr hat zu beurteilen, ob im IKS ein Mangel besteht und, falls dies der Fall ist, diesen mitzuteilen. (→ IDW PS 475)

Abschlussangaben zu geschätzten Werten in der Rechnungslegung (31)

Bei Angaben im Zusammenhang mit geschätzten Werten, die in keinem Zusammenhang zur beschreibenden Angabe der Schätzunsicherheit stehen ▶ Der APr hat weitere Prüfungshandlungen zu planen und durchzuführen, um ausreichende geeignete Prüfungsnachweise hinsichtlich der beurteilten Risiken wesentlicher falscher Darstellungen auf Aussageebene zu erlangen.

Anzeichen für eine mögliche einseitige Ausrichtung des Managements (32)

Der APr hat zu beurteilen, ob die vom Management vorgenommenen Beurteilungen und Entscheidungen bei der Ermittlung der im Abschluss enthaltenen geschätzten Werte, selbst wenn sie einzeln betrachtet vertretbar sind, Anzeichen für eine mögliche einseitige Ausrichtung des Managements sind. ▶ Werden Anzeichen für eine mögliche einseitige Ausrichtung des Managements identifiziert, sind die Auswirkungen auf die Abschlussprüfung zu beurteilen.

Besteht die **Absicht zur Irreführung**, ist eine einseitige Ausrichtung des Managements von der Art her dolos.

ISA [DE] 540 (Revised)

Allgemeine Beurteilung auf der Grundlage der durchgeführten Prüfungshandlungen (33-36)

Die Beurteilung, ob die erlangten Prüfungsnachweise für geschätzte Werte ausreichend und geeignet sind, umfasst: → ISA [DE] 330

Sind die Beurteilungen der Risiken wesentlicher falscher Darstellungen auf Aussageebene weiterhin **angemessen**? Selbst dann, wenn Anzeichen für eine mögliche einseitige Ausrichtung des Managements identifiziert wurden?	Sind die Entscheidungen des Managements im Zusammenhang mit Ansatz, Bewertung, Darstellung und Angabe dieser geschätzten Werte im Abschluss **in Übereinstimmung** mit den maßgebenden Rechnungslegungsgrundsätzen?	Wurden ausreichende geeignete **Prüfungsnachweise** erlangt?

Der APr hat im Zusammenhang mit geschätzten Werten in der Rechnungslegung zu beurteilen, ob **zusätzliche Angaben** zu geschätzten Werten in der Rechnungslegung notwendig sind, damit **der Abschluss nicht irreführend** ist.

D.36.1
D.36.2

» Bei Abschlüssen, die nach den für Kapitalgesellschaften geltenden Vorschriften aufgestellt werden, sind gemäß §§ 264 Abs. 2 Satz 2, 297 Abs. 2 Satz 3 HGB ggf. zusätzliche Angaben erforderlich.
» Handelsrechtliche Jahresabschlüsse, die zulässigerweise nach den für alle Kaufleute geltenden Vorschriften aufgestellt wurden, werden nur in äußerst seltenen Fällen irreführend sein.
» Sind ausnahmsweise zusätzliche Angaben zu geschätzten Werten in der Rechnungslegung notwendig, damit der Abschluss nicht irreführend ist, und weigert sich das Management derartige Angaben in den Abschluss aufzunehmen, kann der APr hinsichtlich der möglichen Auswirkungen auf den Bestätigungsvermerk rechtlichen Rat einholen.

Schriftliche Erklärungen (37) → ISA [DE] 580

Der APr hat vom Management (und ggf. von den für die Überwachung Verantwortlichen) schriftliche Erklärungen darüber anzufordern, ob die bei der Ermittlung der geschätzten Werte und damit zusammenhängenden Abschluss-angaben genutzten Methoden, bedeutsamen Annahmen und Daten zur Erfüllung von Ansatz, Bewertung und Darstellung in Übereinstimmung mit den maßgebenden Rechnungslegungsgrundsätzen sachgerecht sind.

Kommunikation mit den für die Überwachung Verantwortlichen, dem Management oder sonstigen relevanten Personen (38)

Der APr ist verpflichtet, mit den für die Überwachung Verantwortlichen oder dem Management über bedeutsamer qualitativer Aspekte der Rechnungslegungspraktiken bzw. bedeutsamer Mängel im IKS zu kommunizieren. Dabei hat er etwaige Sachverhalte zu würdigen, die bezogen auf die geschätzten Werte zu kommunizieren sind.

→ IDW PS 470 n.F. (10.2021)
→ IDW PS 475

Dokumentation (39)

→ ISA [DE] 230

In die **Prüfungsdokumentation** sind aufzunehmen:

- Besonders wichtige Elemente für das Verständnis von der Einheit und ihrem Umfeld, einschließlich der internen Kontrollen der Einheit im Zusammenhang mit den geschätzten Werten.

- Verbindung der weiteren Prüfungshandlungen zu den beurteilten Risiken wesentlicher falscher Darstellungen auf Aussageebene, unter Berücksichtigung der Gründe, die der Beurteilung dieser Risiken beigemessen wurden.

- Reaktionen des APr, wenn das Management keine angemessenen Schritte unternimmt, um die Schätzunsicherheit zu verstehen und mit dieser umzugehen.

- Anzeichen für eine mögliche einseitige Ausrichtung des Managements hinsichtlich geschätzter Werte, sofern vorhanden, und die Beurteilung des APr von Auswirkungen auf die Abschlussprüfung.

- Bedeutsame Beurteilungen im Zusammenhang mit der Feststellung des APr, ob die geschätzten Werte im Rahmen der maßgebenden Rechnungslegungsgrundsätze vertretbar oder falsch dargestellt sind.

ISA [DE] 550
Nahe stehende Personen

Zusammenfassung:

ISA [DE] 550 ist die um spezifische Modifikationen zu Einzelaspekten (sog. „D.-Textziffern") ergänzte autorisierte deutsche Übersetzung von ISA 550. Der Standard rekurriert grundsätzlich auf die in den maßgebenden Rechnungslegungsgrundsätzen enthaltenen Definitionen des Begriffs „nahe stehende Person". Lediglich für Fälle, in denen die maßgebenden Rechnungslegungsgrundsätze keine Definition enthalten wird, eine eigene Definition vorgegeben.

ISA [DE] 550 konkretisiert zunächst die allgemeinen Anforderungen aus ISA [DE] 315 (Revised 2019) dahingehend, dass der Abschlussprüfer bei seiner Erlangung eines Verständnisses von der Einheit und ihrem Umfeld auch ein Verständnis von Beziehungen zu und Transaktionen mit nahe stehenden Personen erlangen muss. Hervorgehoben wird in diesem Zusammenhang, dass die Diskussion im Prüfungsteam eine spezifische Würdigung der Anfälligkeit des Abschlusses für wesentliche falsche Darstellungen aufgrund von dolosen Handlungen oder Irrtümern einzuschließen hat, die aus den Beziehungen zu und Transaktionen mit nahe stehenden Personen resultieren können. Betont wird zudem auch die Bedeutung der Beibehaltung einer kritischen Grundhaltung.

Sofern die maßgebenden Rechnungslegungsgrundsätze Anforderungen zu nahe stehenden Personen festlegen – so z.B. das HGB, sofern nicht Befreiungsmöglichkeiten wie §§ 288 Abs. 1 Nr. 1 i.V.m. 285 Nr. 21 HGB in Anspruch genommen werden – hat der Abschlussprüfer auch ein Verständnis darüber zu erlangen, ob Beziehungen zu und Transaktionen mit nahe stehenden Personen in Übereinstimmung mit den Rechnungslegungsgrundsätzen zutreffend identifiziert und im Abschluss erfasst sowie angegeben wurden.

Entsprechend der allgemeinen Anforderung aus ISA [DE] 330 sind als Reaktion auf die beurteilten Risiken wesentlicher falscher Darstellungen im Zusammenhang mit nahe stehenden Personen Prüfungshandlungen durchzuführen. Sofern entsprechende Risiken bedeutsame Risiken sind, werden in ISA [DE] 550 konkrete Prüfungshandlungen vorgeschlagen.

Falls im Abschluss eine Aussage dahingehend getroffen wird, dass eine Transaktion mit nahe stehenden Personen unter marktüblichen Bedingungen durchgeführt wurde – dies ist auch der Fall, wenn im Einklang mit § 285 Nr. 21 bzw. § 314 Abs. 1 Nr. 13 HGB wesentliche Geschäfte mit nahe stehenden Personen nicht angegeben werden –, muss der Abschlussprüfer ausreichende geeignete Prüfungsnachweise zu dieser Aussage erlangen.

Hervorzuheben ist weiterhin, dass – sofern die maßgebenden Rechnungslegungsgrundsätze Anforderungen zu nahe stehenden Personen festlegen – eine schriftliche Erklärungen darüber anzufordern ist, ob die Identität der nahe stehenden Personen sowie alle bekannten Beziehungen zu und Transaktionen mit nahe stehenden Personen gegenüber dem Abschlussprüfer angegeben und diese Beziehungen und Transaktionen in Übereinstimmung mit den Anforderungen der Rechnungslegungsgrundsätze zutreffend erfasst und angegeben wurden. Weiterhin ist zu beachten, dass über bedeutsame Sachverhalte im Zusammenhang mit nahe stehenden Personen, die sich während der Prüfung ergeben, mit den für die Überwachung Verantwortlichen zu kommunizieren ist. Schließlich enthält der Standard die Anforderung, dass die Namen von identifizierten nahe stehenden Personen sowie die Art der Beziehung mit nahe stehenden Personen zu dokumentieren sind. Als nationale Besonderheit wird hinsichtlich der Prüfungsanforderungen in Bezug auf einen Bericht des Vorstands über die Beziehungen zu verbundenen Unternehmen gemäß § 312 AktG („Abhängigkeitsbericht") auf die IDW Stellungnahme des HFA 3/1991 verwiesen.

Verweise:
— ISA [DE] 230: Prüfungsdokumentation
— ISA [DE] 240: Verantwortlichkeiten des Abschlussprüfers bei dolosen Handlungen
— ISA [DE] 315 (Revised 2019): Identifizierung und Beurteilung der Risiken wesentlicher falscher Darstellungen aus dem Verständnis von der Einheit und ihrem Umfeld
— ISA [DE] 330: Reaktionen des Abschlussprüfers auf beurteilte Risiken
— ISA [DE] 580: Schriftliche Erklärungen

ISA [DE] 550: Nahe stehende Personen

Anwendungsbereich und Zielsetzung (1, 9)

- ISA [DE] 550 behandelt die Verantwortlichkeiten des APr im Zusammenhang mit Beziehungen zu und Transaktionen mit nahe stehenden Personen.
- ISA [DE] 550 führt aus, wie ISA [DE] 315 (Revised 2019), ISA [DE] 330 und ISA [DE] 240 im Hinblick auf Risiken wesentlicher falscher Darstellungen im Zusammenhang mit Beziehungen zu und Transaktionen mit nahe stehenden Personen anzuwenden sind.

Ziele des APr sind:

Erlangung eines ausreichendes Verständnis von Beziehungen zu und Transaktionen mit nahe stehenden Personen, um in der Lage zu sein,

- gegebene Risikofaktoren für dolose Handlungen zu erkennen, die aus Beziehungen zu und Transaktionen mit nahe stehenden Personen resultieren und die für die Identifizierung und Beurteilung der Risiken wesentlicher falscher Darstellungen relevant sind.
- auf der Grundlage der erlangten Prüfungsnachweise zu schlussfolgern, ob der Abschluss, soweit er von diesen Beziehungen und Transaktionen beeinflusst wird,
  » eine sachgerechte Gesamtdarstellung vermittelt oder
  » nicht irreführend ist.

D.4.1 Anwendungsfall: Wenn zulässigerweise Befreiungsmöglichkeiten in Bezug auf die Anforderungen zu nahe stehenden Personen in Anspruch genommen werden (z.B. §§ 288 Abs. 1 Nr. 1 i.V.m. 285 Nr. 21 HGB).

Sofern die maßgebenden Rechnungslegungsgrundsätze Anforderungen zu nahe stehenden Personen festlegen:

Erlangung **ausreichend geeigneter Prüfungsnachweise** darüber, ob Beziehungen zu und Transaktionen mit nahe stehenden Personen in Übereinstimmung mit den Rechnungslegungsgrundsätzen zutreffend identifiziert und im Abschluss erfasst sowie angegeben wurden.

D.4.2 Anwendungsfall: Abschluss nach den für alle Kaufleute geltenden handelsrechtlichen Vorschriften

Definitionen (10)

Transaktion unter marktüblichen Bedingungen
Eine Transaktion, die zu solchen Bedingungen durchgeführt wird wie zwischen einem vertragswilligen Käufer und einem vertragswilligen Verkäufer, die einander nicht nahe stehen, unabhängig voneinander handeln und ihre ureigenen Interessen verfolgen.

Nahe stehende Person
Eine Person, **wie sie in den maßgebenden Rechnungslegungsgrundsätzen definiert** ist

Wenn die maßgebenden Rechnungslegungsgrundsätze minimale oder keine Anforderungen zu nahe stehenden Personen festlegen:

- Eine Person oder eine andere Einheit, die unmittelbar oder mittelbar **Beherrschung oder maßgeblichen Einfluss** auf die berichterstattende Einheit ausübt.
- Eine andere Einheit, **auf welche die berichterstattende Einheit** unmittelbar oder mittelbar **Beherrschung oder maßgeblichen Einfluss** ausübt.
- Eine andere Einheit, die sich mit der berichterstattenden Einheit **unter gemeinsamer Beherrschung** befindet durch
  » gemeinsame beherrschende Anteilseigner,
  » Anteilseigner, die nahe Familienangehörige sind, oder
  » ein gemeinsames Management in Schlüsselpositionen.

Prüfungshandlungen zur Risikobeurteilung und damit zusammenhängende Tätigkeiten (11-17) (1/2)

Als Teil der **Prüfungshandlungen zur Risikobeurteilung** sind folgende Prüfungshandlungen durchzuführen: (11)

- Verständnis von den Beziehungen und Transaktionen der Einheit mit nahe stehenden Personen (12-14)
- Kontinuierliche Aufmerksamkeit in Bezug auf Informationen zu nahe stehenden Personen bei der Durchsicht von Aufzeichnungen oder Dokumenten (15-16)
- Austausch von Informationen über nahe stehende Personen mit dem Prüfungsteam (17)

Prüfungshandlungen zur Risikobeurteilung und damit zusammenhängende Tätigkeiten (11-17) (2/2)

Verständnis von den Beziehungen und Transaktionen der Einheit mit nahe stehenden Personen: (12-14)

(→ ISA [DE] 315 (Revised 2019), ISA [DE] 240)

| Die Diskussion im Prüfungsteam (→ ISA [DE] 240, ISA [DE] 315 (Revised 2019)) hat eine spezifische Würdigung der Anfälligkeit des Abschlusses für wesentliche falsche Darstellungen aufgrund von dolosen Handlungen oder Irrtümern einzuschließen, die aus den Beziehungen zu und Transaktionen mit nahe stehenden Personen resultieren können. | Befragung des Managements zu
» Identität der nahe stehenden Personen
» Art der Beziehungen zu den nahe stehenden Personen
» Transaktionen mit den nahe stehenden Personen (inkl. Art und Zweck dieser Transaktionen) | Erlangung eines Verständnis von Kontrollen, die vom Management ggf. eingerichtet wurden, um
» Beziehungen zu und Transaktionen mit nahe stehenden Personen zu identifizieren, zu erfassen und anzugeben
» bedeutsame Transaktionen und Vereinbarungen mit nahe stehenden Personen zu autorisieren und zu genehmigen |

| Kontinuierliche Aufmerksamkeit in Bezug auf Informationen zu nahe stehenden Personen bei der Durchsicht von Aufzeichnungen (15-16) | Untersuchung insbesondere der folgenden Dokumenten:
» Bank- und rechtliche Bestätigungen
» Protokolle von Sitzungen der Anteilseigner und der für die Überwachung Verantwortlichen
» sonstige Aufzeichnungen oder Dokumente |

| Bei Identifizierung von **bedeutsamen Transaktionen außerhalb des gewöhnlichen Geschäftsverlaufs** (z.B. komplexe Eigenkapitaltransaktionen, Verkaufstransaktionen mit ungewöhnlich hohen Preisnachlässen) | Befragung des Managements zur Art dieser Transaktionen und dazu, ob nahe stehende Personen daran beteiligt sein könnten |

Der APr hat relevante Informationen, die er über nahe stehende Personen der Einheit erlangt hat, mit den anderen Mitgliedern des Prüfungsteams auszutauschen. (17)

ISA [DE] 550

Identifizierung und Beurteilung der Risiken wesentlicher falscher Darstellungen im Zusammenhang mit Beziehungen zu und Transaktionen mit nahe stehenden Personen (18-19)

Die Identifizierung und Beurteilung der Risiken wesentlicher falscher Darstellungen (→ ISA [DE] 315 (Revised 2019)) umfasst:

▶ Feststellung, ob irgendwelche dieser Risiken im Zusammenhang mit nahe stehenden Personen bedeutsame Risiken sind.

Dabei sind Transaktionen mit nahe stehenden Personen außerhalb der gewöhnlichen Geschäftstätigkeit besonders zu behandeln.

Bei Risikofaktoren für dolose Handlungen (→ ISA [DE] 240):

▶ Berücksichtigung dieser Risikofaktoren (u.a. Umständen, die sich auf das Vorhandensein einer nahe stehenden Person mit dominantem Einfluss beziehen) bei der Identifizierung und Beurteilung der Risiken wesentlicher falscher Darstellungen aufgrund doloser Handlungen.

Reaktionen auf die Risiken wesentlicher falscher Darstellungen im Zusammenhang mit Beziehungen zu und Transaktionen mit nahe stehenden Personen (20-24) (1/3)

Als **Reaktion auf die Risiken wesentlicher falscher Darstellungen** sind Prüfungshandlungen durchzuführen. (→ ISA [DE] 330)

Mögliche Prüfungshandlungen bei bedeutsamen Risiken, dass das Management Transaktionen mit nahe stehenden Personen **nicht zutreffend erfasst oder angegeben hat**:
» Bestätigungen von oder Diskussion mit eingeschalteten Personen (z.B. Banken, Rechtsanwälten) zu bestimmten Aspekten der Transaktionen (soweit nicht untersagt)
» Einholung von Bestätigungen von nahe stehenden Personen über Ziele, spezifische Bedingungen oder Beträge der Transaktionen

Mögliche Prüfungshandlungen bei bedeutsamen Risiken **falscher Darstellungen aufgrund von dolosen Handlungen**, weil eine nahe stehende Person mit dominantem Einfluss vorhanden ist:
» Befragungen des Managements und der für die Überwachung Verantwortlichen sowie Diskussion mit diesen
» Befragungen der nahe stehenden Person
» Einsichtnahme in bedeutsame Verträge mit der nahe stehenden Person
» geeignete Hintergrundrecherche, z.B. über Datenbanken
» Durchsicht der Whistleblower-Berichte von Mitarbeitern

ISA [DE] 550

Reaktionen auf die Risiken wesentlicher falscher Darstellungen im Zusammenhang mit Beziehungen zu und Transaktionen mit nahe stehenden Personen (20-24) (2/3)

Identifizierung von bislang nicht erkannten oder nicht angegebenen nahe stehenden Personen oder von bedeutsamen Transaktionen mit nahe stehenden Personen (21-22)

Bei Identifikation von Informationen, die auf das Vorhandensein von zuvor nicht identifizierten oder angegeben Beziehungen oder Transaktionen hindeuten: ▶ Der APr hat festzustellen, ob die zugrunde liegenden Umstände das Vorhandensein dieser Beziehungen oder Transaktionen bestätigen.

Bei Identifikation **von zuvor nicht identifizierten oder angegeben nahe stehende Personen** oder bedeutsamen Transaktionen mit nahe stehenden Personen:

- Die relevanten Informationen sind unverzüglich den anderen Mitgliedern des Prüfungsteams mitzuteilen
- wenn die maßgebenden Rechnungslegungsgrundsätze Anforderungen zu nahe stehenden Personen festlegen:
  - Aufforderung an das Management, alle Transaktionen mit den neu identifizierten Personen für die weitere Beurteilung des APr zu identifizieren
- Durchführung geeigneter aussagebezogener Prüfungshandlungen zu jenen neu identifizierten Personen oder bedeutsamen Transaktionen
  - Es ist zu erfragen, warum die Kontrollen der Einheit das Erkennen oder die Angabe der Beziehungen zu oder Transaktionen mit nahe stehenden Personen nicht ermöglicht haben
- Erneute Betrachtung des Risikos, dass weitere Personen oder bedeutsame Transaktionen vorhanden sein können
- wenn die Nichtangabe durch das Management beabsichtigt erscheint:
  - Beurteilung der Folgen für die Prüfung

Reaktionen auf die Risiken wesentlicher falscher Darstellungen im Zusammenhang mit Beziehungen zu und Transaktionen mit nahe stehenden Personen (20-24) (3/3)

Identifizierte bedeutsame Transaktionen mit nahe stehenden Personen außerhalb des gewöhnlichen Geschäftsverlaufs der Einheit (23)

Bei identifizierten bedeutsamen Transaktionen mit nahe stehenden Personen außerhalb des gewöhnlichen Geschäftsverlaufs:

Einsichtnahme in die ggf. zugrunde liegenden Verträge oder Vereinbarungen zur Beurteilung, ob
» der wirtschaftliche Hintergrund der Transaktionen die Vermutung nahe legt, dass diese möglicherweise eingegangen worden sind, um die Rechnungslegung zu manipulieren oder Vermögensschädigungen zu verschleiern.
» die Bedingungen der Transaktionen mit den Erklärungen des Managements in Einklang stehen.
» die Transaktionen in Übereinstimmung mit den maßgebenden Rechnungslegungsgrundsätzen zutreffend erfasst und angegeben wurden.

Es sind Prüfungsnachweise darüber zu erlangen, dass die Transaktionen in angemessener Weise autorisiert und genehmigt wurden.

Aussagen, dass Transaktionen mit nahe stehenden Personen unter marktüblichen Bedingungen durchgeführt wurden (24)

Falls im Abschluss eine Aussage dahingehend getroffen wird, dass eine Transaktion mit nahe stehenden Personen unter marktüblichen Bedingungen durchgeführt wurde:

Der APr hat ausreichende geeignete Prüfungsnachweise zu dieser Aussage zu erlangen.

D.A45.1 Werden im Einklang mit § 285 Nr. 21 bzw. § 314 Abs. 1 Nr. 13 HGB im (Konzern-)Anhang wesentliche Geschäfte mit nahe stehenden Personen nicht angegeben, so stellt dies eine implizite Aussage zur Marktüblichkeit der Beziehungen dar.

ISA [DE] 550

Beurteilung der Erfassung und Angabe von identifizierten Beziehungen zu und Transaktionen mit nahe stehenden Personen (25)

Bei der Bildung seines Prüfungsurteils ist zu beurteilen, ob: → IDW PS 400 n.F. (10.2021)

- identifizierte Beziehungen zu und Transaktionen mit nahe stehenden Personen in Übereinstimmung mit den maßgebenden Rechnungslegungsgrundsätzen zutreffend erfasst und angegeben wurden.
- Auswirkungen der Beziehungen zu und Transaktionen mit nahe stehenden Personen
  » verhindern, dass der Abschluss eine sachgerechte Gesamtdarstellung vermittelt (bei Rechnungslegungsgrundsätzen zur sachgerechten Gesamtdarstellung) oder
  » dazu führen, dass der Abschluss irreführend ist (bei Rechnungslegungsgrundsätzen zur Normentsprechung).

Schriftliche Erklärungen (26) → ISA [DE] 580

Sofern die maßgebenden Rechnungslegungsgrundsätze **Anforderungen zu nahe stehenden Personen** festlegen:

Es sind schriftliche Erklärungen vom Management und ggf. von den für die Überwachung Verantwortlichen darüber einzuholen, dass sie
» die Identität der nahe stehenden Personen sowie alle ihnen bekannten Beziehungen zu und Transaktionen mit nahe stehenden Personen gegenüber dem APr angegeben haben und
» diese Beziehungen und Transaktionen in Übereinstimmung mit den Anforderungen der Rechnungslegungsgrundsätze zutreffend erfasst und angegeben haben.

Kommunikation mit den für die Überwachung Verantwortlichen (27) → IDW PS 470 (10.2021)

Über bedeutsame Sachverhalte im Zusammenhang mit nahe stehenden Personen, die sich während der Prüfung ergeben, ist mit den für die Überwachung Verantwortlichen zu kommunizieren. Beispiele:
» Nicht vom Management gemachte Angaben zu nahe stehenden Personen oder bedeutsamen Transaktionen mit diesen.
» Identifizierung bedeutsamer Transaktionen mit nahe stehenden Personen, die nicht angemessen autorisiert und genehmigt wurden.

ISA [DE] 550

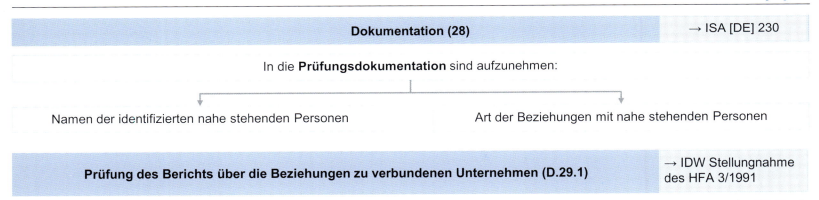

| Dokumentation (28) | → ISA [DE] 230 |

In die **Prüfungsdokumentation** sind aufzunehmen:

- Namen der identifizierten nahe stehenden Personen
- Art der Beziehungen mit nahe stehenden Personen

| Prüfung des Berichts über die Beziehungen zu verbundenen Unternehmen (D.29.1) | → IDW Stellungnahme des HFA 3/1991 |

Aus § 313 AktG können sich besondere Prüfungsanforderungen in Bezug auf einen Bericht des Vorstands über die Beziehungen zu verbundenen Unternehmen gemäß § 312 AktG („Abhängigkeitsbericht") ergeben.

ISA [DE] 560
Nachträgliche Ereignisse

Zusammenfassung:
ISA [DE] 560 ist die um spezifische Modifikationen zu Einzelaspekten (sog. „D-Textziffern") ergänzte autorisierte deutsche Übersetzung von ISA 560. Der Standard unterscheidet und behandelt drei verschiedene Fallgruppen von nachträglichen Ereignissen:
— Ereignisse, die zwischen dem Abschlussstichtag und dem Datum des Vermerks eintreten
— Tatsachen, die dem Abschlussprüfer nach dem Datum des Vermerks, jedoch vor dem Datum der Herausgabe des Abschlusses bekannt werden
— Tatsachen, die dem Abschlussprüfer nach der Herausgabe des Abschlusses bekannt werden

Hinsichtlich der ersten Fallgruppe sind ausreichende geeignete Prüfungsnachweise darüber zu erlangen, dass alle zwischen dem Abschlussstichtag und dem Datum des Vermerks eintretenden Ereignisse identifiziert werden, die Anpassungen des Abschlusses oder Angaben im Abschluss erfordern. Zu diesem Zweck hat der Abschlussprüfer ein Verständnis von den Verfahren der Einheit zur Identifizierung entsprechender Ereignisse zu erlangen, Befragungen durchführen sowie ggf. vorliegende Protokolle von Besprechungen sowie nachfolgende Zwischenabschlüsse zu lesen. Zudem ist eine schriftliche Erklärung darüber einzuholen, dass bei allen nachträglichen Ereignissen, die nach den maßgebenden Rechnungslegungsgrundsätzen Anpassungen oder Angaben im Abschluss erfordern, diese Anpassungen bzw. Angaben vorgenommen worden sind.

Hinsichtlich der zweiten und dritten Fallgruppe gilt zunächst der Grundsatz, dass ein Abschlussprüfer nicht dazu verpflichtet ist, nach dem Datum des Vermerks Prüfungshandlungen zu dem Abschluss durchzuführen. Sofern er jedoch Kenntnis von einer Tatsache erlangt, die ihn – wäre sie ihm zum Datum des Vermerks bekannt gewesen – hätte veranlasst haben können, diesen Vermerk zu ändern, so hat er zu erfragen, wie das Management mit dem Sachverhalt im Abschluss umzugehen beabsichtigt. Wird der Abschluss oder der Lagebericht nach Vorlage des Prüfungsberichts geändert, so sind diese Unterlagen gemäß § 316 Abs. 3 Satz 1 HGB erneut zu prüfen, soweit es die Änderung erfordert (Nachtragsprüfung). Die Standards IDW PS 400 n.F. (10.2021), IDW PS 406 n.F. (10.2021) und IDW PS 450 n.F. (10.2021) enthalten diesbezüglich weitergehende Hinweise zur Ausgestaltung des Vermerks. Eine Ausdehnung der Prüfungshandlungen zur Identifizierung von nachträglichen Ereignissen ist nicht erforderlich. Sofern bei Umständen, die nach Auffassung des Abschlussprüfers eine Änderung erfordern, keine Änderung des Abschlusses erfolgt, hat in Übereinstimmung mit IDW PS 400 n.F. (10.2021) ggf. ein Widerruf des Bestätigungsvermerks zu erfolgen.

Verweise:
— ISA [DE] 580: Schriftliche Erklärungen
— IDW PS 400 n.F. (10.2021): Bildung eines Prüfungsurteils und Erteilung eines Bestätigungsvermerks
— IDW PS 406 n.F. (10.2021): Hinweise im Bestätigungsvermerk
— IDW PS 450 n.F. (10.2021): Grundsätze ordnungsmäßiger Erstellung von Prüfungsberichten

ISA [DE] 560: Nachträgliche Ereignisse

Anwendungsbereich und Zielsetzung (1, 4)

ISA [DE] 560 behandelt die Verantwortlichkeiten des APr im Zusammenhang im Zusammenhang mit nachträglichen Ereignissen.
Die Ziele des APr bestehen darin:
- » ausreichende geeignete Prüfungsnachweise darüber zu erlangen, ob **Ereignisse, die zwischen dem Abschlussstichtag und dem Datum des Vermerks eingetreten sind** und Anpassungen des Abschlusses oder Angaben im Abschluss erfordern, im Abschluss angemessen berücksichtigt sind, und
- » angemessen auf **Tatsachen** zu reagieren, **die dem APr nach dem Datum des Vermerks bekannt werden** und die ihn – wären sie ihm zu diesem Datum bekannt gewesen – hätten veranlasst haben können, den Vermerk zu ändern.

Definitionen (5)

Abschlussstichtag	Das Datum des Endes des letzten im Abschluss dargestellten Zeitraums.
Datum der Genehmigung des Abschlusses	Das Datum, an dem alle Bestandteile des Abschlusses einschließlich der dazugehörigen Abschlussangaben erstellt sind und die dafür Verantwortlichen erklärt haben, dass sie die Verantwortung für diesen Abschluss übernommen haben.
Datum des Vermerks	Das Datum, mit dem der APr den Vermerk zum Abschluss datiert.
Datum der Herausgabe des Abschlusses	Das Datum, an dem der Vermerk des APr und der geprüfte Abschluss Dritten zur Verfügung gestellt werden.
Nachträgliche Ereignisse	» **Ereignisse, die** *zwischen dem Abschlussstichtag und dem Datum des Vermerks* **eintreten** sowie » **Tatsachen, die** dem APr *nach dem Datum des Vermerks* **bekannt werden**.

ISA [DE] 560

Nachträgliche Ereignisse (2)

ISA [DE] 560 unterscheidet folgende Fallgruppen:

- Ereignisse, die zwischen dem Abschlussstichtag und dem Datum des Vermerks eintreten (6-9)
- Tatsachen, die dem APr nach dem Datum des Vermerks, jedoch vor dem Datum der Herausgabe des Abschlusses bekannt werden (10-13)
- Tatsachen, die dem APr nach der Herausgabe des Abschlusses bekannt werden (14-17)

Ereignisse, die zwischen dem Abschlussstichtag und dem Datum des Vermerks des APr eintreten (6-9) (1/2)

Der APr hat ausreichende geeignete Prüfungsnachweise darüber zu erlangen, **dass alle** zwischen dem Abschlussstichtag und dem Datum des Vermerks **eintretenden Ereignisse identifiziert werden**, die Anpassungen des Abschlusses oder Angaben im Abschluss erfordern.

Die erforderlichen Prüfungshandlungen sind so durchzuführen, dass sie den Zeitraum vom Abschlussstichtag bis zum Datum des Vermerks abdecken oder diesem so nahe wie praktisch möglich kommen. **Sie haben Folgendes zu umfassen**:

- Erlangung eines **Verständnisses von den Verfahren**, die das Management eingerichtet hat, um sicherzustellen, dass nachträgliche Ereignisse identifiziert werden
- **Befragungen des Managements** und – sofern sachgerecht – der für die Überwachung Verantwortlichen, ob nachträgliche Ereignisse eingetreten sind, die sich auf den Abschluss auswirken können
- Lesen ggf. vorhandener **Protokolle** von Besprechungen der Eigentümer, des Managements und der für die Überwachung Verantwortlichen, die nach dem Abschlussstichtag stattgefunden haben, und für Besprechungen, zu denen noch keine Protokolle vorliegen, Befragungen zu den erörterten Sachverhalten
- Lesen des letzten nachfolgenden **Zwischenabschlusses** der Einheit

Ereignisse, die zwischen dem Abschlussstichtag und dem Datum des Vermerks des APr eintreten (6-9) (2/2)

Bei Identifikation von Ereignissen, die eine Anpassung des Abschlusses oder Angaben im Abschluss erfordern:	Der APr hat festzustellen, ob jedes dieser Ereignisse in Übereinstimmung mit den maßgebenden Rechnungslegungsgrundsätzen im Abschluss angemessen berücksichtigt ist.

Vom Management und, soweit angebracht, von den für die Überwachung Verantwortlichen ist eine **schriftliche Erklärung** darüber einzuholen, dass bei allen nachträglichen Ereignissen, die nach den maßgebenden Rechnungslegungsgrundsätzen Anpassungen oder Angaben im Abschluss erfordern, diese Anpassungen bzw. Angaben vorgenommen worden sind.	→ ISA [DE] 580

Tatsachen, die dem APr nach dem Datum des Vermerks des APr, jedoch vor dem Datum der Herausgabe des Abschlusses bekannt werden (10-13) (1/2)

Grundsatz	Der APr ist **nicht** verpflichtet, nach dem Datum des Vermerks Prüfungshandlungen zu dem Abschluss durchzuführen.
Ausnahme	Wird dem APr nach dem Datum des Vermerks, jedoch vor dem Datum der Herausgabe des Abschlusses eine Tatsache bekannt, die ihn – wäre sie ihm zum Datum des Vermerks bekannt gewesen – hätte veranlasst haben können, diesen Vermerk zu ändern, so hat er:

- den Sachverhalt mit dem Management und ggf. mit den für die Überwachung Verantwortlichen zu diskutieren
- **+** festzustellen, ob der Abschluss geändert werden muss. Falls der Abschluss geändert werden muss hat der APr zu erfragen, wie das Management mit dem Sachverhalt im Abschluss umzugehen beabsichtigt.
  - Änderung des Abschlusses (11-12)
  - Keine Änderung des Abschlusses (13)

ISA [DE] 560

Tatsachen, die dem APr nach dem Datum des Vermerks des APr, jedoch vor dem Datum der Herausgabe des Abschlusses bekannt werden (10-13) (2/2)

Änderung des Abschlusses (11-12)

Grundsatz	Durchführung von Prüfungshandlungen, soweit es die Änderung erfordert	**+** Ausdehnung der Prüfungshandlungen zur Identifizierung von nachträglichen Ereignissen auf das Datum des neuen Abschlusses	**+** Zurverfügungstellung eines neuen Vermerks zu dem geänderten Abschluss
Ausnahme (bei Zulässigkeit einer beschränkten Änderung)	Durchführung von Prüfungshandlungen, soweit es die Änderung erfordert	**+** » Änderung des Vermerks durch die Angabe eines zusätzlichen, auf diese Änderung bezogenen Datums **oder** » Zurverfügungstellung eines neuen Vermerks zu dem geänderten Abschluss, in dem ausgesagt wird, dass sich die Prüfungshandlungen zu nachträglichen Ereignissen nur auf die Änderung des Abschlusses beziehen	

D.11.2
D.12.1
- » Wird der Abschluss oder der Lagebericht nach Vorlage des Prüfungsberichts geändert, so hat der APr diese Unterlagen gemäß § 316 Abs. 3 Satz 1 HGB erneut zu prüfen, soweit es die Änderung erfordert (Nachtragsprüfung).
- » Ausdehnung der Prüfungshandlungen zur Identifizierung von nachträglichen Ereignissen ist **nicht** erforderlich
- » Änderung des Vermerks: → IDW PS 400 n.F. (10.2021), Tz. 87 ff.; IDW PS 406 n.F. (10.2021), Tz. 14; IDW PS 450 n.F. (10.2021), Tz. 144 ff.

Keine Änderung des Abschlusses bei Umständen, die nach Auffassung des APr eine Änderung erfordern (13)

Falls der Vermerk der Einheit noch nicht zur Verfügung gestellt wurde:	Modifikation des Prüfungsurteils (→ IDW PS 405 n.F. (10.2021))	
Falls der Vermerk der Einheit bereits zur Verfügung gestellt wurde:	Die Verantwortlichen der Einheit sind darüber zu informieren, dass der Abschluss nicht an Dritte herausgegeben werden darf	D.A14.1: ggf. Widerruf des Bestätigungsvermerks (→ IDW PS 400 n.F. (10.2021), Tz. 92 ff.)

ISA [DE] 560

Tatsachen, die dem APr nach der Herausgabe des Abschlusses bekannt werden (14-17)

Der APr hat grundsätzlich die gleichen Verantwortlichkeiten wie bei Tatsachen, die ihm nach dem Datum des Vermerks, jedoch vor dem Datum der Herausgabe des Abschlusses bekannt werden.

Zusätzlich hat der APr die Schritte einer Durchsicht zu unterziehen, die das Management unternommen hat, um sicherzustellen, dass jeder, der den zuvor herausgegebenen Abschluss zusammen mit dem dazu erteilten Vermerk erhalten hat, über die Situation informiert ist.

ISA [DE] 580
Schriftliche Erklärungen

Zusammenfassung:

ISA [DE] 580 ist die um spezifische Modifikationen zu Einzelaspekten (sog. „D.-Textziffern") ergänzte autorisierte deutsche Übersetzung von ISA 580. Der Standard definiert eine „schriftliche Erklärung" als eine schriftliche Äußerung des Managements gegenüber dem Abschlussprüfer zur Bestätigung bestimmter Sachverhalte oder zur Unterstützung sonstiger Prüfungsnachweise. Schriftliche Erklärungen schließen in diesem Zusammenhang weder den Abschluss noch die darin enthaltenen Aussagen noch unterstützende Bücher und Aufzeichnungen mit ein.

ISA [DE] 580 stellt zunächst klar, dass schriftliche Erklärungen für sich allein keine ausreichenden geeigneten Prüfungsnachweise zu den sie betreffenden Sachverhalten bieten. Auch wirkt sich die Tatsache, dass das Management verlässliche schriftliche Erklärungen abgegeben hat, nicht auf Art oder Umfang von sonstigen Prüfungsnachweisen aus.

Vom Management ist eine schriftliche Erklärung anzufordern, dass

— das Management seiner Verantwortung für die Aufstellung des Abschlusses und Lageberichts nachgekommen ist,
— dem Abschlussprüfer alle relevanten Informationen und Zugangsberechtigungen zur Verfügung gestellt wurden,
— alle Geschäftsvorfälle erfasst und im Abschluss wiedergegeben sind.

Anlage 1 zu ISA [DE] 580 enthält eine Auflistung anderer Standards, aus welchen sich das Erfordernis zur Einholung weiterer schriftlicher Erklärungen ergibt.

Die schriftlichen Erklärungen müssen in Form einer an den Abschlussprüfer adressierten Vollständigkeitserklärung erfolgen und eine Beschreibung der in den Auftragsbedingungen vereinbarten Verantwortlichkeiten des Managements enthalten. Dabei muss das Datum der schriftlichen Erklärungen so nahe wie praktisch durchführbar am Datum des Vermerks des Abschlussprüfers liegen, darf jedoch nicht nach diesem Datum liegen.

Verweise:

— ISA [DE] 210: Vereinbarung der Auftragsbedingungen für Prüfungsaufträge

ISA [DE] 580: Schriftliche Erklärungen

Anwendungsbereich und Zielsetzung (1-4, 6)

ISA [DE] 580 behandelt die Verantwortlichkeit des APr zur Erlangung schriftlicher Erklärungen vom Management und – soweit angemessen – von den für die Überwachung Verantwortlichen bei einer Abschlussprüfung.

Schriftliche Erklärungen bieten für sich allein **keine ausreichenden geeigneten Prüfungsnachweise** zu den sie betreffenden Sach-verhalten. Darüber hinaus **wirkt sich** die Tatsache, dass das Management verlässliche schriftliche Erklärungen abgegeben hat, **nicht auf Art oder Umfang von sonstigen Prüfungsnachweisen aus**, die der APr über die Erfüllung der Verantwortlichkeiten des Managements oder zu besonderen Aussagen erlangt.

Ziele des APr sind:
» schriftliche Erklärungen des Managements zu erlangen, dass diese ihrer Ansicht nach ihrer Verantwortlichkeit für die Aufstellung des Abschlusses und für die Vollständigkeit der dem APr zur Verfügung gestellten Informationen nachgekommen sind,
» sonstige für den Abschluss oder spezifische Abschlussaussagen relevante Prüfungsnachweise durch schriftliche Erklärungen zu unterstützen, sofern der APr dies für notwendig erachtet oder dies aufgrund anderer GoA erforderlich ist, und
» angemessen zu reagieren auf schriftliche Erklärungen, die vom Management abgegeben wurden, oder falls das Management vom APr angeforderte schriftliche Erklärungen nicht abgibt.

Definitionen (7-8)

Schriftliche Erklärung	Eine schriftliche Äußerung des Managements gegenüber dem APr zur Bestätigung bestimmter Sachverhalte oder zur Unterstützung sonstiger Prüfungsnachweise. Schriftliche Erklärungen schließen in diesem Zusammenhang weder den Abschluss, noch die darin enthaltenen Aussagen, noch unterstützende Bücher und Aufzeichnungen mit ein.	
Management	Im Rahmen dieses Standards bezieht sich der Begriff „Management" auf das Management und – soweit angemessen – auf die für die Überwachung Verantwortlichen.	→ IDW PS 470 n.F. (10.2021)

Mitglieder des Managements, von denen schriftliche Erklärungen angefordert werden (9)

Der APr **hat schriftliche Erklärungen** von den Mitgliedern des Managements, welche die entsprechende Verantwortlichkeit für den Abschluss und die Kenntnisse der betreffenden Sachverhalte haben, **anzufordern.**

| D.9.1 | Schriftliche Erklärungen sind von den Mitgliedern des Managements in vertretungsberechtigter Zahl abzugeben. |

Schriftliche Erklärungen zu den Verantwortlichkeiten des Managements (10-12)

Aufstellung des Abschlusses (10)	Vom Management ist eine schriftliche Erklärung anzufordern, dass dieses seiner Verantwortlichkeit für die Aufstellung des Abschlusses nachgekommen ist.
	D.10.1 Ferner ist eine schriftliche Erklärung anzufordern, dass das Management seiner Verantwortlichkeit für die Aufstellung des Lagebericht nachgekommen ist.
Dem APr zur Verfügung gestellte Informationen und Vollständigkeit der Geschäftsvorfälle (11)	Der APr hat das Management aufzufordern, eine schriftliche Erklärung abzugeben, » dass es dem APr alle relevanten Informationen und Zugangsberechtigungen zur Verfügung gestellt hat und » dass alle Geschäftsvorfälle erfasst und im Abschluss wiedergegeben sind.
Beschreibung der Verantwortlichkeiten des Managements in den schriftlichen Erklärungen (12)	Die Verantwortlichkeiten des Managements sind in den gemäß den Textziffern 10 und 11 erforderlichen schriftlichen Erklärungen in der Weise zu beschreiben, wie diese Verantwortlichkeiten in den Auftragsbedingungen für die Abschlussprüfung festgehalten sind.

ISA [DE] 580

Weitere schriftliche Erklärungen (13)

Weitere einzuholende schriftliche Erklärungen ergeben sich aus anderen ISA oder aus der Beurteilung des APr: → Anlage 1 zu ISA [DE] 580

- » ISA [DE] 240 „Verantwortlichkeiten des Abschlussprüfers bei dolosen Handlungen" – Tz. 40
- » ISA [DE] 250 (Revised) „Berücksichtigung von Gesetzen und anderen Rechtsvorschriften bei einer Abschlussprüfung" – Tz. 17
- » ISA [DE] 450 „Beurteilung der während der Abschlussprüfung identifizierten falschen Darstellungen" – Tz. 14
- » ISA [DE] 501 „Prüfungsnachweise - Besondere Überlegungen zu ausgewählten Sachverhalten" – Tz. 12
- » ISA [DE] 540 (Revised) „Prüfung geschätzter Werte in der Rechnungslegung, einschließlich geschätzter Zeitwerte, und der damit zusammenhängenden Abschlussangaben" – Tz. 37
- » ISA [DE] 550 „Nahe stehende Personen" – Tz. 26
- » ISA [DE] 560 „Nachträgliche Ereignisse" – Tz. 9
- » ISA 570 „Fortführung der Geschäftstätigkeit" – Tz. 16(e)
- » ISA [DE] 710 „Vergleichsinformationen – Vergleichsangaben und Vergleichsabschlüsse" – Tz. 9
- » ISA [DE] 720 (Revised) „Verantwortlichkeiten des Abschlussprüfers im Zusammenhang mit sonstigen Informationen" – Tz. 13(c)
- » IDW PS 270 n.F. (10.2021) „Die Beurteilung der Fortführung der Unternehmenstätigkeit im Rahmen der Abschlussprüfung" – Tz. 21(e)

Datum und abgedeckte Zeiträume schriftlicher Erklärungen (14)

Das Datum der schriftlichen Erklärungen muss so nahe wie praktisch durchführbar am Datum des Vermerks des APr zum Abschluss liegen, darf jedoch nicht nach diesem Datum liegen. Die schriftlichen Erklärungen müssen für alle Abschlüsse und Zeiträume gelten, auf die im Vermerk des APr Bezug genommen wird.

Form von schriftlichen Erklärungen (15)

Die schriftlichen Erklärungen müssen in Form einer an den APr adressierten **Vollständigkeitserklärung** erfolgen.

ISA [DE] 580

Zweifel an der Verlässlichkeit schriftlicher Erklärungen und Nichtabgabe angeforderter schriftlicher Erklärungen (16-20)

Der APr hat die Nichtabgabe eines Prüfungsurteils zum Abschluss (→ IDW PS 405 n.F. (10.2021)) zu erklären, wenn:

| er zu dem Schluss gelangt, dass **ausreichend Zweifel an der Integrität** des Managements bestehen, so dass die nach den Tz. 10 und 11 erforderlichen schriftlichen Erklärungen nicht verlässlich sind. | das Management die nach den Tz. 10 und 11 erforderlichen **schriftlichen Erklärungen nicht abgibt**. |

Zweifel an der Verlässlichkeit schriftlicher Erklärungen (16-18)

Hat der APr Bedenken in Bezug auf die Kompetenz, die Integrität, die ethischen Wertvorstellungen oder die Sorgfalt des Managements oder in Bezug auf dessen Selbstverpflichtung darauf oder deren Durchsetzung, hat er festzustellen, welche Auswirkungen diese Bedenken auf die Verlässlichkeit der (mündlichen oder schriftlichen) Erklärungen und Prüfungsnachweise im Allgemeinen haben können.

Insbesondere wenn schriftliche Erklärungen nicht mit anderen Prüfungsnachweisen in Einklang stehen, hat der APr Prüfungshandlungen zur Klärung des Sachverhalts durchzuführen.

Gelangt der APr zu dem Schluss, dass die schriftlichen Erklärungen nicht verlässlich sind, hat er angemessene Maßnahmen zu ergreifen.

Nichtabgabe angeforderter schriftlicher Erklärungen (19)

Gibt das Management eine oder mehrere der angeforderten schriftlichen Erklärungen **nicht** ab, hat der APr
» den Sachverhalt mit dem Management zu erörtern,
» die Integrität des Managements erneut zu beurteilen und abzuwägen, welche Auswirkung dies auf die Verlässlichkeit von Erklärungen und Prüfungsnachweisen im Allgemeinen haben kann, und
» angemessene Maßnahmen zu ergreifen.

ISA [DE] 600
Besondere Überlegungen zu Konzernabschlussprüfungen (einschließlich der Tätigkeit von Teilbereichsprüfern)

Zusammenfassung:

ISA [DE] 600 ist die um spezifische Modifikationen zu Einzelaspekten (sog. „D.-Textziffern") ergänzte autorisierte deutsche Übersetzung von ISA 600. Gegenstand des Standards sind besondere Überlegungen zu Konzernabschlussprüfungen. Entsprechend enthält ISA [DE] 600 Hinweise zur Anwendung folgender Standards auf die Konzernabschlussprüfung:
— ISA [DE] 210 zur Auftragsannahme und -fortführung
— ISA [DE] 300 zur Festzulegen einer Konzernprüfungsstrategie und zur Entwicklung eines Konzernprüfungsprogramms
— ISA [DE] 315 (Revised 2019) zum Verständnis vom Konzern, seiner Teilbereiche und vom jeweiligen Umfeld sowie zur Identifizierung und Beurteilung der Risiken wesentlicher falscher Darstellungen
— ISA [DE] 320 zu Wesentlichkeitsgrenzen bei Konzernabschlussprüfungen:
— ISA [DE] 330 zur Reaktion auf die beurteilten Risiken wesentlicher falscher Darstellungen
— ISA [DE] 560 zu nachträglichen Ereignissen
— IDW PS 475 zur Kommunikation mit dem Konzernmanagement und den für die Konzernüberwachung Verantwortlichen

Das Prüfungsrisiko des Konzernabschlussprüfers wird konkretisiert als das Risiko, dass der Teilbereichsprüfer möglicherweise eine falsche Darstellung in den Finanzinformationen des Teilbereichs, die zu einer wesentlichen falschen Darstellung im Konzernabschluss führen könnte, nicht aufdeckt, sowie das Risiko, dass das Konzernprüfungsteam diese falsche Darstellung möglicherweise nicht aufdeckt.

ISA [DE] 600 betont zunächst die Zuständigkeit und Verantwortlichkeit des für die Konzernabschlussprüfung Verantwortlichen. Daraus folgt u.a., dass grundsätzlich keine Bezugnahme auf einen Teilbereichsprüfer im Vermerk zulässig ist und dass eine Einbindung des Konzernprüfungsteams in die Tätigkeit von Teilbereichsprüfern in dem Umfang möglich sein muss, der zur Erlangung ausreichender geeigneter Prüfungsnachweise erforderlich ist. Dazu gehört auch die Notwendigkeit der Erlangung eines ausreichenden Verständnisses vonseiten der Teilbereichsprüfer.

Weiterhin konkretisiert der Standard, welche Inhalte die mitzuteilenden Anforderungen des Konzernteams an die Teilbereichsprüfer beinhalten müssen und welche Bestandteile die Berichterstattung von Teilbereichsprüfern an das Konzernprüfungsteam umfassen muss. Zudem werden die wesentlichen Inhalte der Prüfungsdokumentation dargelegt.

Verweise:
— ISA [DE] 200: Übergeordnete Ziele des unabhängigen Prüfers und Grundsätze einer Prüfung in Übereinstimmung mit den International Standards on Auditing
— ISA [DE] 210: Vereinbarung der Auftragsbedingungen für Prüfungsaufträge
— ISA [DE] 315 (Revised 2019): Identifizierung und Beurteilung der Risiken wesentlicher falscher Darstellungen aus dem Verständnis von der Einheit und ihrem Umfeld
— ISA [DE] 320: Wesentlichkeit bei der Planung und Durchführung einer Abschlussprüfung
— ISA [DE] 330: Reaktionen des Abschlussprüfers auf beurteilte Risiken
— ISA [DE] 560: Nachträgliche Ereignisse
— IDW PS 475: Mitteilung von Mängeln im internen Kontrollsystem an die für die Überwachung Verantwortlichen und das Management

ISA [DE] 600: Besondere Überlegungen zu Konzernabschlussprüfungen (einschließlich der Tätigkeit von Teilbereichsprüfern)

Anwendungsbereich und Zielsetzung (1-6, 8)

Gegenstand von ISA [DE] 600 sind besondere Überlegungen zu Konzernabschlussprüfungen, insb. zu denjenigen, bei denen Teilbereichsprüfer eingebunden sind.

Bei einer Konzernabschlussprüfung umfasst das **Prüfungsrisiko des Konzernabschlussprüfers**
» das Risiko, dass der Teilbereichsprüfer möglicherweise eine falsche Darstellung in den Finanzinformationen des Teilbereichs, die zu einer wesentlichen falschen Darstellung im Konzernabschluss führen könnte, nicht aufdeckt, sowie
» das Risiko, dass das Konzernprüfungsteam diese falsche Darstellung möglicherweise nicht aufdeckt.

Das Ziel des Konzernabschlussprüfers besteht darin,
» sich mit Teilbereichsprüfern eindeutig über Umfang und zeitliche Einteilung ihrer Tätigkeiten in Bezug auf die Finanzinformationen zu Teilbereichen sowie über ihre Feststellungen auszutauschen,
» ausreichende geeignete Prüfungsnachweise über die Finanzinformationen der Teilbereiche sowie über den Konsolidierungsprozess zu erlangen, um ein Prüfungsurteil darüber abzugeben, ob der Konzernabschluss in allen wesentlichen Belangen in Übereinstimmung mit den maßgebenden Rechnungslegungsgrundsätzen aufgestellt wurde.

Definitionen (9-10) (1/3)

Teilbereich	Eine Einheit oder Geschäftstätigkeit, für die das Konzern- oder Teilbereichsmanagement Finanzinformationen erstellt, die in den Konzernabschluss einzubeziehen sind.
Teilbereichsprüfer	Ein Prüfer, der nach Aufforderung des Konzernprüfungsteams Tätigkeiten in Bezug auf die Finanzinformationen zu einem Teilbereich für die Konzernabschlussprüfung durchführt.
Teilbereichsmanagement	Das für die Erstellung der Finanzinformationen eines Teilbereichs verantwortliche Management.

Definitionen (9-10) (2/3)

Teilbereichswesentlichkeit	Die vom Konzernprüfungsteam festgelegte Wesentlichkeit für einen Teilbereich.
Konzern	Alle Teilbereiche, deren Finanzinformationen in den Konzernabschluss einbezogen werden.
Konzernabschluss	Abschluss, der die Finanzinformationen mehr als eines Teilbereichs enthält.
Konzernabschlussprüfung	Die Prüfung des Konzernabschlusses.
Konzernprüfungsurteil	Das Prüfungsurteil über den Konzernabschluss.
Der für den Konzernprüfungsauftrag Verantwortliche	Der Partner oder sonstige Mitarbeiter der Praxis, der für den Auftrag zur Konzernabschlussprüfung und dessen Durchführung sowie für den im Namen der Praxis erteilten Vermerk zum Konzernabschluss verantwortlich ist.
Konzernprüfungsteam	Partner und fachliche Mitarbeiter, welche die Konzernprüfungsstrategie festlegen, mit Teilbereichsprüfern kommunizieren, Tätigkeiten in Bezug auf den Konsolidierungsprozess durchführen und die aus den Prüfungsnachweisen gezogenen Schlussfolgerungen als Grundlage für die Bildung eines Prüfungsurteils über den Konzernabschluss beurteilen.
Konzernmanagement	Das für die Aufstellung des Konzernabschlusses verantwortliche Management.
Konzernweite Kontrollen	Vom Konzernmanagement konzipierte, eingerichtete und aufrechterhaltene Kontrollen über die Rechnungslegung des Konzerns.
Bedeutsamer Teilbereich	Ein vom Konzernprüfungsteam identifizierter Teilbereich, der » für sich genommen von wirtschaftlicher Bedeutung für den Konzern ist oder » aufgrund seiner spezifischen Merkmale oder Umstände wahrscheinlich bedeutsame Risiken wesentlicher falscher Darstellungen im Konzernabschluss beinhaltet.

Definitionen (9-10) (3/3)

Konsolidierungsprozess

» Ansatz, Bewertung, Ausweis und Angabe der Finanzinformationen der Teilbereiche im Konzernabschluss im Rahmen der Vollkonsolidierung, der Quotenkonsolidierung, der Equity-Methode oder der Anschaffungskostenmethode und
» die Aggregation der Finanzinformationen von Teilbereichen, die keine Muttergesellschaft haben, jedoch unter gemeinsamer Beherrschung stehen, in einem kombinierten Abschluss.

Verantwortlichkeit (11)

Zuständigkeit des für den Konzernprüfungsauftrag Verantwortlichen:

» Anleitung, Überwachung und Durchführung des Auftrags
» Beurteilung, ob der erteilte Vermerk unter den gegebenen Umständen angemessen ist

Grundsätzlich **keine Bezugnahme** auf einen Teilbereichsprüfer im Vermerk

Auftragsannahme und -fortführung (12-14)

Der für den Konzernprüfungsauftrag Verantwortliche hat zu entscheiden, ob erwartet werden kann, dass **ausreichende geeignete Prüfungsnachweise** zum Konsolidierungsprozess und zu den Finanz-informationen der Teilbereiche als Grundlage für das Konzernprüfungsurteil erlangt werden können.

Das Konzernprüfungsteam hat ein **Verständnis vom Konzern, seiner Teilbereiche und dem jeweiligen Umfeld** zu erlangen, das ausreicht, um Teilbereiche zu identifizieren, bei denen es sich **wahrscheinlich** um **bedeutsame Teilbereiche** handelt.

Wenn **Teilbereichsprüfer** Tätigkeiten in Bezug auf **bedeutsame Teilbereiche** durchführen, muss eine Einbindung des Konzernprüfungsteam in dem Umfang möglich sein, der zur Erlangung ausreichender geeigneter Prüfungsnachweise erforderlich ist.

Über die **Bedingungen des Auftrags** zur Konzernabschlussprüfung ist Einvernehmen zu erzielen.

→ ISA [DE] 210

Prüfungsstrategie und Prüfungsprogramm (15-16)

Das Konzernprüfungsteam hat eine **Konzernprüfungsstrategie** festzulegen und ein **Konzernprüfungsprogramm** zu entwickeln. ▸ **Durchsicht** durch den für den Konzernprüfungsauftrag Verantwortlichen ▸ → ISA [DE] 300

Verständnis vom Konzern, seiner Teilbereiche und dem jeweiligen Umfeld (17-18)

Identifizierung und Beurteilung der Risiken wesentlicher falscher Darstellungen durch die Erlangung eines Verständnisses von der Einheit und ihrem Umfeld, den maßgebenden Rechnungslegungsgrundsätzen und dem IKS: → ISA [DE] 315 (Revised 2019)

| Vertiefung des bei der Auftragsannahme erlangten Verständnisses (einschließlich der konzernweiten Kontrollen) | | Verständnis des **Konsolidierungsprozesses** (einschließlich der Anweisungen des Konzernmanagements an die Teilbereiche) | ▸ | Bestätigung oder Anpassung von bedeutsamen Teilbereichen | | Beurteilung der Risiken wesentlicher falscher Darstellungen aufgrund von dolosen Handlungen oder Irrtümern |

Verständnis vom Teilbereichsprüfer (19-20)

Das Konzernprüfungsteam hat ein **Verständnis vom Teilbereichsprüfer** zu erlangen. Beispiele (A33-A36) sind u.a. ein Besuch des Teilbereichsprüfers oder die Einholung einer schriftliche Bestätigung des Teilbereichsprüfers (**Musterbestätigung:** → **Anlage 4**)

| Versteht der Teilbereichsprüfer die relevanten **beruflichen Verhaltensanforderungen** und wird sie einhalten (insb. der **Unabhängigkeit**)? | Ausreichende **berufliche Kompetenz** des Teilbereichsprüfers? | Kann das Konzernprüfungsteam in ausreichendem Umfang **eingebunden** werden? | Tätigkeit des Teilbereichsprüfers in einem regulatorischen Umfeld, in dem er **aktiv beaufsichtigt** wird? |

Das Konzernprüfungsteam kann weniger schwerwiegende **Bedenken** hinsichtlich des Teilbereichsprüfers dadurch **ausgleichen**, dass es sich in die Tätigkeit des Teilbereichsprüfers einbringt, eine zusätzliche Risikobeurteilung oder weitere Prüfungshandlungen in Bezug auf den Teilbereich durchführt. Eine fehlende Unabhängigkeit kann jedoch nicht ausgeglichen werden. (A39-A41)

Wesentlichkeit (21-23)

Wesentlichkeitsgrenzen bei Konzernabschlussprüfungen: → ISA [DE] 320

- Wesentlichkeit für den Konzernabschluss als Ganzes
- Falls erforderlich: Wesentlichkeitsgrenzen, die auf bestimmte Arten von Geschäftsvorfällen, Kontensalden oder Abschlussangaben anzuwenden sind
- Teilbereichswesentlichkeiten auf Teilbereichsebene festgelegte Toleranzwesentlichkeit
- Schwellenwert, oberhalb dessen falsche Darstellungen nicht als zweifelsfrei unbeachtlich für den Konzernabschluss sind

Eine **Teilbereichswesentlichkeit** wird für solche Teilbereiche festgelegt, deren Finanzinformationen als Teil der Konzernabschlussprüfung geprüft oder einer prüferischen Durchsicht unterzogen werden.
- » Teilbereichswesentlichkeit einer Einheit ≤ Wesentlichkeit für den Konzernabschluss als Ganzes
- » ∑ Teilbereichswesentlichkeiten aller Einheiten ≥ Wesentlichkeit für den Konzernabschluss als Ganzes

Reaktion auf beurteilte Risiken (24-31) (1/3)

Als Reaktion auf die beurteilten Risiken wesentlicher falscher Darstellungen im Abschluss ist ein angemessenes Vorgehen zu planen und umzusetzen → ISA [DE] 330

- Durchführung von **Funktionsprüfungen** in Bezug auf konzernweite Kontrollen und den Konsolidierungsprozess (25)
- Festlegung der Art der Tätigkeiten in Bezug auf Teilbereiche (26-29)
  - Teilbereiche, die aufgrund ihres **wirtschaftlichen Gewichts** bedeutsam sind
  - Teilbereiche, die bedeutsam sind, weil sie wahrscheinlich **bedeutsame Risiken** wesentlicher falscher Darstellungen beinhalten
  - Teilbereiche, die **nicht** bedeutsame Teilbereiche sind
- Einbindung in die Tätigkeit von Teilbereichsprüfern (30-31)

Reaktion auf beurteilte Risiken (24-31) (2/3)

Durchführung von Funktionsprüfungen in Bezug auf konzernweite Kontrollen und den Konsolidierungsprozess (25)

» Falls Tätigkeiten auf der Erwartung basieren, dass konzernweite Kontrollen wirksam funktionieren.
» Falls aussagebezogene Prüfungshandlungen allein keine ausreichenden geeigneten Prüfungsnachweise auf Aussageebene liefern können.

Festlegung der Art der Tätigkeiten, die in Bezug auf die Finanzinformationen von Teilbereichen durchzuführen sind (26-29)

Teilbereiche, die aufgrund ihres wirtschaftlichen Gewichts bedeutsam sind	**Prüfung der Finanzinformationen** des Teilbereichs unter Berücksichtigung der Teilbereichswesentlichkeit durch das Konzernprüfungsteam oder einen Teilbereichsprüfer.
Teilbereiche, die bedeutsam sind, weil sie wahrscheinlich bedeutsame Risiken wesentlicher falscher Darstellungen beinhalten	Durchführung einer oder mehrerer der folgenden Tätigkeiten: » **Prüfung der Finanzinformationen** des Teilbereichs unter Anwendung der Teilbereichswesentlichkeit » **Prüfung** von Kontensalden, Arten von Geschäftsvorfällen oder Abschlussangaben, die **im Zusammenhang mit den wahrscheinlich bedeutsamen Risiken** stehen » **festgelegte Prüfungshandlungen**, die im Zusammenhang mit den wahrscheinlich bedeutsamen Risiken stehen
Teilbereiche, die nicht bedeutsame Teilbereiche sind (Hinweis: ggf. ausgewählte Teilbereiche sind im Zeitablauf zu variieren)	**Grundsatz:** Durchführung von analytischen Prüfungshandlungen auf Konzernebene. Ggf. auch Durchführung einer oder mehrerer der folgenden Tätigkeiten *für ausgewählte Teilbereiche*: » **Prüfung der Finanzinformationen** des Teilbereichs unter Anwendung der Teilbereichswesentlichkeit » **Prüfung** von Kontensalden, Arten von Geschäftsvorfällen oder Abschlussangaben » **prüferische Durchsicht** der Finanzinformationen des Teilbereichs unter Anwendung der Teilbereichswesentlichkeit » **festgelegte Untersuchungshandlungen**

Reaktion auf beurteilte Risiken (24-31) (3/3)

Einbindung in die Tätigkeit von Teilbereichsprüfern bei bedeutsamen Teilbereichen (30-31)

Einbindung des Konzernprüfungsteams in die Risikobeurteilung des Teilbereichsprüfers durch:
» Diskussion der für den Konzern bedeutsamen Geschäftstätigkeiten des Teilbereichs mit dem Teilbereichsprüfer oder dem Teilbereichsmanagement
» Diskussion der Anfälligkeit des Teilbereichs für wesentliche falsche Darstellungen aufgrund von dolosen Handlungen oder Irrtümern in den Finanzinformationen mit dem Teilbereichsprüfer
» Durchsicht der Dokumentation des Teilbereichsprüfers über identifizierte bedeutsame Risiken

Falls bedeutsame Risiken in einem Teilbereich identifiziert wurden, hat das Konzernprüfungsteam die Angemessenheit der weiteren Prüfungshandlungen zu beurteilen, die als Reaktion auf die identifizierten bedeutsamen Risiken durchzuführen sind. Das Konzernprüfungsteam hat festzustellen, ob es notwendig ist, in die weiteren Prüfungshandlungen eingebunden zu werden.

Konsolidierungsprozess (32-37)

| Tätigkeiten in Bezug auf konzernweite Kontrollen (17, 35, 32) | Wurden alle Teilbereiche in den Konzernabschluss einbezogen (33)?

Wurden die geprüften Finanzinformationen in den Konzernabschluss einbezogenen (36)? | Wurden unterschiedliche Rechnungslegungsmethoden zutreffend angepasst (35)?

Wurden unterschiedliche Rechnungslegungszeiträume zutreffend angepasst (37)? | Beurteilung von Konsolidierungsbuchungen und Umgliederungen sowie Einschätzung von Risikofaktoren für dolose Handlungen oder mögliche einseitige Ausrichtungen des Managements (34, A56) |

Nachträgliche Ereignisse (38-39)

Anforderung bei Prüfungen der Finanzinformationen von Teilbereichen

↓

Erforderlich sind Prüfungshandlungen zur Identifizierung von Ereignissen, die zwischen dem Datum der Finanzinformationen der Teilbereiche und dem Datum des Vermerks zum Konzernabschluss eintreten und die ggf. eine Korrektur im Konzernabschluss erfordern

Anforderung Bei anderen Tätigkeiten als Prüfungen

↓

Teilbereichsprüfer haben das Konzernprüfungsteam zu benachrichtigen, wenn ihnen nachträgliche Ereignisse bekannt werden

Kommunikation mit dem Teilbereichsprüfer (40-41) (1/2)

Das Konzernprüfungsteam hat dem Teilbereichsprüfer in angemessener Zeit **seine Anforderungen mitzuteilen**. Die Mitteilung hat Folgendes zu enthalten:

Mitteilung der durchzuführenden Tätigkeiten, die Nutzung dieser Tätigkeiten sowie Form und Inhalt der Kommunikation	Aufforderung des Teilbereichsprüfers zur Bestätigung der Zusammenarbeit	Mitteilung der relevanten beruflichen Verhaltensanforderungen (u.a. zur Unabhängigkeit)	Mitteilung der Wesentlichkeitsgrenzen	identifizierte bedeutsame Risiken wesentlicher falscher Darstellungen im Konzernabschluss	Liste von nahe stehenden Personen

Kommunikation mit dem Teilbereichsprüfer (40-41) (2/2)

Die **Berichterstattung** von Teilbereichsprüfern **an das Konzernprüfungsteam** hat Folgendes zu umfassen:

- a) Feststellung, ob der Teilbereichsprüfer die für die Konzernabschlussprüfung relevanten beruflichen Verhaltensanforderungen, einschließlich Unabhängigkeit und beruflicher Kompetenz, eingehalten hat
- b) Feststellung, ob der Teilbereichsprüfer die Anforderungen des Konzernprüfungsteams eingehalten hat
- c) Identifizierung der Finanzinformationen des Teilbereichs, über den der Teilbereichsprüfer Bericht erstattet
- d) Informationen zu Fällen von Verstößen gegen Gesetze oder andere Rechtsvorschriften, die eine wesentliche falsche Darstellung im Konzernabschluss zur Folge haben könnten
- e) Liste der nicht korrigierten falschen Darstellungen zu den Finanzinformationen des Teilbereichs
- f) Anzeichen für eine mögliche einseitige Ausrichtung des Managements
- g) Beschreibung von identifizierten bedeutsamen Mängeln im internen Kontrollsystem (IKS) auf Teilbereichsebene
- h) Andere bedeutsame Sachverhalte, die der Teilbereichsprüfer den für die Überwachung des Teilbereichs Verantwortlichen mitgeteilt hat oder noch mitteilen will
- i) Alle anderen Sachverhalte, die für die Konzernabschlussprüfung relevant sein können oder auf die der Teilbereichsprüfer das Konzernprüfungsteam aufmerksam machen möchte
- j) Zusammenfassende Feststellungen des Teilbereichsprüfers, seine Schlussfolgerungen oder das Prüfungsurteil

ISA [DE] 600

Beurteilung von erlangten Prüfungsnachweisen auf ausreichenden Umfang und Eignung (42-45)

Beurteilung der Berichterstattung der Teilbereichsprüfer und der Angemessenheit ihrer Tätigkeit (42-43)

Das Konzernprüfungsteam hat die Berichterstattung der Teilbereichsprüfer zu beurteilen:

- » Bedeutsame Sachverhalte, die sich aus dieser Beurteilung ergeben sind mit dem Teilbereichsprüfer, dem Teilbereichsmanagement oder dem Konzernmanagement zu diskutieren.
- » Es ist festzustellen, ob eine Durchsicht anderer relevanter Teile der mitgeteilten Prüfungsdokumentation erforderlich ist.

Sofern die Tätigkeit des Teilbereichsprüfers unzureichend ist, hat das Konzernprüfungsteam festzulegen, welche zusätzlichen Prüfungshandlungen durchzuführen sind.

Ausreichender Umfang und Eignung von Prüfungsnachweisen (44-45)

Das Konzernprüfungsteam hat zu beurteilen, ob **aus den zum Konsolidierungsprozess durchgeführten Prüfungshandlungen** sowie **aus den Tätigkeiten des Konzernprüfungsteams und der Teilbereichsprüfer zu den Finanzinformationen der Teilbereiche** ausreichende geeignete Prüfungsnachweise als Grundlage für das Konzernprüfungsurteil erlangt wurden.

Der für den Konzernprüfungsauftrag Verantwortliche hat die **Auswirkung von nicht korrigierten falschen Darstellungen** sowie von **Fällen, in denen keine ausreichenden geeigneten Prüfungsnachweise erlangt werden konnten**, zu beurteilen.

Kommunikation mit dem Konzernmanagement und den für die Konzernüberwachung Verantwortlichen (46-49) (1/2)

Das Konzernprüfungsteam hat festzulegen, welche identifizierten Mängel im IKS den für die Überwachung Verantwortlichen und dem Konzernmanagement mitgeteilt werden. → IDW PS 475

Wurden dolose Handlungen identifiziert oder deuten Informationen darauf hin, dass eine dolose Handlung vorliegen kann, ist dies in angemessener Zeit der angemessenen Ebene des Konzernmanagements mitzuteilen. → ISA [DE] 240

Sofern Teilbereichsprüfer ein Prüfungsurteil zum Abschluss des Teilbereichs abgeben, hat das Konzernprüfungsteam das Konzernmanagement aufzufordern, das Teilbereichsmanagement über jeden dem Konzernprüfungsteam bekannt werdenden Sachverhalt zu informieren, der für den Abschluss des Teilbereichs bedeutsam sein kann, jedoch dem Teilbereichsmanagement nicht bekannt ist.

ISA [DE] 600

Kommunikation mit dem Konzernmanagement und den für die Konzernüberwachung Verantwortlichen (46-49) (2/2)

Kommunikation mit den für die Konzernüberwachung Verantwortlichen: → IDW PS 470 n.F. (10.2021)

- Übersicht über die Art der Tätigkeiten, die zu den Finanzinformationen der Teilbereiche durchzuführen sind
- Übersicht über die Art der geplanten Einbindung in die Tätigkeit der Teilbereichsprüfer von bedeutsamen Teilbereichen
- Fälle, in denen sich Bedenken hinsichtlich der Qualität der Tätigkeit von Teilbereichsprüfern ergeben haben
- jegliche Beschränkungen der Konzernabschlussprüfung
- (vermutete) dolose Handlungen, an denen das Konzernmanagement u.a. wichtige Mitarbeiter beteiligt sind

Dokumentation (50) → ISA [DE] 230

In die **Prüfungsdokumentation** sind aufzunehmen:

- Analyse der Teilbereiche, in der die bedeutsamen Teilbereiche aufgezeigt werden, sowie die Art der zu den Finanzinformationen der Teilbereiche durchgeführten Tätigkeiten
- Art, zeitliche Einteilung und Umfang der Einbindung des Konzernprüfungsteams in die Tätigkeit der Teilbereichsprüfer zu bedeutsamen Teilbereichen, ggf. einschließlich der Durchsicht von relevanten Teilen der Prüfungsdokumentation der Teilbereichsprüfer durch das Konzernprüfungsteam sowie diesbezüglicher Schlussfolgerungen
- schriftliche Kommunikation zwischen dem Konzernprüfungsteam und den Teilbereichsprüfern zu den Anforderungen des Konzernprüfungsteams

ISA [DE] 610 (Revised 2013)
Nutzung der Tätigkeit interner Revisoren

Zusammenfassung:

ISA [DE] 610 (Revised 2013) ist die um spezifische Modifikationen zu Einzelaspekten (sog. „D.-Textziffern") ergänzte autorisierte deutsche Übersetzung von ISA 610 (Revised 2013). Der Standard stellt mit der „Nutzung der Tätigkeiten der Internen Revision bei der Erlangung von Prüfungsnachweisen" und dem „Einsatz interner Revisoren zur direkten Unterstützung" zwei Fallgruppen vor, von denen die zweite Fallgruppe in Deutschland gemäß § 319 Abs. 3 Satz 1 HGB nicht zulässig ist.

Die Nutzung der Tätigkeiten der Internen Revision bei der Erlangung von Prüfungsnachweisen (z.B. Durchführung von Kontrollprüfungen oder Saldenbestätigungsaktionen, Inventurbegleitung oder Nachverfolgung von Geschäftsvorfällen im rechnungslegungsbezogenen Informationssystem) ist vom Anwendungsbereich des ISA [DE] 315 (Revised 2019) abzugrenzen, wo die Kenntnisse und Erfahrungen der Internen Revision auch dem Verständnis des Abschlussprüfers von der Einheit und ihrem Umfeld sowie der Identifizierung und Beurteilung der Risiken wesentlicher falscher Darstellungen dienen können. Der Standard verpflichtet den Abschlussprüfer ausdrücklich nicht dazu, die Tätigkeit der Internen Revision bei der Erlangung von Prüfungsnachweisen zu nutzen.

Der Begriff „Interne Revision" wird definiert als eine Funktion einer Einheit, die Prüfungs- und Beratungstätigkeiten ausübt, welche dazu konzipiert sind, die Wirksamkeit der Überwachungs-, Risikomanagement- und internen Kontrollprozesse der Einheit zu beurteilen und zu verbessern. Voraussetzung für die Nutzung der Tätigkeit interner Revisoren ist zunächst eine Beurteilung der Internen Revision. Zudem wird klargestellt, dass den für die Überwachung Verantwortlichen die geplante Nutzung der Tätigkeit der Internen Revision mitzuteilen ist.

Wenn die Nutzung der Tätigkeit der Internen Revision geplant ist, sind die jeweiligen Aktivitäten mit der Internen Revision abzustimmen. Nach der Durchführung der Tätigkeiten hat der Abschlussprüfer ein Verständnis von Art, Umfang und Feststellungen der Prüfungshandlungen der Internen Revision zu erlangen, indem er die Berichte der Internen Revision zu deren Tätigkeit liest. Zudem ist die Durchführung ausreichender eigener Prüfungshandlungen erforderlich, welche auch den Nachvollzug von Teilen der Tätigkeit zu umfassen haben.

Schließlich enthält ISA [DE] 610 (Revised 2013) die Anforderung, dass die Beurteilung der Internen Revision, Art und Umfang der genutzten Tätigkeit sowie die durchgeführten Prüfungshandlungen zur Beurteilung der Angemessenheit der genutzten Tätigkeit in die Prüfungsdokumentation aufzunehmen sind.

Verweise:
— ISA [DE] 315 (Revised 2019): Identifizierung und Beurteilung der Risiken wesentlicher falscher Darstellungen aus dem Verständnis von der Einheit und ihrem Umfeld
— ISA [DE] 500: Prüfungsnachweise

ISA [DE] 610 (Revised 2013): Nutzung der Tätigkeit interner Revisoren

Anwendungsbereich und Zielsetzung (1-11, 13)

ISA [DE] 610 (Revised 2013) behandelt die Verantwortlichkeit des APr bei der Nutzung der Tätigkeit von internen Revisoren. Dies umfasst
- die **Nutzung der Tätigkeit der Internen Revision bei der Erlangung von Prüfungsnachweisen** sowie
- den **Einsatz interner Revisoren zur direkten Unterstützung** unter der Anleitung, Überwachung und Durchsicht durch den APr.

ISA [DE] 610 (Revised 2013) verpflichtet den APr nicht dazu, die Tätigkeit der Internen Revision zu nutzen.

D.5.1 § 319 HGB	Der Einsatz interner Revisoren zur direkten Unterstützung ist gemäß § 319 Abs. 3 Satz 1 HGB <u>nicht</u> zulässig.	**Die Ausführungen zum Einsatz interner Revisoren zur direkten Unterstützung finden daher <u>keine</u> Anwendung!**
Abgrenzung zu ISA [DE] 315 (Revised 2019)	» Können die Kenntnisse und Erfahrungen der Internen Revision dem Verständnis des APr von der Einheit und ihrem Umfeld, den maßgebenden Rechnungslegungsgrundsätzen und dem IKS der Einheit sowie der Identifizierung und Beurteilung der Risiken wesentlicher falscher Darstellungen dienen? » Wie kann eine wirksame Kommunikation zwischen den internen Revisoren und dem APr ein Umfeld schaffen, in dem der APr über bedeutsame Sachverhalte, die sich auf seine Tätigkeit auswirken können, informiert werden?	

Wenn die Interne Revision genutzt werden soll, um Art oder zeitliche Einteilung von Prüfungshandlungen zu ändern, bestehen die Ziele des APr darin,
- festzulegen, in welchen Bereichen und in welchem Umfang die Tätigkeit der Internen Revision genutzt werden kann oder interne Revisoren zur direkten Unterstützung eingesetzt werden können,
- falls die Tätigkeit der Internen Revision genutzt wird, festzulegen, ob diese Tätigkeit für Zwecke der Abschlussprüfung angemessen ist und
- falls interne Revisoren zur direkten Unterstützung eingesetzt werden, deren Tätigkeit angemessen anzuleiten, zu überwachen und durchzusehen.

Definitionen (14)

Interne Revision	Eine Funktion einer Einheit, die Prüfungs- und Beratungstätigkeiten ausübt, die dazu konzipiert sind, die Wirksamkeit der Überwachungs-, Risikomanagement- und internen Kontrollprozesse der Einheit zu beurteilen und zu verbessern.
Direkte Unterstützung	Der Einsatz von internen Revisoren zur Durchführung von Prüfungshandlungen unter der Anleitung, Überwachung und Durchsicht des APr.

Festlegung, ob, in welchen Bereichen und in welchem Umfang die Tätigkeit der Internen Revision genutzt werden kann (15-20) (1/2)

Beurteilung der Internen Revision (15-16)

Die Tätigkeit der Internen Revision darf **nicht** genutzt werden, wenn:

… die Stellung der Internen Revision innerhalb der Organisation sowie relevante Regelungen und Maßnahmen die Objektivität interner Revisoren nicht angemessen fördern.

Faktoren sind unter anderem:
» Stellung innerhalb der Organisation
» Ob sie frei von sich widersprechenden Verantwortlichkeiten ist
» Ob Auflagen oder Beschränkungen bestehen

… die Interne Revision nicht ausreichend kompetent ist.

Faktoren sind unter anderem:
» Angemessene und geeignete Ressourcen
» Regelungen zur Einstellung und Schulung interner Prüfer und deren Einteilung für interne Prüfungsaufträge
» Angemessene fachliche Ausbildung und Kenntnisse
» Ob die internen Prüfer entsprechenden Berufsorganisationen angehören

… die Interne Revision keiner systematischen und geregelten Vorgehensweise, einschließlich Qualitätssicherung, folgt.

Faktoren sind unter anderem:
» Vorhandensein, Angemessenheit und Anwendung von dokumentierten Untersuchungshandlungen
» Verfügung über geeignete Regelungen und Maßnahmen zur Qualitätssicherung

ISA [DE] 610 (Revised 2013)

Festlegung, ob, in welchen Bereichen und in welchem Umfang die Tätigkeit der Internen Revision genutzt werden kann (15-20) (2/2)

Festlegung von Art und Umfang der Tätigkeit der Internen Revision, die genutzt werden kann (17-20)

Grundlage: Der APr würdigt: » Art und Umfang der Tätigkeit, die von der Internen Revision durchgeführt wurde oder deren Durchführung geplant ist, sowie » die Relevanz dieser Tätigkeit für die Prüfungsstrategie und das Prüfungsprogramm.	Für die Abschlussprüfung relevante Tätigkeiten sind z. B.: » Prüfung der Wirksamkeit von Kontrollen » Aussagebezogene Prüfungshandlungen, die nur begrenztes Ermessen beinhalten » Inventurbegleitung » Nachverfolgung von Geschäftsvorfällen im rechnungslegungsbezogenen Informationssystem » Überprüfung der Einhaltung von rechtlichen Anforderungen

Die Tätigkeit der Internen Revision ist in umso **geringerem Umfang** zu nutzen, je …

… mehr Ermessen mit der Planung und Durchführung der Prüfungshandlungen sowie der Beurteilung der Prüfungsnachweise verbunden ist	… höher das beurteilte Risiko wesentlicher falscher Darstellungen auf Aussageebene ist	… geringer die Objektivität der Internen Revision ist	… weniger kompetent die Interne Revision ist

Angesichts seiner alleinigen Verantwortung für das abgegebene Prüfungsurteil muss der APr noch ausreichend in die Abschlussprüfung eingebunden sein.

Den für die Überwachung Verantwortlichen ist die geplante Nutzung der Tätigkeit der Internen Revision mitzuteilen. → IDW PS 470 n.F. (10.2021)

Nutzung der Tätigkeit der Internen Revision (21-25)

▸ Wenn die Nutzung der Tätigkeit der Internen Revision geplant ist, hat der APr die jeweiligen Aktivitäten mit der Internen Revision abzustimmen (21).

▸ Erlangung eines Verständnisses von Art, Umfang und Feststellungen der Prüfungshandlungen der Internen Revision, indem der APr die Berichte der Internen Revision zu deren Tätigkeit liest (22).

▸ Durchführung ausreichender eigener Prüfungshandlungen (23), wie z.B. Befragungen, Beobachtungen oder Durchsicht von Arbeitspapieren.

Die Prüfungshandlungen haben den Nachvollzug von Teilen der Tätigkeit zu umfassen.

Bei der Feststellung der Angemessenheit für Zwecke der Abschlussprüfung ist zu beurteilen, ob …
- » die Tätigkeit der Internen Revision ordnungsgemäß geplant, durchgeführt, überwacht, durchgesehen und dokumentiert wurde,
- » ausreichende geeignete Nachweise erlangt wurden, um die Interne Revision in die Lage zu versetzen, sachgerechte Schlussfolgerungen zu ziehen, und
- » die gezogenen Schlussfolgerungen unter den gegebenen Umständen angemessen sind und ob die von der Internen Revision erstellten Berichte mit den Ergebnissen der durchgeführten Tätigkeit in Einklang stehen.
- » die Schlussfolgerungen betreffend der Internen Revision sowie die Festlegung von Art und Umfang der Nutzung der Tätigkeit der Internen Revision für Zwecke der Abschlussprüfung angemessen bleiben.

Art und Umfang der Prüfungshandlungen des APr richten sich nach der Beurteilung …

| des Maßes an auszuübendem Ermessen | des beurteilten Risikos wesentlicher falscher Darstellungen | der Stellung der Internen Revision innerhalb der Organisation sowie der relevanten Regelungen und Maßnahmen zur Förderung der Objektivität | der Kompetenz der Internen Revision |

ISA [DE] 610 (Revised 2013)

Festlegung, ob, in welchen Bereichen und in welchem Umfang interne Revisoren zur direkten Unterstützung eingesetzt werden können (26-32)

Einsatz interner Revisoren zur direkten Unterstützung (33-35)

D.35.1 § 319 HGB	Der Einsatz interner Revisoren für das Prüfungsteam ist gemäß § 319 Abs. 3 Satz 1 Nr. 4 i.V.m. Nr. 2 HGB nicht zulässig. Aus diesem Grund finden die Tz. 26-35 und 37 sowie die zugehörigen Anwendungshinweise (Tz. A31-A41) keine Anwendung.	▶ Auf die Darstellung der Anforderungen wird daher hier verzichtet.

Dokumentation (36) → ISA [DE] 230

In die **Prüfungsdokumentation** sind aufzunehmen:

- » Beurteilung, ob die Stellung der Internen Revision innerhalb der Organisation sowie relevante Regelungen und Maßnahmen die Objektivität der internen Revisoren angemessen fördern,
- » Beurteilung, wie kompetent die Interne Revision ist und
- » Beurteilung, ob die Interne Revision einer systematischen und geregelten Vorgehensweise, einschließlich Qualitätssicherung, folgt.

Art und Umfang der genutzten Tätigkeit sowie die Grundlage für die entsprechende Entscheidung	Durchgeführte Prüfungshandlungen zur Beurteilung der Angemessenheit der genutzten Tätigkeit

ISA [DE] 620
Nutzung der Tätigkeit eines Sachverständigen des Abschlussprüfers

Zusammenfassung:

ISA [DE] 620 ist die um spezifische Modifikationen zu Einzelaspekten (sog. „D.-Textziffern") ergänzte autorisierte deutsche Übersetzung von ISA 620. Der Standard definiert einen „Sachverständigen des Abschlussprüfers" als eine Person oder Organisation mit Fachkenntnissen auf einem anderen Gebiet als dem der Rechnungslegung oder Prüfung, deren Tätigkeit auf diesem Gebiet genutzt wird, um den Abschlussprüfer dabei zu unterstützen, ausreichende geeignete Prüfungsnachweise zu erlangen. Der „Sachverständige des Abschlussprüfers" ist damit abzugrenzen von dem in ISA [DE] 500 definierten „Sachverständigen des Managements" sowie von Personen oder Organisation mit Fachkenntnissen auf einem Spezialgebiet der Rechnungslegung oder Prüfung, welche nach IDW QS 1 Teil des Prüfungsteams sind.

Voraussetzung für die Nutzung der Tätigkeit eines Sachverständigen ist zunächst eine Beurteilung von Kompetenz, Fähigkeiten und Objektivität des Sachverständigen. Zudem hat der Abschlussprüfer ein ausreichendes Verständnis von dem Fachgebiet des Sachverständigen zu erlangen, um Art, Umfang und Ziel seiner Tätigkeit festlegen und die Eignung der Tätigkeiten für die Zwecke des Abschlussprüfers beurteilen zu können.

Wenn die Nutzung der Tätigkeit eines Sachverständigen des Abschlussprüfers geplant ist, sind die jeweiligen Aktivitäten zuvor abzustimmen. Nach der Durchführung der Tätigkeiten hat der Abschlussprüfer ein Verständnis von der Angemessenheit der Tätigkeit des Sachverständigen zu erlangen. In den Anwendungshinweisen werden dazu beispielhafte Prüfungshandlungen beschrieben.

ISA [DE] 620 regelt zudem, dass im Vermerk des Abschlussprüfers grundsätzlich keine Bezugnahme auf einen Sachverständigen des Abschlussprüfers zulässig ist. Im Fall eines modifizierten Vermerks kann der Abschlussprüfer jedoch im Vermerk auf die Tätigkeit eines Sachverständigen Bezug nehmen, wenn dies für das Verständnis der Modifizierung relevant ist.

Verweise:
— ISA [DE] 500: Prüfungsnachweise
— IDW PS 405 (10.2021): Modifizierungen des Prüfungsurteils im Bestätigungsvermerk

ISA [DE] 620: Nutzung der Tätigkeit eines Sachverständigen des Abschlussprüfers

Anwendungsbereich und Zielsetzung (1-3, 5)

ISA [DE] 620 behandelt die Verantwortlichkeit des APr, wenn die Tätigkeit einer Person oder Organisation auf einem anderen Fachgebiet als dem der Rechnungslegung oder Prüfung den APr bei der Erlangung ausreichender geeigneter Prüfungsnachweise unterstützt.

Nicht Gegenstand von ISA [DE] 620 sind:	Einbeziehung einer Person oder Organisation mit Fachkenntnissen auf einem Spezialgebiet der Rechnungslegung oder Prüfung	→ IDW QS 1
	Nutzung der Tätigkeit eines Sachverständigen des Managements	→ ISA [DE] 500

Die Zielsetzung des APr ist,
» festzulegen, ob die Tätigkeit eines Sachverständigen des APr genutzt wird, und
» falls die Tätigkeit eines Sachverständigen des APr genutzt wird, festzustellen, ob diese Tätigkeit angemessen ist.

Definitionen (6)

Sachverständiger des Abschlussprüfers	Eine Person oder Organisation mit Fachkenntnissen auf einem **anderen Gebiet** als dem der Rechnungslegung oder Prüfung, deren Tätigkeit auf diesem Gebiet genutzt wird, um den APr dabei zu unterstützen, ausreichende geeignete Prüfungsnachweise zu erlangen. Es kann sich entweder um einen internen Sachverständigen des APr handeln oder um einen externen Sachverständigen des APr.
Fachkenntnisse	Fähigkeiten, Kenntnisse und Erfahrungen auf einem bestimmten Gebiet.
Sachverständiger des Managements	Eine Person oder Organisation mit Fachkenntnissen auf einem **anderen Gebiet** als dem der Rechnungslegung oder Prüfung, deren Tätigkeit auf diesem Gebiet von der Einheit zur Unterstützung bei der Aufstellung des Abschlusses genutzt wird.

ISA [DE] 620

Festlegung der Notwendigkeit, einen Sachverständigen des APr einzubeziehen (7)

Wenn Fachkenntnisse auf einem **anderen Gebiet als dem der Rechnungslegung oder Prüfung** notwendig sind, um ausreichende geeignete Prüfungsnachweise zu erlangen, hat der APr festzulegen, ob die Tätigkeit eines Sachverständigen des APr zu nutzen ist.

Beispiele für Fachkenntnissen auf einem anderen Gebiet als dem der Rechnungslegung oder Prüfung:
» Bewertung von komplexen Finanzinstrumenten, Grundstücken und Gebäuden oder immateriellen Vermögenswerten;
» versicherungsmathematische Berechnung;
» Auslegung von Verträgen sowie von Gesetzen und anderen Rechtsvorschriften;
» Analyse komplexer oder außergewöhnlicher Fragen zur Einhaltung von Steuervorschriften.

Sachverständige des APr können den APr bei einem oder mehreren der folgenden Punkte zu unterstützen:
» Erlangung eines Verständnisses von der Einheit und ihrem Umfeld, einschließlich ihres Internen Kontrollsystems (IKS);
» Identifizierung und Beurteilung der Risiken wesentlicher falscher Darstellungen;
» Festlegung und Umsetzung allgemeiner Reaktionen auf beurteilte Risiken auf Abschlussebene;
» Planung und Durchführung weiterer Prüfungshandlungen als Reaktion auf beurteilte Risiken auf Aussageebene, bestehend aus Funktionsprüfungen oder aussagebezogenen Prüfungshandlungen;
» Beurteilung, ob die erlangten Prüfungsnachweise ausreichend und geeignet sind für die Bildung eines Prüfungsurteils zum Abschluss.

Art, zeitliche Einteilung und Umfang der Prüfungshandlungen (8)

Bei der Festlegung von Art, zeitlicher Einteilung und Umfang von **Prüfungshandlungen zur Beurteilung von Sachverständigen** sind u.a. die folgenden Sachverhalte zu würdigen:

| die Art des Sachverhalts, auf den sich die Tätigkeit bezieht | die Risiken wesentlicher falscher Darstellungen in Bezug auf den Sachverhalt, auf den sich die Tätigkeit bezieht | die Bedeutung der Tätigkeit des Sachverständigen für die Abschlussprüfung | Kenntnisse und Erfahrungen des APr über die bisher durchgeführte Tätigkeit des Sachverständigen | Unterliegt der Sachverständige den Regelungen zur Qualitätssicherung |

Kompetenz, Fähigkeiten und Objektivität des Sachverständigen des APr (9)

Es ist zu beurteilen, ob der Sachverständige über die Kompetenz, die Fähigkeiten sowie die Objektivität verfügt, die für Zwecke des APr notwendig sind
- **Kompetenz** bezieht sich auf die Art und den Grad der Fachkenntnisse des Sachverständigen.
- **Fähigkeit** bezieht sich auf das Vermögen dieses Sachverständigen, diese Kompetenz nach den Umständen des jeweiligen Auftrags auszuüben. Zu den Faktoren, welche die Fähigkeit beeinflussen, können bspw. der geografische Ort und die Verfügbarkeit von Zeit und Ressourcen gehören.
- **Objektivität** bezieht sich auf die möglichen Auswirkungen, die einseitige Ausrichtung, Interessenkonflikte oder der Einfluss anderer Personen auf das berufliche oder geschäftliche Urteilsvermögen des Sachverständigen haben können.

Im Falle eines **externen Sachverständigen** muss der APr den Sachverständigen zu den Interessen und Beziehungen befragen, die eine Gefährdung der Objektivität des Sachverständigen hervorrufen können

Erlangung eines Verständnisses von dem Fachgebiet des Sachverständigen des APr (10)

Der APr hat ein ausreichendes Verständnis von dem Fachgebiet des Sachverständigen zu erlangen, um in der Lage zu sein, …	… Art, Umfang und Ziele der Tätigkeit dieses Sachverständigen für die Zwecke des APr festzulegen und
	… die Eignung dieser Tätigkeit für die Zwecke des APr zu beurteilen.

Zu den Aspekten des Fachgebiets des Sachverständigen, die für das Verständnis des APr relevant sind, können gehören:
- ob berufliche oder andere Standards und gesetzliche oder andere rechtliche Anforderungen gelten;
- die vom Sachverständigen genutzten Annahmen und Methoden (ggf. einschließlich Modellen) und ob diese innerhalb des Fachgebiets dieses Sachverständigen allgemein anerkannt und für Zwecke der Rechnungslegung geeignet sind;
- die Art von internen und externen Daten oder Informationen, die der Sachverständige nutzt.

Vereinbarung mit dem Sachverständigen des APr (11)

Der APr hat – falls sachgerecht in Schriftform – mit dem Sachverständigen Folgendes zu vereinbaren:

Art, Umfang und Ziele der Tätigkeit des Sachverständigen	Aufgaben und Verantwortlichkeiten des APr und des Sachverständigen	Art, Zeitpunkte und Umfang der Kommunikation, einschließlich der Art eines zur Verfügung gestellten Berichts	Verschwiegenheitspflichten des Sachverständigen

Beurteilung der Angemessenheit der Tätigkeit des Sachverständigen des APr (12-13) (1/2)

Beurteilung der Angemessenheit der Tätigkeit	Mögliche Prüfungshandlungen (A33-A39)
Relevanz und Vertretbarkeit der Feststellungen oder Schlussfolgerungen des Sachverständigen sowie deren Übereinstimmungen mit anderen Prüfungsnachweisen	» Befragungen des Sachverständigen des APr » Durchsicht der Arbeitspapiere und Berichte des Sachverständigen » Untermauernde Prüfungshandlungen » Diskussion mit einem anderen Sachverständigen » Diskussion des Berichts mit dem Management
Bei Nutzung bedeutsame Annahmen und Methoden: Relevanz und Vertretbarkeit dieser Annahmen und Methoden	» Prüfungshandlungen bei geschätzten Werten gemäß ISA [DE] 540 » Sind die Annahmen und Methoden allgemein anerkannt? » Wurden spezialisierte Modelle angewendet? » Stehen die Annahmen und Methoden mit den Anforderungen des maßgebenden Regelwerks der Rechnungslegung im Einklang?
Bei Verwendung von bedeutsamen Ausgangsdaten: Relevanz, Vollständigkeit und Genauigkeit dieser Ausgangsdaten	» Verifizierung der Herkunft der Daten, einschließlich der Erlangung eines Verständnisses über die internen Kontrollen » Durchsicht der Daten auf Vollständigkeit und Stimmigkeit

Beurteilung der Angemessenheit der Tätigkeit des Sachverständigen des APr (12-13) (2/2)

Wenn der APr zu dem Schluss kommt, dass die Tätigkeit des Sachverständigen nicht ausreichend ist:	Der APr hat mit diesem Sachverständigen Art und Umfang weiterer von dem Sachverständigen durchzuführender Tätigkeiten zu vereinbaren oder
	Der APr hat zusätzliche Prüfungshandlungen durchzuführen, die unter den gegebenen Umständen geeignet sind.

Bezugnahme auf den Sachverständigen des Abschlussprüfers im Vermerk des APr (14-15)

Vermerk des APr, der ein **nicht modifiziertes Prüfungsurteil** enthält	APr darf im Vermerk keinen Bezug auf die Tätigkeit eines Sachverständigen nehmen, es sei denn, dies ist durch Gesetz oder andere Rechtsvorschriften vorgeschrieben
Vermerk des APr mit einem **modifizierten Prüfungsurteil**	APr kann im Vermerk auf die Tätigkeit eines Sachverständigen Bezug nehmen, wenn dies für das Verständnis der Modifizierung relevant ist

ISA [DE] 710
Vergleichsinformationen – Vergleichsangaben und Vergleichsabschlüsse

Zusammenfassung:
ISA [DE] 710 ist die um spezifische Modifikationen zu Einzelaspekten (sog. „D.-Textziffern") ergänzte autorisierte deutsche Übersetzung von ISA 710. Der Standard behandelt die Verantwortlichkeiten des Abschlussprüfers im Hinblick auf Vergleichsangaben und Vergleichsabschlüsse, wobei in der Rechnungslegung nach HGB oder nach IFRS lediglich Vergleichsangaben relevant sind. Vergleichsangaben werden definiert als Beträge und andere Angaben für den vorhergehenden Zeitraum, die als integraler Bestandteil im Abschluss des Berichtszeitraums enthalten und nur im Zusammenhang mit den Angaben des Berichtszeitraums zu lesen sind.
Nach ISA [DE] 710 hat der Abschlussprüfer festzustellen, ob die Vergleichsinformationen mit den im vorhergehenden Zeitraum dargestellten Beträgen und anderen Angaben übereinstimmen oder erforderlichenfalls angepasst wurden. Zudem ist festzustellen, ob die Rechnungslegungsmethoden stetig angewandt wurden.
Behandelt werden zudem verschiedene Auswirkungen von Vergleichsinformationen auf den Vermerk des Abschlussprüfers:

— Sofern eine Modifizierung im Vermerk zum vorhergehenden Zeitraum nicht gelöst wurde oder eine wesentliche falsche Darstellung im Abschluss des vorhergehenden Zeitraums vorliegt: Modifikation des Prüfungsurteils zum Abschluss des Berichtszeitraums.
— Sofern der Abschluss des vorhergehenden Zeitraums von einem anderen Abschlussprüfer geprüft wurde: Eine Darstellung des Sachverhalts ist im Absatz zu einem sonstigen Sachverhalt möglich; eine Bezugnahme ist jedoch untersagt, sofern hierdurch gegen die Verschwiegenheitspflicht verstoßen wird.
— Sofern der Abschluss des vorhergehenden Zeitraums nicht geprüft wurde: Der Sachverhalt ist im Absatz zu einem sonstigen Sachverhalt verpflichtend darzustellen.

Verweise:
— ISA [DE] 510: Eröffnungsbilanzwerte bei Erstprüfungsaufträgen
— IDW PS 406 (10.2021): Hinweise im Bestätigungsvermerk

ISA [DE] 710: Vergleichsinformationen – Vergleichsangaben und Vergleichsabschlüsse

Anwendungsbereich und Zielsetzung (1-3, 5)

» ISA [DE] 710 behandelt die Verantwortlichkeit des APr im Zusammenhang mit Vergleichsinformationen.
» Das Ziel des APr besteht darin, ausreichende geeignete Prüfungsnachweise darüber zu erlangen, ob die im Abschluss enthaltenen Vergleichsinformationen in allen wesentlichen Belangen in Übereinstimmung mit den Anforderungen im maßgebenden Regelwerk der Rechnungslegung dargestellt sind und den Vermerk in Übereinstimmung mit den Anforderungen zu erteilen.

Wenn der Abschluss des vorhergehenden Zeitraums von einem bisherigen APr geprüft ist oder nicht geprüft wurde, gelten außerdem die Anforderungen und erläuternden Hinweise zu **Eröffnungsbilanzwerten** in **ISA [DE] 510**.

Definitionen (6)

Vergleichsinformationen: In Übereinstimmung mit den maßgebenden Rechnungslegungsgrundsätzen im Abschluss enthaltenen Beträge und Angaben zu einem oder mehreren vorhergehenden Zeiträumen.

Vergleichsangaben: Beträge und anderen Angaben für den vorhergehenden Zeitraum, die als integraler Bestandteil im Abschluss des Berichtszeitraums enthalten sind und nur im Zusammenhang mit den Angaben des Berichtszeitraums zu lesen sind.	**Vergleichsabschluss**: Beträge und andere Angaben für den vorhergehenden Zeitraum die zum Vergleich mit dem Abschluss des Berichtszeitraums eingefügt werden, aber auf die im Vermerk des APr Bezug genommen wird, wenn sie geprüft wurden.
Der Detaillierungsgrad wird hauptsächlich durch ihre Relevanz für die Angaben des Berichtszeitraums bestimmt.	Der Informationsgehalt ist vergleichbar mit dem des Abschlusses des Berichtszeitraums.
Das Prüfungsurteil nimmt nur auf den Berichtszeitraum Bezug.	Das Prüfungsurteil bezieht sich auf jeden dargestellten Zeitraum.

D.2.1 Das HGB sowie die IFRS fordern Vergleichsinformationen nur in Form von Vergleichsangaben.

ISA [DE] 710

Prüfungsanforderungen (7-9)

Der APr hat festzustellen, ob der Abschluss die nach den maßgebenden Rechnungslegungsgrundsätzen erforderlichen Vergleichsinformationen enthält und ob diese Informationen zutreffend eingestuft sind. (7)

Stimmen die Vergleichsinformationen mit den im vorhergehenden Zeitraum dargestellten Beträgen und anderen Angaben überein oder wurden erforderlichenfalls angepasst?

Stimmen die in den Vergleichsinformationen widergespiegelten **Rechnungslegungsmethoden** mit den im Berichtszeitraum angewendeten überein oder sind im Falle von Änderungen in den Rechnungslegungsmethoden diese Änderungen sachgerecht in der Rechnungslegung berücksichtigt und angemessen im Abschluss angegeben und dargestellt?

Aufdeckung wesentlicher falscher Darstellung in den Vergleichsinformationen (8)

Der APr hat zusätzliche Prüfungshandlungen durchzuführen, um festzustellen, ob eine wesentliche falsche Darstellung vorliegt.

Hat der APr den Abschluss des vorhergehenden Zeitraums geprüft, sind die Anforderungen des ISA [DE] 560 „Nachträgliche Ereignisse" zu beachten

Wenn der Abschluss des vorhergehenden Zeitraums geändert wurde, hat der APr festzustellen, ob die Vergleichsinformationen mit dem geänderten Abschluss übereinstimmen.

Schriftliche Erklärungen (9)

» APr hat schriftliche Erklärungen für alle Zeiträume anzufordern, auf die sich das Prüfungsurteil bezieht (→ ISA [DE] 580).
» Eine spezifische schriftliche Erklärung ist zu allen Anpassungen anzufordern, die zur Korrektur wesentlicher falscher Darstellungen im Abschluss des vorhergehenden Zeitraums vorgenommen wurden und die sich auf die Vergleichsinformationen auswirken.

Erteilung eines Vermerks zur Abschlussprüfung (10-19) (1/2)

Vergleichsangaben (10-14)

Das Prüfungsurteil darf sich grundsätzlich nicht auf angegebene Vergleichsangaben beziehen. Ausnahmen gelten in folgenden Fällen:

Modifizierung im Vermerk des APr zum vorhergehenden Zeitraum nicht gelöst (→ Tz. 11, A3-D.A5.1)	Falsche Darstellung im Abschluss des vorhergehenden Zeitraums (→ Tz. 12, A6)	Von einem bisherigen APr geprüfter Abschluss des vorhergehenden Zeitraums (→ Tz. 13, A7-D.A7.2)	Nicht geprüfter Abschluss des vorhergehenden Zeitraums (→ Tz. 14, A8)
Das Prüfungsurteil zum Abschluss des Berichtszeitraums ist zu modifizieren. Eine Darstellung erfolgt im Vermerk im Absatz über die **Grundlage für die Modifizierung** im Vermerk des APr.		Eine Darstellung ist im **Absatz zu einem sonstigen Sachverhalt** möglich.	Eine Darstellung hat im **Absatz zu einem sonstigen Sachverhalt** zu erfolgen.
Formulierungsbeispiel: → Anlage D, Beispiele 1 und 2		Formulierungsbeispiel: → Anlage D, Beispiel 3	
		Eine Bezugnahme ist aber untersagt, sofern hierdurch gegen die Verschwiegenheitspflicht verstoßen wird (D.A7.1)	Die Angabe befreit den APr nicht von der Prüfungspflicht der Eröffnungsbilanzwerte (→ ISA [DE] 580).

Erteilung eines Vermerks zur Abschlussprüfung (10-19) (2/2)

Vergleichsabschlüsse (15-19)

Im Vermerk ist auf jeden Zeitraum Bezug zu nehmen, für den ein Abschluss dargestellt ist und zu dem ein Prüfungsurteil abgegeben wird.

Prüfungsurteil zum Abschluss des vorhergehenden Zeitraums weicht vom vorherigen Prüfungsurteil ab (16, A11)	Die ausschlaggebenden Gründe für das abweichende Prüfungsurteil sind im Vermerk in einem **Absatz zu einem sonstigen Sachverhalt** anzugeben.
Von einem bisherigen APr geprüfter Abschluss des vorhergehenden Zeitraums (17-18, A12)	Die Tatsache ist im Vermerk in einem **Absatz zu einem sonstigen Sachverhalt** anzugeben. Besondere Verantwortlichkeiten bestehen, wenn eine wesentliche falsche Darstellung vorliegt, die sich auf den Abschluss des vorhergehenden Zeitraums auswirkt, zu dem der bisherige APr zuvor einen nicht modifizierten Vermerk erteilt hat.
Nicht geprüfter Abschluss des vorhergehenden Zeitraums (19, A13)	Die Tatsache ist im Vermerk in einem **Absatz zu einem sonstigen Sachverhalt** anzugeben.

ISA [DE] 720 (Revised)
Verantwortlichkeiten des Abschlussprüfers im Zusammenhang mit sonstigen Informationen

Zusammenfassung:

ISA [DE] 720 (Revised) ist die um spezifische Modifikationen zu Einzelaspekten (sog. „D.-Textziffern") ergänzte autorisierte deutsche Übersetzung von ISA 720 (Revised). Der Standard definiert „sonstige Informationen" als die im Geschäftsbericht einer Einheit enthaltenen Finanzinformationen oder nichtfinanziellen Informationen (außer dem Abschluss selbst und dem dazugehörigen Vermerk des Abschlussprüfers). Im Umkehrschluss wird der Begriff des „Geschäftsberichts" als ein Dokument oder eine Kombination von Dokumenten definiert, welche den Abschluss und den dazugehörigen Vermerk des Abschlussprüfers beinhalten müssen.

Der Standard enthält zunächst die Anforderung, dass der Abschlussprüfer Vorkehrungen zur Erlangung von sonstigen Informationen zu treffen hat. Auch wenn diese keiner Prüfungspflicht unterliegen, hat der Abschlussprüfer die sonstigen Informationen zu lesen und dabei zu würdigen, ob eine wesentliche Unstimmigkeit im Vergleich zum Abschluss oder zu den bei der Abschlussprüfung erlangten Informationen des Abschlussprüfers vorliegt. Wenn der Abschlussprüfer dabei den Schluss zieht, dass eine wesentliche falsche Darstellung der sonstigen Informationen vorliegt, hat er das Management zur Vornahme einer Korrektur aufzufordern. Der Standard enthält weitere Anforderungen, falls das Management die Vornahme einer Korrektur verweigert.

Weiterhin enthält der Standard die Anforderung, dass der Vermerk des Abschlussprüfers einen gesonderten Abschnitt mit der Überschrift „Sonstige Informationen" zu enthalten hat, wenn der Abschlussprüfer zum Datum des Vermerks sonstige Informationen erlangt hat (oder bei PIEs: deren Erlangung erwartet).

Hinsichtlich der Prüfungsdokumentation wird vorgegeben, dass die nach ISA [DE] 720 (Revised) durchgeführten Handlungen zu dokumentieren sind und die endgültige Version der sonstigen Informationen in die Prüfungsdokumentation aufzunehmen ist.

Verweise:
— ISA [DE] 210: Vereinbarung der Auftragsbedingungen für Prüfungsaufträge
— IDW PS 400 n.F. (10.2021): Bildung eines Prüfungsurteils und Erteilung eines Bestätigungsvermerks

ISA [DE] 720 (Revised)

ISA [DE] 720 (Revised): Verantwortlichkeiten im Zusammenhang mit sonstigen Informationen

Anwendungsbereich und Zielsetzung (1-9, 11)

ISA [DE] 720 (Revised) behandelt die Verantwortlichkeit des APr im Zusammenhang **mit anderen** – als dem Abschluss und dem dazugehörigen Vermerk des APr – **im Geschäftsbericht** einer Einheit **enthaltenen Informationen**.

| D.1.1 | » Im Folgenden ist mit dem Begriff „Abschluss" auch der (Konzern-)Lagebericht umfasst. |

» Ein Prüfungsurteil zum Abschluss erstreckt sich <u>nicht</u> auf die sonstigen Informationen. » ISA [DE] 720 (Revised) verlangt <u>nicht</u> die Erlangung von Prüfungsnachweisen, die über die zur Bildung eines Prüfungsurteils zum Abschluss erforderlichen hinausgehen.	ABER ISA [DE] 720 (Revised) verlangt, dass der APr die sonstigen Informationen **liest und würdigt**.

Die Verantwortlichkeiten des APr im Zusammenhang mit sonstigen Informationen gelten unabhängig davon, ob er die sonstigen Informationen **vor oder nach dem Datum des Vermerks** erlangt.

Das Ziel des APr besteht darin,
» zu würdigen, ob eine wesentliche Unstimmigkeit zwischen den sonstigen Informationen und **dem Abschluss** vorliegt,
» zu würdigen, ob eine wesentliche Unstimmigkeit zwischen den sonstigen Informationen und den bei der Abschlussprüfung **erlangten Kenntnissen** des APr vorliegt,
» **angemessen zu reagieren**, wenn er identifiziert, dass solche wesentlichen Unstimmigkeiten vorzuliegen scheinen, oder wenn er anderweitig erkennt, dass sonstige Informationen wesentlich falsch dargestellt erscheinen,
» einen Vermerk in Übereinstimmung mit diesem ISA [DE] zu erteilen.

Definitionen (12)

Sonstige Informationen

Im Geschäftsbericht einer Einheit enthaltene Finanzinformationen oder nichtfinanzielle Informationen (außer dem Abschluss und dem dazugehörigen Vermerk des Abschlussprüfers).

 Außerhalb eines Geschäftsberichts veröffentlichte andere finanzielle oder nichtfinanzielle Informationen sind keine sonstigen Informationen im Sinne von ISA [DE] 720 (Revised).

Geschäftsbericht

Ein Geschäftsbericht umfasst den **Abschluss** und den dazugehörigen **Vermerk des APr** oder ist diesen beigefügt.

 Veröffentlichungen der Einheit, die den Vermerk des APr nicht umfassen, sind kein Geschäftsbericht im Sinne von ISA [DE] 720 (Revised).

Ein Geschäftsbericht ist ein Dokument oder eine Kombination von Dokumenten,
» das/die typischerweise jährlich vom Management oder den für die Überwachung Verantwortlichen in Übereinstimmung mit Gesetzen, anderen Rechtsvorschriften oder dem Handelsbrauch aufgestellt wird,
» dessen/deren Zweck darin besteht, den Eigentümern (oder ähnlichen Interessengruppen) Informationen über die im Abschluss dargestellte(n) Geschäftstätigkeiten, Ergebnisse sowie Vermögens- und Finanzlage der Einheit zur Verfügung zu stellen.

Ein Geschäftsbericht enthält normalerweise Informationen über die Entwicklung der Einheit, deren Zukunftsaussichten und Risiken sowie Unsicherheiten, eine Erklärung des Überwachungsgremiums der Einheit und Berichte zu Überwachungssachverhalten.

Falsche Darstellung der sonstigen Informationen

Die sonstigen Informationen sind unrichtig angegeben oder anderweitig irreführend (einschließlich, weil sie für ein angemessenes Verständnis eines in den sonstigen Informationen angegebenen Sachverhalts notwendige Informationen unterlassen oder verschleiern).

Erlangung der sonstigen Informationen (13)

Zur Erlangung der sonstigen Informationen hat der APr ...

... durch Diskussion mit dem Management **festzustellen**,
- » aus welchen Dokumenten der Geschäftsbericht besteht
- » die geplante Vorgehensweise und zeitliche Einteilung der Einheit zur Herausgabe dieser Dokumente.

... mit dem Management geeignete Vorkehrungen zu treffen, um in angemessener Zeit und – wenn möglich – vor dem Datum des Vermerks die **endgültige Version der Dokumente zu erlangen**, aus denen der Geschäftsbericht besteht.

... wenn einige oder alle der festgestellten Dokumente nicht vor dem Datum des Vermerks zur Verfügung stehen werden, das Management zur **Abgabe einer schriftlichen Erklärung** aufzufordern, dass die endgültige Version der Dokumente sobald verfügbar und vor deren Herausgabe durch die Einheit dem APr zur Verfügung gestellt wird, sodass er die nach diesem ISA [DE] erforderlichen Handlungen abschließen kann.

Lesen und Würdigung der sonstigen Informationen (14-15)

Der APr hat die sonstigen Informationen zu lesen und dabei zu würdigen, ob ...

... eine **wesentliche Unstimmigkeit** zwischen den sonstigen Informationen **und dem Abschluss** vorliegt.

Als Grundlage für diese Würdigung sind ausgewählter Angaben in den sonstigen Informationen mit diesen Angaben im Abschluss zu vergleichen.

... im Zusammenhang mit den bei der Abschlussprüfung erlangten Prüfungsnachweisen und gezogenen Schlussfolgerungen eine **wesentliche Unstimmigkeit** zwischen den sonstigen Informationen **und den** bei der Abschlussprüfung **erlangten Kenntnissen** des APr vorliegt.

Beim Lesen der sonstigen Informationen hat der APr für Anzeichen aufmerksam zu bleiben, ob die nicht mit dem Abschluss oder den bei der Abschlussprüfung erlangten Kenntnissen zusammenhängenden sonstigen Informationen wesentlich falsch dargestellt erscheinen.

Reaktion, wenn eine wesentliche Unstimmigkeit vorzuliegen scheint oder sonstige Informationen wesentlich falsch dargestellt erscheinen (16)

Wenn der APr beim Lesen und Würdigen von sonstigen Informationen feststellt, dass eine wesentliche Unstimmigkeit vorzuliegen scheint oder sonstige Informationen wesentlich falsch dargestellt erscheinen hat der APr den Sachverhalt **mit dem Management zu erörtern** und, falls notwendig, **andere Handlungen durchzuführen**.

Der APr muss den Schluss ziehen, ob …

- eine wesentliche falsche Darstellung der sonstigen Informationen vorliegt (→ Tz. 17-19)
- eine wesentliche falsche Darstellung des Abschlusses vorliegt (→ Tz. 20)
- es notwendig ist, das Verständnis des APr von der Einheit und ihrem Umfeld zu aktualisieren (→ Tz. 20)

Reaktion, wenn der APr den Schluss zieht, dass eine wesentliche falsche Darstellung der sonstigen Informationen vorliegt (17-19) (1/2)

Wenn eine wesentliche falsche Darstellung der sonstigen Informationen vorliegt, hat der APr **das Management zur Korrektur** der sonstigen Informationen **aufzufordern**.

- Management ist mit Vornahme der Korrektur einverstanden. → Der APr hat festzustellen, ob die Korrektur vorgenommen wurde → Keine wesentliche falsche Darstellung

- Management verweigert die Korrektur. → Der APr hat mit **den für die Überwachung Verantwortlichen** über den Sachverhalt **zu kommunizieren** und zu fordern, dass eine Korrektur vorgenommen wird.

Der APr hat weitere geeignete Maßnahmen zu ergreifen (→ Tz. 18-19)

Reaktion, wenn der APr den Schluss zieht, dass eine wesentliche falsche Darstellung der sonstigen Informationen vorliegt (17-19) (2/2)

Vorliegen einer wesentlichen nicht korrigierten falschen Darstellung in **vor dem Datum des Vermerks** erlangten sonstigen Informationen

Reaktion des APr (18)	» Würdigung der Auswirkungen auf den Vermerk des APr und Kommunikation mit den für die Überwachung Verantwortlichen darüber, wie der APr plant, die wesentliche falsche Darstellung im Vermerk des APr zu behandeln, » Niederlegung des Auftrags, sofern dies nach den maßgebenden Gesetzen oder anderen Rechtsvorschriften möglich ist.
D.18.1	» Der APr hat festzustellen, ob die wesentliche falsche Darstellung einen schwerwiegenden Verstoß gegen gesetzliche Berichterstattungspflichten der gesetzlichen Vertreter darstellt, über den nach § 321 Abs. 1 Satz 3 HGB zu berichten ist. » Auch in anderen Fällen kann eine Berichterstattung im Prüfungsbericht in Betracht kommen. » Je nach Art und Gewichtigkeit der wesentlichen falschen Darstellungen in den sonstigen Informationen kann es sachgerecht sein, den Vermerk nicht herauszugeben, bis die Unstimmigkeiten geklärt sind.
D.A46.1	Eine Niederlegung des Mandats ist nur bei freiwilligen Abschlussprüfungen zulässig. Bei gesetzlichen Abschlussprüfungen ist die Kündigungsmöglichkeit des Abschlussprüfers gemäß § 318 Abs. 6 HGB eingeschränkt.

Vorliegen einer wesentlichen nicht korrigierten falschen Darstellung in **nach dem Datum des Vermerks** erlangten sonstigen Informationen

Reaktion des APr (19)	Unter Berücksichtigung der gesetzlichen Rechte und Pflichten hat der APr geeignete Maßnahmen zu ergreifen, um darauf hinzuwirken, dass die Nutzer, für die der Vermerk bestimmt ist, in angemessener Weise auf die nicht korrigierte wesentliche falsche Darstellung aufmerksam gemacht werden.
D.19.1	Der APr hat nach Erteilung seines Vermerks grundsätzlich keine Verpflichtung den Vermerk aufgrund von nach dessen Erteilung in den sonstigen Informationen identifizierten wesentlichen falschen Darstellungen zu widerrufen oder eine Nachtragsprüfung vorzunehmen, da die sonstigen Informationen keiner inhaltlichen Prüfung unterliegen.
D.A50.1	Der Anforderung nach Tz. 19 kann nur entsprochen werden, wenn der APr wirksam von seiner Verschwiegenheitspflicht entbunden wurde.

ISA [DE] 720 (Revised)

Reaktion, wenn eine wesentliche falsche Darstellung im Abschluss vorliegt oder eine Aktualisierung des Verständnisses von der Einheit und ihrem Umfeld durch den Abschlussprüfer notwendig ist (20, A51)

Der APr hat in Übereinstimmung mit anderen ISA [DE] angemessen zu reagieren:

Mögliche Auswirkungen auf das Verständnis des APr von der Einheit und ihrem Umfeld, den maßgebenden Rechnungslegungsgrundsätzen und dem IKS der Einheit, und dementsprechend auf die Notwendigkeit der Berichtigung seiner Risikobeurteilung (→ ISA [DE] 315 (Revised 2019))	Beurteilung der Auswirkungen festgestellter falscher Darstellungen auf die Abschlussprüfung und etwaiger nicht korrigierter falscher Darstellungen auf den Abschluss (→ ISA [DE] 450)	Mögliche Verantwortlichkeiten des APr im Zusammenhang mit nachträglichen Ereignissen (→ ISA [DE] 560)

Vermerk (21-24) (1/2)

Der Vermerk des APr hat **einen gesonderten Abschnitt** mit der Überschrift „Sonstige Informationen" zu enthalten, wenn der APr zum Datum des Vermerks sonstige Informationen erlangt hat (oder bei PIEs: deren Erlangung erwartet).

Eingeschränktes Prüfungsurteil	Würdigung ob die sonstigen Informationen zu demselben Sachverhalt oder einem zusammenhängenden Sachverhalt wie der das eingeschränkte Prüfungsurteil zum Abschluss begründende Sachverhalt auch wesentlich falsch dargestellt sind.
Versagtes Prüfungsurteil	Ein versagtes Prüfungsurteil zum Abschluss in Bezug auf einen oder mehrere bestimmte im Abschnitt „Grundlage für das versagte Prüfungsurteil" beschriebene Sachverhalte rechtfertigt nicht das Unterlassen der Angabe identifizierter wesentlicher falscher Darstellungen der sonstigen Informationen im Vermerk.
Nichtabgabe eines Prüfungsurteils	Wenn der APr die Nichtabgabe eines Prüfungsurteils zum Abschluss erklärt, enthält der Vermerk keinen Abschnitt „Sonstige Informationen".

Vermerk (21-24) (2/2)

Gesonderten Abschnitt mit der Überschrift „Sonstige Informationen" (22, Anlage D.2 – Beispiele)

Verantwortlichkeit des Managements	Die gesetzlichen Vertreter sind für die sonstigen Informationen verantwortlich.
Bezeichnung der sonstigen Informationen	Die sonstigen Informationen umfassen [genaue Bezeichnung, z. B. „die nicht inhaltlich geprüften Bestandteile des Lageberichts", „die Erklärung zur Unternehmensführung nach § 289f Abs. 4 HGB (Angaben zur Frauenquote)" oder „den Corporate Governance Bericht nach Nr. 3.10 des Deutschen Corporate Governance Kodex"], aber nicht den Jahresabschluss, nicht die in die Prüfung einbezogenen Lageberichtsangaben und nicht unseren dazugehörigen Bestätigungsvermerk.
Abgrenzung zum Prüfungsurteil	Unsere Prüfungsurteile zum Jahresabschluss und Lagebericht erstrecken sich nicht auf die oben genannten Informationen, und dementsprechend geben wir weder ein Prüfungsurteil noch irgendeine andere Form von Prüfungsschlussfolgerung hierzu ab.
Beschreibung der Verantwortlichkeit des APr	Im Zusammenhang mit unserer Prüfung haben wir die Verantwortung, die oben genannten sonstigen Informationen zu lesen und dabei zu würdigen, ob die sonstigen Informationen » wesentliche Unstimmigkeiten zum Jahresabschluss, zu den inhaltlich geprüften Lageberichtsangaben oder unseren bei der Prüfung erlangten Kenntnissen aufweisen oder » anderweitig wesentlich falsch dargestellt erscheinen.
Erklärung des APr zu den sonstigen Informationen	Falls wir auf Grundlage der von uns durchgeführten Arbeiten den Schluss ziehen, dass eine wesentliche falsche Darstellung dieser sonstigen Informationen vorliegt, sind wir verpflichtet, über diese Tatsache zu berichten. Wir haben in diesem Zusammenhang nichts zu berichten. D.22.2 Dieser Absatz ist nur einschlägig, wenn der APr von seiner Verschwiegenheitspflicht (§ 43 Abs. 1 WPO, § 323 Abs. 1 Satz 1 HGB, § 203 Abs. 1 Nr. 3 StGB) wirksam entbunden wurde.

Dokumentation (25) → ISA [DE] 230

In die **Prüfungsdokumentation** sind aufzunehmen:

- Dokumentation der nach diesem ISA [DE] durchgeführten Handlungen
- Die endgültige Version der sonstigen Informationen, zu denen der APr die nach diesem ISA [DE] erforderlichen Tätigkeiten durchgeführt hat.

IDW PS 201 n.F.
IDW Prüfungsstandard: Rechnungslegungs- und Prüfungsgrundsätze für die Abschlussprüfung

Zusammenfassung:

In diesem IDW Prüfungsstandard wird beschrieben, welche Rechnungslegungs- und Prüfungsgrundsätze bei einer der Berufsauffassung entsprechenden Abschlussprüfung von Wirtschaftsprüfern unbeschadet ihrer Eigenverantwortlichkeit zu beachten sind. Der Standard ergänzt ISA [DE] 200 im Hinblick auf nationale Rechnungslegungs- und Prüfungsgrundsätze. Der Standard wurde im April 2021 vor allem aufgrund des Übergangs auf die ISA [DE] neu gefasst.

Die bei der Abschlussprüfung zu berücksichtigenden Rechnungslegungsgrundsätze können sich auf deutsche Grundsätze, die vom International Accounting Standards Board (IASB) verabschiedeten International Financial Reporting Standards (IFRS) oder auf nationale Grundsätze anderer Staaten beziehen. Die Durchführung von Abschlussprüfungen hat nach den deutschen Prüfungsgrundsätzen zu erfolgen. Dies gilt auch, wenn ein der Prüfung zugrunde liegender Abschluss nicht nach deutschen Rechnungslegungsgrundsätzen erstellt wurde.

Die von den Fachausschüssen des Instituts der Wirtschaftsprüfer abgegebenen IDW Stellungnahmen zur Rechnungslegung und die vom IDW festgestellten Grundsätze ordnungsmäßiger Abschlussprüfung legen die Berufsauffassung zu Rechnungslegungsfragen bzw. fachlichen Fragen der Prüfung dar. Der Abschlussprüfer hat sorgfältig zu prüfen, ob die Verlautbarungen in der von ihm durchzuführenden Prüfung zu beachten sind. Eine vertretbare Abweichung von den Verlautbarungen im Einzelfall ist schriftlich und an geeigneter Stelle (z.B. im Prüfungsbericht) darzustellen und ausführlich zu begründen.

Verweise:

— ISA [DE] 200: Übergeordnete Ziele des unabhängigen Prüfers und Grundsätze einer Prüfung in Übereinstimmung mit den International Standards on Auditing
— IDW PS 400 n.F. (10.2021): Bildung eines Prüfungsurteils und Erteilung eines Bestätigungsvermerks
— IDW PS 450 n.F. (10.2021): Grundsätze ordnungsmäßiger Erstellung von Prüfungsberichten
— IDW QS 1: Anforderungen an die Qualitätssicherung in der Wirtschaftsprüferpraxis

IDW PS 201 n.F.: Rechnungslegungs- und Prüfungsgrundsätze für die Abschlussprüfung

Rechnungslegungsgrundsätze (5-23) (1/2)

Deutsche Rechnungslegungsgrundsätze (6-19)

Gesetzliche Vorschriften (HGB)	» Buchführung und Inventar (§§ 238–241a HGB) » Ansatz, Bewertung und Gliederung der JA-Posten (§§ 242–277 HGB) » Anhang und Lagebericht (§§ 284–289f HGB) » Konzernabschluss und Konzernlagebericht (§§ 290–315e HGB) » Wirtschaftszweigspezifische Vorschriften (§§ 340 ff., 341 ff. HGB) » Gesellschaftsbezogene Vorschriften (z.B. § 42 Abs. 3 GmbHG)
Grundsätze ordnungsmäßiger Buchführung (GoB)	» Nicht gesetzlich festgeschriebene GoB haben durch Verweise in § 238 HGB (Buchführung), §§ 243 Abs. 1, 264 Abs. 2 (JA) und § 297 Abs. 2 HGB (KA) den Rang gesetzlicher Vorschriften
Rechtsprechung	» Rechtsprechung der Europäischen Union (EuGH, EuG) » höchstrichterliche handelsrechtliche Rechtsprechung (BGH) oder Rechtsprechung des BFH
DRSC-Verlautbarungen	» Für durch das BMJV bekannt gemachte Empfehlungen gilt eine GoB-Vermutung » Bei abweichender Festlegung von gesetzlichen Wahlrechten: Hinweispflicht im Prüfungsbericht
IDW Verlautbarungen	» IDW Stellungnahmen zur Rechnungslegung: Berufsauffassung (eigenverantwortliche Würdigung) » IDW Rechnungslegungshinweise: Auffassung der jeweils befassten Ausschüsse des IDW

» Die Prüfung der Einhaltung anderer gesetzlicher Vorschriften gehört nur insoweit zu den Aufgaben der Abschlussprüfung, als sich aus diesen anderen Vorschriften üblicherweise Rückwirkungen auf den geprüften Jahresabschluss ergeben.
» Die Abschlussprüfung ist nicht auf die Feststellung von Verstößen gegen die Geschäftsführungspflichten zur fristgemäßen Aufstellung und Offenlegung des Jahresabschlusses ausgerichtet.
» Auf die Aufdeckung und Aufklärung strafrechtlicher Tatbestände (z.B. Untreuehandlungen, Unterschlagungen, Kollusionen) und außerhalb der Rechnungslegung begangener Ordnungswidrigkeiten ist die Abschlussprüfung ihrem Wesen nach nicht ausgerichtet.

Rechnungslegungsgrundsätze (5-23) (2/2)

Internationale Rechnungslegungsgrundsätze (20-23)

In EU-Recht übernommene IFRS	§ 315e Abs. 1 HGB	Mutterunternehmen mit » Pflicht zur Aufstellung eines KA und KLB (§§ 290–293 HGB) und » Wertpapieren an einem geregelten Markt in der EU zugelassen
	§ 315e Abs. 2 HGB	Mutterunternehmen mit » Pflicht zur Aufstellung eines KA und KLB (§§ 290–293 HGB) und » Wertpapieren an einem geregelten Markt in der EU bis zum Abschlussstichtag beantragt
	§ 315a Abs. 3 HGB	Freiwillige Anwendung für Mutterunternehmen, die nicht unter § 315e Abs. 1 und 2 HGB fallen
EU-Recht		» EU-Verordnungen sind unmittelbar gültig und in allen EU-Mitgliedstaaten rechtsverbindlich, ohne dass es einer Transformation durch den nationalen Gesetzgeber bedarf. » EU-Richtlinien zur Rechnungslegung sind in nationales Recht zu transformieren. Zur Interpretation dieser deutschen Vorschriften kann auch auf das Verständnis der entsprechenden Richtlinienregelung zurückzugreifen sein.
Sonstige (z.B. US-GAAP)		Keine Bedeutung für einen nach deutschen Rechnungslegungsgrundsätzen zu beurteilenden Jahresabschluss und dessen Prüfung.

IDW PS 201 n.F.

Prüfungsgrundsätze (24-41)

- Die Durchführung von **gesetzlichen Abschlussprüfungen** hat nach den GoA zu erfolgen. Dies gilt auch, wenn ein der Prüfung zugrunde liegender Abschluss nicht nach deutschen Rechnungslegungsgrundsätzen erstellt wurde.
- Bei **freiwilligen Abschlussprüfungen** kann aufgrund gesonderter Beauftragung eine Abschlussprüfung auch unter ausschließlicher Anwendung der ISA durchgeführt werden.

Berufliche Grundsätze (27-30)

Nationale Prüfungsnormen	Bei Prüfungen von PIEs	Verlautbarungen des WPK-Vorstands
» §§ 43, 44, 49 WPO » BS WP/vBP » §§ 318, 319, 319a, 319b, 323 HGB	» EU-Abschlussprüferverordnung (Verordnung (EU) Nr. 537/2014 vom 16.04.2014)	» dienen der Aufklärung und Information der Berufsangehörigen und als Grundlage von berufsrechtlichen Verfahren

Fachliche Grundsätze (31-41)

- §§ 316-317, 320-322 HGB
- Ggf. Anforderungen aus Satzung, Gesellschaftsvertrags oder Gesellschafterbeschlüssen
- Ggf. wirtschaftszweigspezifische, rechtsformbezogene oder gesellschafterbezogene Vorschriften
- Die vom IDW festgestellten deutschen GoA: Berufsauffassung (eigenverantwortliche Würdigung)
- IDW Prüfungshinweise (Anwendung empfohlen)
- Entwürfe von IDW Verlautbarungen (können berücksichtigt werden, soweit sie geltenden GoA nicht entgegenstehen)
- Die von internationalen Standardsetzern (z.B. IAASB) herausgegebenen Verlautbarungen zu den Prüfungsgrundsätzen haben noch keine – auch keine ergänzende – Bedeutung für die deutschen Prüfungsgrundsätze.
- die ISA und damit zusammenhängende Stellungnahmen und Standards, soweit sie für die Abschlussprüfung relevant sind. Voraussetzung für die unmittelbare Anwendung der ISA ist, dass diese von der Europäischen Kommission im sog. Komitologieverfahren übernommen werden, also durch einen hoheitlichen Akt in den Stand europäischen Rechts erhoben werden.

IDW PS 208 (08.2021)
IDW IDW Prüfungsstandard: Zur Durchführung von Gemeinschaftsprüfungen (Joint Audit)

Zusammenfassung:

In den einschlägigen gesetzlichen Vorschriften ist von „einem" oder „dem" Abschlussprüfer die Rede. Dies schließt die Bestellung mehrerer Personen zum gesetzlichen Abschlussprüfer nicht aus. Werden mehrere Personen zum Abschlussprüfer bestellt, führen diese zwar ihre Prüfung jeweils eigenverantwortlich durch, jedoch sind sie gemeinsam der Abschlussprüfer i.S.d. gesetzlichen Vorschriften. Die bestellten Personen werden in diesem Rahmen die Prüfung i.d.R. gemeinsam durchführen (Gemeinschaftsprüfung). Da sich das Gesamtergebnis der Abschlussprüfung aus den abschließenden Ergebnissen der Gemeinschaftsprüfer zusammensetzt, muss jeder der beteiligten Gemeinschaftsprüfer mit Hilfe der Prüfungsplanung und -durchführung hinreichende Sicherheit erlangen, um die Gesamtverantwortung für das Prüfungsergebnis übernehmen zu können.

Im Rahmen der Prüfungsplanung und -durchführung erfolgt ein enger Austausch zwischen den Gemeinschaftsprüfern. Die Prüfungshandlungen und die Prüfungsergebnisse jedes Gemeinschaftsprüfers, einschließlich der erforderlichen Dokumentation, sind von den anderen Gemeinschaftsprüfern in eigener Verantwortung unter Einsichtnahme in die Arbeitspapiere zu würdigen.

Besonderheiten ergeben sich bei der Wahl von Gemeinschaftsprüfern, wenn diese einer Sozietät angehören oder wenn einer oder mehrere gewählte Gemeinschaftsprüfer nicht die Voraussetzungen zur Abschlussprüfung aufweisen oder von der Abschlussprüfung ausgeschlossen sind. Eine weitere Besonderheit tritt auf, wenn sich die Gemeinschaftsprüfer nicht auf ein einheitliches Gesamturteil über die Prüfung einigen können.

Die aktuelle Fassung des Standards berücksichtigt die Änderungen in § 322 HGB durch das Abschlussprüfungsreformgesetz (AReG) vom 10.05.2016 sowie die Regelungen der EU-APrVO für die Prüfung von PIEs.

Verweise:

— ISA [DE] 210: Vereinbarung der Auftragsbedingungen für Prüfungsaufträge
— ISA [DE] 300: Planung einer Abschlussprüfung
— IDW PS 400 n.F. (10.2021): Bildung eines Prüfungsurteils und Erteilung eines Bestätigungsvermerks
— IDW PS 450 n.F. (10.2021): Grundsätze ordnungsmäßiger Erstellung von Prüfungsberichten

IDW PS 208 (08.2021): Zur Durchführung von Gemeinschaftsprüfungen (Joint Audit)

Wahl von Gemeinschaftsprüfern (5-12)

Allgemein
- » Eindeutige Bezeichnung der Personen im Wahlbeschluss, die zum APr bestellt werden sollen
- » Nennung mehrerer Personen im Wahlbeschluss ohne weitere Maßgaben → im Zweifel führen diese die Prüfung gemeinsam durch

Besonderheit: Wahlbeschluss nennt WP-Sozietät
- » Alle WP-Partner der Sozietät zum Zeitpunkt der Wahl werden Gemeinschaftsprüfer
- » Später eintretende WP-Partner werden nicht Gemeinschaftsprüfer

Besonderheit: Eine oder mehrere gewählte Person(en) kann/können nicht Abschlussprüfer sein (Ausschluss nach §§ 319 Abs. 1, Abs. 2 ff., 319b HGB oder Art. 5 EU-APrVO) → Prüfen:
Gemeinsame Berufsausübung der gewählten Personen i.S.d. § 319 Abs. 3 HGB (z.B. Sozietät)?

- **Ja** → Wahlbeschluss ist insgesamt nichtig
- **Nein** → Nur die Wahl des betroffenen WPs ist nichtig → Ersatzprüfer bestellen oder Prüfung mit verbliebenen WPs durchführen

Bei der Beurteilung des Vorliegens des Ausschlussgrundes nach §§ 319 Abs. 3 Satz 1 Nr. 5, Abs. 4 HGB und Art. 4 Abs. 3 EU-APrVO wegen Umsatzabhängigkeit ist darauf abzustellen, ob eine gemeinsame Berufsausübung vorliegt.

Auftragsverhältnis (13-14)

» Erteilung Prüfungsauftrag durch gesetzliche Vertreter / Aufsichtsrat
» Jeder Gemeinschaftsprüfer entscheidet eigenverantwortlich über die Auftragsannahme.
» Empfehlung: Gemeinschaftsprüfer sollten sich auf einheitliche Auftragsbedingungen verständigen.

Prüfungsplanung und -durchführung (15-20)

Bei einer Gemeinschaftsprüfung hat sich jeder der beteiligten Gemeinschaftsprüfer **ein eigenes Urteil** darüber zu bilden, ob der Abschluss in allen wesentlichen Belangen in Übereinstimmung mit den maßgebenden Rechnungslegungsgrundsätzen aufgestellt ist. Jeder der beteiligten Gemeinschaftsprüfer hat mithilfe der Prüfungsplanung und -durchführung hinreichende Sicherheit zu erlangen, um die Gesamtverantwortung für das Prüfungsergebnis übernehmen zu können.

Gemeinsame Risikobeurteilung und Prüfungsplanung	Beschaffung/Auswertung von Informationen über » Geschäftstätigkeit » Wirtschaftliches/rechtliches Umfeld » Rechnungswesen, internes Kontrollsystem, anzuwendende Rechnungslegungsgrundsätze
Aufteilung der Prüfungsgebiete	» Gemeinsame Prüfgruppen in Prüffeldern mit wesentlichen Risiken » Empfehlung: mehrjährige Prüfungsplanung mit wechselnder Zuordnung der Prüfungsgebiete (Risikoreduktion) » Angemessene Beteiligung aller Gemeinschaftsprüfer an der Prüfung → keine Einschränkungen » Enge Zusammenarbeit, rechtzeitiger Austausch wesentlicher Informationen
Würdigung der Prüfungshandlungen und -ergebnisse	» Prüfungsergebnisse inkl. Dokumentation der anderen Gemeinschaftsprüfer würdigen » Einsicht und Beurteilung in Arbeitspapiere der anderen Gemeinschaftsprüfer » Austausch schriftlicher Zusammenfassungen über wesentliche Punkte zur Prüfungsdurchführung und zu den Prüfungsergebnissen

Prüfungsergebnis (21-28)

Prüfungsbericht (22-26)

- Gemeinsamer Prüfungsbericht
- Grundsätzlich keine Darstellung zur Aufteilung der Prüfungsgebiete auf die einzelnen Gemeinschaftsprüfer
    - Ausnahme bei PIEs: Gemäß Art. 11 Abs. 2 Buchst. f) EU-APrVO ist die Aufgabenverteilung im Prüfungsbericht darzustellen.
- Meinungsverschiedenheiten zwischen den Gemeinschaftsprüfern sollten vorab geklärt werden, ansonsten sind diese in geeigneter Weise im Abschnitt „Grundsätzliche Feststellungen" im Prüfungsbericht darstellen

Bestätigungsvermerk (27-28)

Grundsatz: Einheitliches Gesamturteil

Gemeinsamer Bestätigungsvermerk mit gemeinsamer Unterzeichnung

Ausnahme: Abweichendes Gesamturteil

- Ist eine einheitliche Beurteilung ausnahmsweise nicht möglich, sind die Gründe hierfür darzulegen; die unterschiedlichen Prüfungsurteile sind dann gemäß § 322 Abs. 6a HGB jeweils in einem gesonderten Absatz des gemeinsamen Bestätigungsvermerks zu formulieren.

IDW PS 270 n.F. (10.2021)
IDW Prüfungsstandard: Die Beurteilung der Fortführung der Unternehmenstätigkeit im Rahmen der Abschlussprüfung

Zusammenfassung:

IDW PS 270 n.F. (10.2021) transformiert die in ISA 570 (Revised) enthaltenen internationalen Anforderungen unter Berücksichtigung nationaler Besonderheiten. Nationale Besonderheiten sind insbesondere Regelungen in Bezug auf den Lagebericht, die Berichterstattung im Prüfungsbericht nach § 321 HGB sowie die Beurteilung bei PIEs, ob es sich bei einer wesentlichen Unsicherheit um ein „bedeutsamstes beurteiltes Risiko wesentlicher falscher Darstellungen" i.S.v. Art. 10 Abs. 2 Buchst. c) der EU-APrVO handelt.

Der Abschlussprüfer hat im Rahmen der Abschlussprüfung zu beurteilen, ob die von den gesetzlichen Vertretern vorgenommene Einschätzung der Fähigkeit des Unternehmens zur Fortführung der Unternehmenstätigkeit angemessen ist. Ferner hat er zu beurteilen, ob nach seinem Ermessen eine wesentliche Unsicherheit im Zusammenhang mit Ereignissen oder Gegebenheiten besteht, die einzeln oder insgesamt bedeutsame Zweifel an der Fähigkeit des Unternehmens zur Fortführung der Unternehmenstätigkeit aufwerfen können, und das Unternehmen daher möglicherweise nicht in der Lage ist, im gewöhnlichen Geschäftsverlauf seine Vermögenswerte zu realisieren sowie seine Schulden zu begleichen. Wesentliche Unsicherheiten entsprechen dem Begriff der bestandsgefährdenden Risiken nach § 322 Abs. 2 Satz 3 HGB.

IDW PS 270 n.F. (10.2021) legt dar, dass über eine wesentliche Unsicherheit eine Angabepflicht in sämtlichen HGB-Abschlüssen besteht. In der Regel erfolgen diese Angaben im Anhang. Wird kein Anhang aufgestellt, können diese Ausführungen beispielsweise unter der Bilanz erfolgen. Falls der Abschlussprüfer zu der Schlussfolgerung kommt, dass eine wesentliche Unsicherheit besteht, hat er festzustellen, ob die entsprechenden Angaben im Anhang und – sofern einschlägig – im Lagebericht gemacht wurden. Der Abschlussprüfer hat in diesem Fall einen Hinweis über die wesentliche Unsicherheit in einen gesonderten Abschnitt des Bestätigungsvermerks aufzunehmen. Sind die Angaben nicht angemessen, ist das Prüfungsurteil gemäß IDW PS 405 n.F. (10.2021) zu modifizieren.

Eine Bilanzierung unter Anwendung des Rechnungslegungsgrundsatzes der Fortführung der Unternehmenstätigkeit ist unangemessen, wenn die gesetzlichen Vertreter gezwungen sind (d.h. sie haben keine realistische Alternative) oder wenn die Entscheidung getroffen wurde, das gesamte Unternehmen zu liquidieren oder die Geschäftstätigkeit einzustellen. Wurde der Abschluss dennoch unter der Annahme der Fortführung der Unternehmenstätigkeit aufgestellt, hat der Abschlussprüfer sein Prüfungsurteil zum Abschluss zu versagen.

Die aktuelle Fassung berücksichtigt die APAS-Verlautbarung Nr. 9 „Going Concern-Unsicherheiten als Key Audit Matter im Bestätigungsvermerk" vom 26.02.2020 sowie das Gesetz zur Stärkung der Finanzmarktintegrität (FISG) vom 03.06.2021.

Verweise:
— ISA 570 (Revised): Fortführung der Geschäftstätigkeit
— IDW PS 405 n.F. (10.2021): Modifizierungen des Prüfungsurteils im Bestätigungsvermerk

IDW PS 270 n.F. (10.2021): Die Beurteilung der Fortführung der Unternehmenstätigkeit im Rahmen der Abschlussprüfung

Anwendungsbereich und Zielsetzung (1, 14)

IDW PS 270 n.F. (10.2021) behandelt die Verantwortlichkeiten des APr die Einschätzung der gesetzlichen Vertreter des geprüften Unternehmens zur Fortführung der Unternehmenstätigkeit zu beurteilen und behandelt auch die Auswirkungen auf den Prüfungsbericht und den Bestätigungsvermerk.

Die Ziele des APr sind:
» ausreichende **geeignete Prüfungsnachweise** darüber zu erlangen und zu einer Schlussfolgerung zu kommen, ob die Einschätzung der gesetzlichen Vertreter zur der Fortführung der Unternehmenstätigkeit bei der Aufstellung des Abschlusses angemessen ist,
» auf Grundlage der erlangten Prüfungsnachweise zu einer **Schlussfolgerung** darüber zu kommen, ob eine wesentliche Unsicherheit im Zusammenhang mit Ereignissen oder Gegebenheiten besteht, die bedeutsame Zweifel an der Fähigkeit des Unternehmens zur Fortführung der Unternehmenstätigkeit aufwerfen können,
» einen Bestätigungsvermerk in Übereinstimmung mit den GoA zu erteilen und
» im Prüfungsbericht (→ IDW PS 450 n.F. (10.2021)) über ggf. festgestellte bestandsgefährdende Tatsachen zu berichten.

Rechnungslegungsgrundsatz der Fortführung der Unternehmensführung (4)

» Der Abschluss wird unter der Annahme aufgestellt, dass das Unternehmen für die absehbare Zukunft seine Geschäftstätigkeit fortführt.
» **§ 252 Abs. 1 Nr. 2 HGB**: Bei der Bewertung ist von der Fortführung der Unternehmenstätigkeit auszugehen, sofern dem nicht tatsächliche oder rechtliche Gegebenheiten entgegenstehen.
» **IAS 1.25**: Der Abschluss ist unter Anwendung des Rechnungslegungsgrundsatzes der Fortführung der Unternehmenstätigkeit aufzustellen, es sei denn, die gesetzlichen Vertreter beabsichtigen, entweder das Unternehmen zu liquidieren oder das Geschäft einzustellen, oder sie haben hierzu keine realistische Alternative.

IDW PS 270 n.F. (10.2021)

Verantwortung der gesetzlichen Vertreter (5-9)

Bei Aufstellung der Abschlüsse ist erforderlich, dass die gesetzlichen Vertreter eine Einschätzung der Fähigkeit des Unternehmens zur Fortführung der Unternehmenstätigkeit vornehmen.
» Die Einschätzung der gesetzlichen Vertreter über die Fähigkeit des Unternehmens zur Fortführung der Unternehmenstätigkeit erfolgt bis zum Zeitpunkt der Beendigung der Aufstellung des Abschlusses und – falls einschlägig – des Lageberichts (d.h. eine Unterscheidung nach wertaufhellenden oder wertbegründenden Ereignissen, die nach dem Abschlussstichtag eintreten, ist unerheblich).

Besteht eine wesentliche Unsicherheit, muss hierüber im Abschluss und – sofern einschlägig – im Lagebericht berichtet werden.
» Im Abschluss erfolgen die Angaben i.d.R. im Anhang, ansonsten an geeigneter Stelle, bspw. unter der Bilanz.
» Werden diese Angaben im Lagebericht gemacht, muss im Abschluss ein entsprechender Verweis auf diese Angaben enthalten sein.

Verantwortung der APr (10-12)

Der APr ist dafür verantwortlich:
» ausreichende geeignete Prüfungsnachweise darüber zu erlangen und zu einer Schlussfolgerung zu kommen, ob die Einschätzung der gesetzlichen Vertreter angemessen ist.
» auf Grundlage der erlangten Prüfungsnachweise zu einer Schlussfolgerung zu kommen, ob eine wesentliche Unsicherheit über die Fähigkeit des Unternehmens zur Fortführung der Unternehmenstätigkeit besteht.
» im Bestätigungsvermerk auf Risiken, die den Fortbestand des Unternehmens gefährden, gesondert einzugehen und im Prüfungsbericht über bei Durchführung der Abschlussprüfung festgestellte Tatsachen zu berichten, welche den Bestand des geprüften Unternehmens gefährden oder seine Entwicklung wesentlich beeinträchtigen können.

© IDW Verlag GmbH

Prüfungshandlungen zur Risikobeurteilung und damit zusammenhängende Tätigkeiten (15-16) → ISA [DE] 315 (Revised 2019)

Der APr hat zu würdigen, ob Ereignisse oder Gegebenheiten vorliegen, die bedeutsame Zweifel an der Fähigkeit des Unternehmens zur Fortführung der Unternehmenstätigkeit aufwerfen können. Er hat während der gesamten Abschlussprüfung aufmerksam zu bleiben für Prüfungsnachweise zu Ereignissen oder Gegebenheiten, die bedeutsame Zweifel an der Fähigkeit des Unternehmens zur Fortführung der Unternehmenstätigkeit aufwerfen können.

Der APr hat festzustellen, ob die gesetzlichen Vertreter bereits eine vorläufige Beurteilung der Fähigkeit des Unternehmens zur Fortführung der Unternehmenstätigkeit vorgenommen hat:

Falls eine Beurteilung vorgenommen wurde:	Der APr hat die Beurteilung mit den gesetzlichen Vertretern zu diskutieren und festzustellen, ob die gesetzlichen Vertreter Ereignisse oder Gegebenheiten identifiziert hat, die einzeln oder insgesamt bedeutsame Zweifel an der Fähigkeit des Unternehmens zur Fortführung der Unternehmenstätigkeit aufwerfen können
Falls eine solche Beurteilung **noch nicht** vorgenommen wurde:	Der APr hat mit den gesetzlichen Vertretern die Grundlage für die beabsichtigte Anwendung des Rechnungslegungsgrundsatzes der Fortführung der Unternehmenstätigkeit zu diskutieren und die gesetzlichen Vertreter zu befragen, ob Ereignisse oder Gegebenheiten vorliegen, die einzeln oder insgesamt bedeutsame Zweifel an der Fähigkeit des Unternehmens zur Fortführung der Unternehmenstätigkeit aufwerfen können.

Beurteilung der Einschätzung der gesetzlichen Vertreter (17-19)

Der APr hat die von den gesetzlichen Vertretern vorgenommene Beurteilung der Fähigkeit des Unternehmens zur Fortführung der Unternehmenstätigkeit auszuwerten.	Dabei hat der APr denselben Zeitraum zugrunde zu legen, den die gesetzlichen Vertreter ihrer Beurteilung zugrunde gelegt haben. » Der Beurteilungszeitraum soll mindestens 12 Monate ab dem Abschlussstichtag umfassen.
	Bei der Beurteilung der Einschätzung der gesetzlichen Vertreter hat der APr zu würdigen, ob diese Beurteilung alle relevanten Informationen umfasst, die ihm aufgrund der Abschlussprüfung bekannt geworden sind.

Zeitraum jenseits des der Einschätzung der gesetzlichen Vertreter zugrunde gelegten Zeitraums (20)

Befragung der gesetzlichen Vertreter: Haben die gesetzlichen Vertreter Kenntnis über Ereignissen oder Gegebenheiten, die nach dem der Beurteilung zugrunde gelegten Zeitraum (z.B. 12 Monate) eintreten werden, die bedeutsame Zweifel an der Fähigkeit des Unternehmens zur Fortführung der Unternehmenstätigkeit aufwerfen können?

Zusätzliche Prüfungshandlungen bei identifizierten Ereignissen oder Gegebenheiten (21)

Falls Ereignisse oder Gegebenheiten identifiziert wurden, die bedeutsame Zweifel an der Fähigkeit des Unternehmens zur Fortführung der Unternehmenstätigkeit aufwerfen können: Der APr hat zusätzlicher Prüfungshandlungen durchzuführen. Diese Prüfungshandlungen haben einzuschließen:

- Sofern die gesetzlichen Vertreter noch keine Beurteilung vorgenommen haben: Aufforderung zur Vornahme einer Beurteilung.
- Beurteilung der Pläne der gesetzlichen Vertreter zu zukünftigen Maßnahmen. Sind die Pläne durchführbar und ist eine Verbesserung der Situation die Folge?
- Falls eine Liquiditätsprognose ein bedeutsamer Faktor ist:
  » Beurteilung der Verlässlichkeit der zugrunde liegenden Daten
  » Feststellung, ob die der Prognose zugrunde liegenden Annahmen ausreichend begründet sind
- Würdigung, ob seit dem Zeitpunkt der Beurteilung durch die gesetzlichen Vertreter zusätzliche Tatsachen oder Informationen verfügbar geworden sind.
- Anforderung schriftlicher Erklärung von den gesetzlichen Vertretern und ggf. von den für die Überwachung Verantwortlichen zu deren Plänen und zur Durchführbarkeit der Pläne.

Schlussfolgerungen des Abschlussprüfers (22-28)

Erforderliche Schlussfolgerungen:

- » Wurden ausreichende geeignete Prüfungsnachweise über die Angemessenheit der von den gesetzlichen Vertretern vorgenommenen Anwendung des Rechnungslegungsgrundsatzes der Fortführung der Unternehmenstätigkeit erlangt?
- » Besteht eine wesentliche Unsicherheit im Zusammenhang mit Ereignissen oder Gegebenheiten, die einzeln oder insgesamt bedeutsame Zweifel an der Fähigkeit des Unternehmens zur Fortführung der Unternehmenstätigkeit aufwerfen können?
- » Bei PIEs: Handelt es sich bei der wesentlichen Unsicherheit um ein „bedeutsamstes beurteiltes Risiko wesentlicher falscher Darstellungen" i.S. des Artikels 10 Abs. 2 Buchst. c) EU-APrVO?

Bei bedeutsamen Zweifeln an der Fähigkeit des Unternehmens zur Fortführung der Unternehmenstätigkeit

+ wesentlicher Unsicherheit

Der APr hat festzustellen, ob:
- » im Abschluss die wichtigsten Ereignisse oder Gegebenheiten, die bedeutsame Zweifel an der Fähigkeit zur Fortführung aufwerfen können, angemessen angegeben sind, und
- » im Abschluss eindeutig angegeben ist, dass eine wesentliche Unsicherheit im Zusammenhang mit Ereignissen oder Gegebenheiten besteht.
- » der Lagebericht insb. bei der Beurteilung und Erläuterung der voraussichtlichen Entwicklung die geforderten Angaben enthält oder unter eindeutiger Bezugnahme auf das bestandsgefährdendes Risiko auf die Angaben im Abschluss verwiesen wird.

+ keiner wesentlichen Unsicherheit

Der APr hat zu beurteilen, ob:
- » der Abschluss angesichts der Anforderungen der maßgebenden Rechnungslegungsgrundsätze angemessene Angaben zu den Ereignissen oder Gegebenheiten enthält, die Zweifel an der Fähigkeit zur Fortführung aufwerfen können.
- » die identifizierten Ereignisse oder Gegebenheiten angemessen im Lagebericht dargestellt wurden.

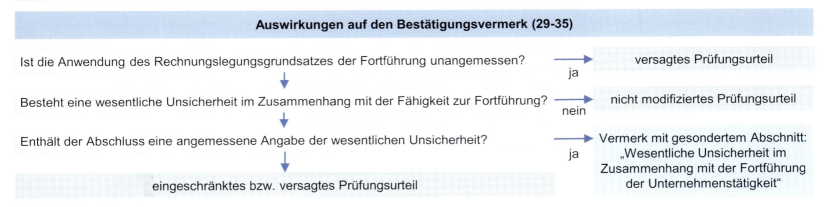

Bei PIEs: Wenn es sich bei der wesentlichen Unsicherheit um ein „bedeutsamstes beurteiltes Risiko wesentlicher falscher Darstellungen" i.S. des Artikels 10 Abs. 2 Buchst. c) EU-APrVO handelt, hat der APr Angaben nach IDW PS 401 n.F. (10.2021), Tz. 16, in den Abschnitt „Wesentliche Unsicherheit im Zusammenhang mit der Fortführung der Unternehmenstätigkeit" des Bestätigungsvermerks aufzunehmen.

Die Anlage zur IDW PS 270 n.F. (10.2021) enthält Beispiele für Vermerke des APr im Zusammenhang mit der Fortführung der Unternehmenstätigkeit:
» Beispiel 1: **Uneingeschränkter Bestätigungsvermerk**, wenn eine wesentliche Unsicherheit besteht und die Angabe im Abschluss und Lagebericht angemessen ist
» Beispiel 2: **Eingeschränkter Bestätigungsvermerk**, wenn eine wesentliche Unsicherheit besteht und der Abschluss und der Lagebericht aufgrund einer nicht angemessenen Angabe wesentlich falsch dargestellt sind
» Beispiel 3: **Versagungsvermerk**, wenn die Anwendung des Rechnungslegungsgrundsatzes der Fortführung der Unternehmenstätigkeit nach Beurteilung des Abschlussprüfers unangemessen ist

Kommunikation mit den für die Überwachung Verantwortlichen (36) → IDW PS 470 n.F. (10.2021)

Der APr hat sich mit den für die Überwachung Verantwortlichen über identifizierte Ereignisse oder Gegebenheiten auszutauschen, die bedeutsame Zweifel an der Fähigkeit Fortführung der Unternehmenstätigkeit aufwerfen können.	Die Kommunikation hat einzuschließen: » ob die Ereignisse oder Gegebenheiten eine wesentliche Unsicherheit begründen, » ob die vorgenommene Anwendung des Rechnungslegungsgrundsatzes der Fortführung angemessen ist, » die Angemessenheit der dazugehörigen Angaben im Abschluss und Lagebericht, und » sofern einschlägig, die Auswirkungen auf den Vermerk des APr.

Berichterstattung im Prüfungsbericht (37-38) → IDW PS 450 n.F. (10.2021)

§ 321 Abs. 1 Satz 3 HGB	Berichterstattung über bei Durchführung der Abschlussprüfung festgestellte Tatsachen, welche den Bestand des geprüften Unternehmens gefährden oder seine Entwicklung wesentlich beeinträchtigen können.
§ 321 Abs. 1 Satz 2 HGB	Stellungnahme zur Beurteilung der Lage des Unternehmens im Abschluss und im Lagebericht durch die gesetzlichen Vertreter, wobei insb. auf die Annahme der Fortführung der Unternehmenstätigkeit und auf die Beurteilung der künftigen Entwicklung des Unternehmens einzugehen ist
Bei PIEs:	Angaben gemäß Artikel 11 Abs. 2 Buchst. i) EU-APrVO.

Bedeutsame Verzögerung bei der Aufstellung des Abschlusses oder Lageberichts (39)

Falls bei der Aufstellung des Abschlusses oder Lageberichts eine bedeutsame Verzögerung eintritt, hat der APr die Gründe für die Verzögerung zu erfragen.	Falls der APr der Auffassung ist, dass die Verzögerung mit Ereignissen oder Gegebenheiten zusammenhängen könnte, welche die Beurteilung der Fortführung der Unternehmenstätigkeit betreffen, hat er die in Tz. 21 beschriebenen notwendigen zusätzlichen Prüfungshandlungen durchzuführen und die Auswirkungen auf seine Feststellung zum Bestehen einer wesentlichen Unsicherheit zu würdigen.

IDW PS 340 n.F. (01.2022)
IDW Prüfungsstandard: Die Prüfung des Risikofrüherkennungssystems nach § 317 Abs. 4 HGB

Zusammenfassung:

Der Abschlussprüfer hat bei börsennotierten Aktiengesellschaften im Rahmen der Abschlussprüfung zu beurteilen, ob der Vorstand die nach § 91 Abs. 2 AktG erforderlichen Maßnahmen in einer geeigneten Form getroffen hat und ob das danach einzurichtende Überwachungssystem seine Aufgaben erfüllen kann. Dabei muss der Abschlussprüfer auch darauf eingehen, ob Maßnahmen erforderlich sind, um das interne Überwachungssystem zu verbessern. Bei Gesellschaften, bei denen § 317 Abs. 4 HGB nicht anzuwenden ist, kann die Prüfung des Risikofrüherkennungssystems Gegenstand einer vertraglichen Erweiterung des Prüfungsauftrags sein.

Das Risikofrüherkennungssystem i.S.v. § 91 Abs. 2 AktG ist auf die Früherkennung bestandsgefährdender Entwicklungen und damit auf einen wichtigen Teilaspekt des Risikomanagements ausgerichtet. Es hat sicherzustellen, dass diejenigen Risiken und deren Veränderungen erfasst werden, die in der jeweiligen Situation des Unternehmens dessen Fortbestand gefährden können. Da derartige Risiken früh erkannt werden sollen, muss das Risikofrüherkennungssystem geeignet sein, die Risiken rechtzeitig zu erfassen und die Information darüber an die zuständigen Entscheidungsträger weiterzuleiten, so dass diese in geeigneter Weise reagieren können und der Vorstand über Risiken, die allein oder im Zusammenwirken mit anderen Risiken bestandsgefährdend werden können, informiert wird. Die Reaktionen des Vorstands auf erfasste und kommunizierte Risiken selbst sind nicht Gegenstand der Maßnahmen i.S.d. § 91 Abs. 2 AktG und damit auch nicht Gegenstand der Prüfung nach § 317 Abs. 4 HGB. Ebenso gehört die Beurteilung, ob die von den nachgeordneten Entscheidungsträgern eingeleiteten oder durchgeführten Handlungen zur Risikobewältigung bzw. der Verzicht auf solche sachgerecht oder wirtschaftlich sinnvoll sind, nicht zur Prüfung des Risikofrüherkennungssystems.

Ob die in einem bestimmten Unternehmensbereich getroffenen Maßnahmen nach § 91 Abs. 2 AktG geeignet sind, kann vielfach nur unter Berücksichtigung von Beurteilungen anderer Sachverständiger festgestellt werden, z.B. durch die Verwertung der Ergebnisse eines Umweltgutachters bei der Beurteilung von Umweltrisiken.

Verweise:

— ISA [DE] 620: Nutzung der Tätigkeit eines Sachverständigen des Abschlussprüfers
— IDW PS 400 n.F. (10.2021): Bildung eines Prüfungsurteils und Erteilung eines Bestätigungsvermerks
— IDW PS 450 n.F. (10.2021): Grundsätze ordnungsmäßiger Erstellung von Prüfungsberichten

IDW PS 340 n.F. (01.2022)

IDW PS 340 n.F. (01.2022): Die Prüfung des Risikofrüherkennungssystems

Gesetzliche Grundlagen und Abgrenzung (1-7)

§ 91 Abs. 2 AktG	Der Vorstand hat geeignete Maßnahmen zu treffen, insb. ein Überwachungssystem einzurichten, damit den Fortbestand der Gesellschaft gefährdende Entwicklungen früh erkannt werden.
§ 317 Abs. 4 HGB	Bei börsennotierten Aktiengesellschaften (§ 3 Abs. 2 AktG) hat der APr zu beurteilen, ob der Vorstand die ihm nach § 91 Abs. 2 AktG obliegenden Maßnahmen („Risikofrüherkennungssystem") in einer geeigneten Form getroffen hat und ob das danach einzurichtende Überwachungssystem seine Aufgaben erfüllen kann.
Freiwillige Prüfungen von Corporate-Governance-Systemen	» Prüfung des Compliance Management Systems nach IDW PS 980, » Prüfung des Risikomanagementsystems nach IDW PS 981, » Prüfung des internen Kontrollsystems des internen und externen Berichtswesens nach IDW PS 982 sowie » Prüfung des Internen Revisionssystems nach IDW PS 983.

Definitionen (8) (1/2)

Risiken	Entwicklungen oder Ereignisse, die zu einer für das Unternehmen negativen Zielabweichung führen können.
Bestandsgefährdende Entwicklungen	Risiken, die einzeln oder im Zusammenwirken mit anderen Risiken dem Ziel der Unternehmensfortführung entgegenstehen.
Risikotragfähigkeit	Maximales Risikoausmaß, welches das Unternehmen ohne Gefährdung seines Fortbestands tragen kann.
Frühzeitige Erkennung	Bestandsgefährdende Entwicklungen werden so rechtzeitig erkannt, dass noch geeignete Maßnahmen zur Sicherung des Fortbestands des Unternehmens ergriffen werden können.

Definitionen (8) (2/2)

Maßnahmen nach § 91 Abs. 2 AktG	Regelungen (Grundsätze, Verfahren und vorgegebene Maßnahmen) zur frühzeitigen Identifizierung, Bewertung, Steuerung und Überwachung bestandsgefährdender Entwicklungen.
Mangel in Bezug auf die Maßnahmen nach § 91 Abs. 2 AktG	Mangel hinsichtlich der Eignung oder der Einhaltung der vom Vorstand getroffenen Maßnahmen zur frühzeitigen Erkennung bestandsgefährdender Entwicklungen.
Wesentlicher Mangel	Mangel in Bezug auf die Maßnahmen nach § 91 Abs. 2 AktG, der dazu führen kann, dass bestandsgefährdende Entwicklungen nicht mit hinreichender Sicherheit frühzeitig erkannt werden.

Die Maßnahmen nach § 91 Abs. 2 AktG als Prüfungsgegenstand (9-24)

Bestandsgefährdende Entwicklungen (9-11)	Die Maßnahmen sind auf das frühzeitige Erkennen bestandsgefährdende Entwicklungen ausgerichtet. » Die Beurteilung setzt die Bestimmung der unternehmensindividuellen Risikotragfähigkeit voraus. » Bei der Beurteilung ist eine Aggregation der Risiken vorzunehmen.

Grundelemente der Maßnahmen nach § 91 Abs. 2 AktG (12-21)

- Risikokultur (13)
- Ziele der Maßnahmen (14-15)
- Organisation der Maßnahmen (16)
- Risikoidentifikation (17)
- Risikobewertung (18)
- Risikosteuerung (19)
- Risikokommunikation (20)
- Überwachung und Verbesserung (21)

Dokumentation (22)	Eine angemessene Dokumentation der Maßnahmen ist Aufgabe des Vorstands. » Unterbleibt die erforderliche Dokumentation, ist hierin ein wesentlicher Gesetzesverstoß zu sehen.
Ausgestaltung bei Konzernen (23-24)	Bei Mutterunternehmen i.S. des § 290 HGB stellt die Überwachungs- und Organisationspflicht nach § 91 Abs. 2 AktG eine konzernweite Verpflichtung dar, sofern von Konzernunternehmen den Fortbestand des Mutterunternehmens gefährdende Entwicklungen ausgehen können.

Die Prüfung der Maßnahmen nach § 91 Abs. 2 AktG im Rahmen der Abschlussprüfung (25-55) (1/3)

Prüfungsumfang und Auftragsannahme (25-29)

In Bezug auf die Angemessenheit und Wirksamkeit der Maßnahmen ist eine **Systemprüfung** durchzuführen.	Vor Auftragsannahme hat der APr zu prüfen, ob die **Kenntnisse und Erfahrungen** sowie personelle und zeitliche **Ressourcen** vorliegen, um die Prüfung der Maßnahmen sachgerecht durchführen zu können. Hierbei ist auch zu würdigen, ob erforderlichenfalls Sachverständige zur Verfügung stehen.	Im **Auftragsbestätigungsschreiben** ist auf die gesetzliche Erweiterung der Abschlussprüfung um die Prüfung der Maßnahmen sowie die Berichterstattung über die Prüfung einzugehen.

Prüfungsplanung (30-37) (1/2)

Wesentlichkeit (30, A36)	Für Zwecke der Planung und Durchführung der Prüfungshandlungen sowie bei der Beurteilung, ob die vom Vorstand getroffenen Maßnahmen Mängel aufweisen, sind **Wesentlichkeitsüberlegungen** anzustellen.
Prüfungsbereitschaft (31)	Bei der Feststellung der Prüfungsbereitschaft des Unternehmens ist auch zu berücksichtigen, ob eine Dokumentation der Maßnahmen vorliegt und ob sie für die Zwecke der Prüfung geeignet ist.
Gewinnung eines Verständnisses vom Unternehmen und dessen Umfeld (32-35)	» Verschaffung eines angemessenen Verständnis von der Grundeinstellung der Unternehmensleitung zum Umgang mit bestandsgefährdenden Entwicklungen sowie des Risikobewusstseins des Vorstands und der Mitarbeiter des Unternehmens. » Erlangung eines Überblicks über die getroffenen organisatorischen Vorkehrungen, einschließlich der jeweiligen Rollen und Verantwortlichkeiten im Zusammenhang mit den Maßnahmen. » Würdigung der Maßnahmen des Vorstands, die eingerichtet wurden, um die Mitarbeiter mit ihren Aufgaben vertraut zu machen und um die Bedeutung der frühzeitigen Erkennung bestandsgefährdender Risiken und deren Kommunikation auf allen hierarchischen Ebenen zu verdeutlichen. » Befragung geeigneter Personen, ob diese die vom Vorstand getroffenen Maßnahmen kennen und anwenden, ob diese Kenntnis über Mängel in Bezug auf die Maßnahmen haben, ob das Unternehmen über eine Interne Revision verfügt (ggf. ist diese zu ihren Aktivitäten und Feststellungen zu befragen) und ob das Unternehmen Sachverständige zur Konzeption und Implementierung von Maßnahmen eingesetzt hat.

Die Prüfung der Maßnahmen nach § 91 Abs. 2 AktG im Rahmen der Abschlussprüfung (25-55) (2/3)

Prüfungsplanung (30-37) (2/2)

Risikobeurteilung (36-37)

- **Die Risiken für wesentliche Mängel** in Bezug auf die vom Vorstand getroffenen Maßnahmen sind zumindest auf Ebene der Grundelemente (→ Tz. 12-21) zu identifizieren und beurteilen.
- Es sind Prüfungshandlungen zur Prüfung der Eignung sowie der Einhaltung der Maßnahmen zu planen und durchzuführen, deren Art, zeitliche Einteilung und Umfang auf den beurteilten Risiken für **wesentliche Mängel** basieren und auf diese Risiken ausgerichtet sind.
- Erlangt der APr Nachweise, die mit den Prüfungsnachweisen nicht in Einklang stehen, auf die er seine Risikobeurteilung ursprünglich gestützt hat, muss er die Risikobeurteilung anpassen und die weiteren geplanten Prüfungshandlungen entsprechend modifizieren.

Prüfungsdurchführung (38-44)

Beurteilung der Eignung der Maßnahmen nach § 91 Abs. 2 AktG (38-42)

- Die Eignung der getroffenen Maßnahmen sind im Hinblick auf sämtliche **Grundelemente** (→ Tz. 12-21) zu beurteilen. Insbesondere ist zu beurteilen, ob mit hinreichender Sicherheit **bestandsgefährdende Risiken** frühzeitig identifiziert, bewertet, gesteuert und überwacht werden.
- Anhand der Dokumentation der Maßnahmen ist zu beurteilen, ob die Maßnahmen ausreichend sind, um **das Bewusstsein der Mitarbeiter** zu schärfen, und so klar sind, dass sie als Handlungsanweisungen **verstanden und umgesetzt** werden können.
- Durch die Kombination von Befragungen mit anderen Prüfungshandlungen ist festzustellen, ob die Maßnahmen in den Geschäftsprozessen des Unternehmens **eingerichtet (implementiert)** sind.
- Sofern die Beurteilung der Maßnahmen besondere Sachkenntnis erfordert, um angemessene und ausreichende Nachweise zu erlangen, sind Sachverständige hinzuzuziehen.

Prüfung der Einhaltung der Maßnahmen (43-44)

Soweit der Vorstand geeignete Maßnahmen getroffen hat, sind diese daraufhin zu beurteilen, ob sie während des gesamten Geschäftsjahres wie vorgesehen angewandt bzw. durchgeführt wurden.
- Sofern Prüfungshandlungen zu einem vorgezogenen Zeitpunkt durchgeführt werden, sind weitere Prüfungsnachweise zur Beurteilung der Einhaltung bis zum Ende des zu prüfenden Geschäftsjahres einzuholen.

Die Prüfung der Maßnahmen nach § 91 Abs. 2 AktG im Rahmen der Abschlussprüfung (25-55) (3/3)

Prüfung der Maßnahmen nach § 91 Abs. 2 AktG im Konzern (45-46)

- » In die Prüfung sind auch die konzernweiten Maßnahmen betreffend der für das Mutterunternehmen bestandsgefährdenden Entwicklungen einzubeziehen. Bei der Festlegung von Art und Umfang der Prüfungshandlungen ist die Bedeutsamkeit der von Konzernunternehmen ausgehenden, den Fortbestand des Mutterunternehmens gefährdenden Entwicklungen, zu berücksichtigen.
- » Bei Nutzung der Feststellungen von Teilbereichsprüfern sind die Anforderungen von ISA [DE] 600 sinngemäß anzuwenden.

Berichterstattung (47-55)

Bestätigungsvermerk	Festgestellte Mängel in Bezug auf die nach § 91 Abs. 2 AktG getroffenen Maßnahmen haben als solche keine Auswirkung auf den Bestätigungsvermerk. Eine Berichterstattung im Bestätigungsvermerk ist nicht zulässig.	
Prüfungsbericht	» Das Ergebnis der Prüfung nach § 317 Abs. 4 HGB ist gemäß § 321 Abs. 4 HGB in einem besonderen Teil des Prüfungsberichts darzustellen. » Eine Darstellung der Maßnahmen nach § 91 Abs. 2 AktG im Prüfungsbericht ist nicht Aufgabe des Abschlussprüfers. » Festgestellte wesentliche Mängel sind im Prüfungsbericht darzustellen und als solche zu bezeichnen und die Bereiche zu nennen, in denen Verbesserungsbedarf besteht. Eine fehlende Dokumentation der Maßnahmen nach § 91 Abs. 2 AktG stellt neben einem Gesetzverstoß (i.S.v. § 321 Abs. 1 Satz 3 HGB) auch einen wesentlichen Mangel (i.S.v. § 321 Abs. 4 HGB) dar.	Zur Formulierung des Prüfungsurteils siehe Tz. 49 (falls keine wesentlichen Mängel) bzw. Tz. 51 (bei versagtem Urteil)
Weitere Kommunikation	Sofern festgestellte Mängel nach pflichtgemäßem Ermessen des APr für die Aufsicht über den Rechnungslegungsprozess relevant sind, sind zudem die Kommunikationspflichten nach IDW PS 470 n.F. (10.2021) zu beachten.	

IDW PS 345 n.F. (05.2021)
IDW Prüfungsstandard: Auswirkungen des Deutschen Corporate Governance Kodex auf die Abschlussprüfung

Zusammenfassung:

Vorstand und Aufsichtsrat einer börsennotierten Gesellschaft haben außerhalb des Jahres- bzw. Konzernabschlusses jährlich zu erklären, dass den Verhaltensempfehlungen des Deutschen Corporate Governance Kodex (DCGK) entsprochen wurde und wird bzw. welche Verhaltensempfehlungen nicht angewendet wurden oder werden und warum nicht (sog. Entsprechenserklärung, § 161 Abs. 1 Satz 1 AktG). Im Anhang zum Jahres- bzw. Konzernabschluss ist anzugeben, dass die Entsprechenserklärung abgegeben und wo sie öffentlich zugänglich gemacht worden ist (§§ 285 Nr. 16, 314 Abs. 1 Nr. 8 HGB). Gleiches gilt nach § 161 Abs. 1 Satz 2 AktG für Vorstand und Aufsichtsrat einer Gesellschaft, die ausschließlich andere Wertpapiere als Aktien zum Handel an einem organisierten Markt i.S.d. § 2 Abs. 11 WpHG ausgegeben hat und deren ausgegebene Aktien auf eigene Veranlassung über ein multilaterales Handelssystem i.S.d. § 2 Abs. 8 Satz 1 Nr. 8 WpHG gehandelt werden. Zusätzlich ist die Entsprechenserklärung in die Erklärung zur Unternehmensführung aufzunehmen, welche börsennotierte und bestimmte andere Aktiengesellschaften abzugeben haben (§ 289f Abs. 1 HGB).

Aufgabe des Abschlussprüfers ist es, im Rahmen der Prüfung des Jahres- bzw. Konzernabschlusses festzustellen, ob die Angabe zur Entsprechenserklärung im Anhang enthalten, vollständig und zutreffend ist, ohne dass der Inhalt der Entsprechenserklärung Gegenstand der Abschlussprüfung wird. Letzteres gilt auch für den Fall, dass die Erklärung als Teil der Erklärung zur Unternehmensführung in den Lagebericht aufgenommen wird (§ 317 Abs. 2 Satz 3 HGB).

Die aktuelle Fassung berücksichtigt die Änderungen des Deutschen Corporate Governance Kodex durch die Regierungskommission Deutscher Corporate Governance Kodex vom 16.12.2019.

Verweise:
— IDW PS 350 n.F. (10.2021): Prüfung des Lageberichts im Rahmen der Abschlussprüfung
— ISA [DE] 720 (Revised): Verantwortlichkeiten des Abschlussprüfers im Zusammenhang mit sonstigen Informationen

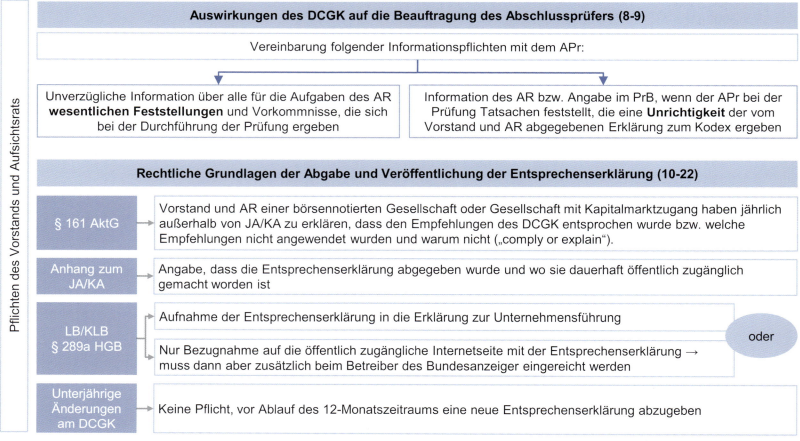

Prüfungsdurchführung

Prüfungsgegenstand (23-25)

Entsprechenserklärung → Entsprechenserklärung selbst ist nicht prüfungspflichtig (ggf. Redepflicht, wenn der APr Tatsachen feststellt, die eine Unrichtigkeit der vom Vorstand und AR abgegebenen Erklärung zum DCGK ergeben)

Anhang → Anhangangabe zur Entsprechenserklärung ist prüfungspflichtig → Prüfung, ob die Angaben zur Entsprechenserklärung im Anhang enthalten, vollständig und zutreffend sind

Lagebericht → Werden ausnahmsweise zusätzliche freiwillige Angaben zu Empfehlungen des DCGK im Lagebericht gemacht, ist IDW PS 350 n.F. (10.2021) zu beachten

CG-Bericht → Corporate-Governance-Bericht ist nicht prüfungspflichtig → Ausnahme: Bei Veröffentlichung im Geschäftsbericht muss dieser kritisch gelesen werden (ISA [DE] 720 (Revised))

Prüfungsdurchführung und Prüfungshandlungen (26-32)

Angaben zur Entsprechenserklärung sind im Anhang …

… enthalten und vollständig

Prüfung, ob die Anhangangabe eine Aussage zur Abgabe der Entsprechenserklärung enthält und ob und wo sie öffentlich dauerhaft zugänglich gemacht wurde

… zutreffend dargestellt

» Formale (keine inhaltliche) Prüfung, ob die Entsprechenserklärung eine vergangenheitsbezogene und zukunftsorientierte Aussage zur Einhaltung der Verhaltensempfehlungen des DCGK enthält
» Abweichungen sind einzeln aufgeführt und begründet
» Abgabe in regelmäßigen 12-monatigen Abständen
» Entsprechenserklärung ist tatsächlich dauerhaft öffentlich verfügbar

Besonderheit KA: Für jedes in den KA einbezogene börsennotierte Unternehmen ist zu prüfen, ob die Angaben zur Entsprechenserklärung im Anhang enthalten, vollständig und zutreffend sind

Berichterstattung (33-38)

	Bestätigungsvermerk (33-34)	Prüfungsbericht (35-38)
Sind die Anhangangaben zur Entsprechenserklärung vorhanden, vollständig und zutreffend? — **Ja**	Keine gesonderte Bestätigung im BestV	Keine Berichterstattung
Sind die Anhangangaben zur Entsprechenserklärung vorhanden, vollständig und zutreffend? — **Nein**	Einschränkung des BestV	Berichterstattung im Rahmen der Ausführungen zur Ordnungsmäßigkeit
Feststellung von unzutreffenden Aussagen in der Entsprechenserklärung	Keine Auswirkung auf den BestV	Redepflicht des APr

IDW PS 350 n.F. (10.2021)
IDW Prüfungsstandard: Prüfung des Lageberichts im Rahmen der Abschlussprüfung

Zusammenfassung:

Mit IDW PS 350 n.F. (10.2021) wird die Methode zur Prüfung des Lageberichts fortentwickelt. Der Standard enthält eine weitgehend geschlossene Darstellung der Anforderungen an die Prüfung des Lageberichts im Rahmen der Abschlussprüfung und berücksichtigt die enge Verzahnung mit der Prüfung des Abschlusses.

Aufbau und Inhalt der Verlautbarung folgen einem risiko- und prozessorientiertem Ansatz. Dazu gehört ein Fokus auf die Befassung des Abschlussprüfers mit den Vorkehrungen und Maßnahmen (Systemen) zur Aufstellung des Lageberichts, die je nach Größe und Komplexität des Unternehmens unterschiedlich formalisiert sein werden. So hat der Abschlussprüfer die Prüfung des Lageberichts zu planen und ggf. auch spezifische Wesentlichkeitsüberlegungen anzustellen. In diesem Zusammenhang sind auch die Risiken wesentlicher falscher Darstellungen im Lagebericht zu bestimmen und entsprechende Reaktionen auf die beurteilten Risiken festzulegen.

Daneben werden die Anforderungen an die Prüfung der zukunftsorientierten Bestandteile (Chancen- und Risikobericht, Prognosebericht) konkretisiert sowie der Umgang mit im Lagebericht enthaltenen lageberichtsfremden Angaben, lageberichtstypischen Angaben, für die keine gesetzliche Pflicht zur inhaltlichen Prüfung besteht, nicht prüfbaren Angaben sowie Querverweisen geregelt.

Verweise:

— ISA [DE] 200: Übergeordnete Ziele des unabhängigen Prüfers und Grundsätze einer Prüfung in Übereinstimmung mit den International Standards on Auditing
— ISA [DE] 210: Vereinbarung der Auftragsbedingungen für Prüfungsaufträge
— ISA [DE] 315 (Revised): Identifizierung und Beurteilung der Risiken wesentlicher falscher Darstellungen aus dem Verständnis von der Einheit und ihrem Umfeld
— ISA [DE] 320: Wesentlichkeit bei der Planung und Durchführung einer Abschlussprüfung
— ISA [DE] 330: Reaktionen des Abschlussprüfers auf beurteilte Risiken
— ISA [DE] 450: Beurteilung der während der Abschlussprüfung identifizierten falschen Darstellungen
— ISA [DE] 560: Nachträgliche Ereignisse
— ISA [DE] 580: Schriftliche Erklärungen

IDW PS 350 n.F. (10.2021)

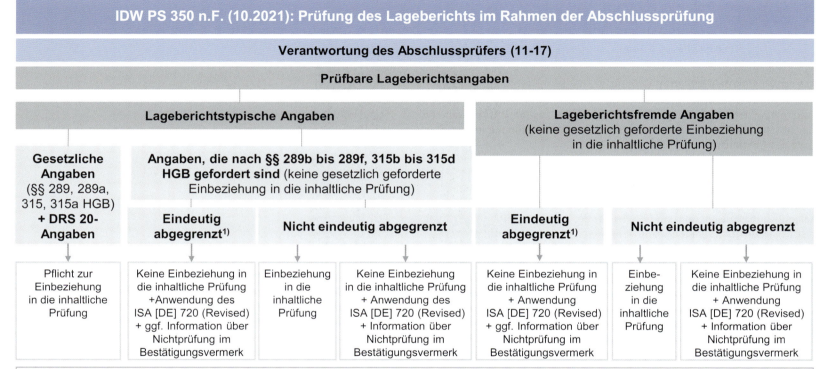

Definitionen (20) (1/2)

Aussagen	Von den gesetzlichen Vertretern zu im Lagebericht dargestellten Sachverhalten ausdrücklich abgegebene oder implizit enthaltene Erklärungen.
Beurteilung der Angemessenheit der für die Aufstellung des Lageberichts verwendeten Systeme	Beurteilung, ob die Vorkehrungen und Maßnahmen (Systeme) so konzipiert sind, dass die gesetzlichen Vertreter mit hinreichender Sicherheit in die Lage versetzt werden, einen Lagebericht aufzustellen, der in allen wesentlichen Belangen den gesetzlichen Vorschriften entspricht, sowie die Beurteilung, ob diese Vorkehrungen und Maßnahmen (Systeme) implementiert wurden.
Beurteilung der Wirksamkeit der für die Aufstellung des Lageberichts verwendeten Systeme	Beurteilung, ob die implementierten Vorkehrungen und Maßnahmen (Systeme) während des Berichtszeitraums so funktionieren, dass die gesetzlichen Vertreter mit hinreichender Sicherheit einen Lagebericht aufstellen, der in allen wesentlichen Belangen den gesetzlichen Vorschriften entspricht.
Beurteilung der Angemessenheit von Systemen zur Erfassung und Bewertung der wesentlichen Chancen und Risiken der künftigen Entwicklung	Beurteilung, ob die Vorkehrungen und Maßnahmen (Systeme) so konzipiert sind, dass sie in der Lage sind, die Chancen und Risiken der künftigen Entwicklung mit hinreichender Sicherheit zu erfassen und zu bewerten, sowie die Beurteilung, ob diese Vorkehrungen und Maßnahmen (Systeme) implementiert wurden.
Beurteilung der Wirksamkeit von Systemen zur Erfassung und Bewertung der wesentlichen Chancen und Risiken der künftigen Entwicklung	Beurteilung, ob die Vorkehrungen und Maßnahmen (Systeme) die Chancen und Risiken der künftigen Entwicklung mit hinreichender Sicherheit erfassen und bewerten.
Chance	Mögliche künftige Entwicklungen oder Ereignisse, die zu einer positiven Abweichung von Prognosen bzw. Zielen des Unternehmens führen können.
Eindeutig abgegrenzte lageberichtsfremde Angaben	Lageberichtsfremde Angaben sind von den inhaltlich geprüften Lageberichtsangaben eindeutig abgegrenzt, wenn sie » räumlich von den inhaltlich geprüften Lageberichtsangaben getrennt und zweifelsfrei als ungeprüft gekennzeichnet sind, oder » ohne räumlich von den inhaltlich geprüften Lageberichtsangaben getrennt zu sein, deutlich als ungeprüft gekennzeichnet sind, ohne dass hierdurch die Klarheit und Übersichtlichkeit des Lageberichts wesentlich beeinträchtigt ist.

Definitionen (20) (2/2)

Falsche Darstellung	Abweichung zwischen dem Betrag, der Darstellung oder der Angabe eines im Lagebericht abgebildeten Sachverhalts und dem Betrag, der Darstellung oder der Angabe, der/die in Übereinstimmung mit den maßgebenden Rechnungslegungsgrundsätzen für den Sachverhalt erforderlich ist. Zu den falschen Darstellungen gehören auch unterlassene Angaben. Falsche Darstellungen können aus Irrtümern oder aus dolosen Handlungen resultieren.
Informationskategorie	Eine nach DRS 20 unter Einbeziehung von DRS 17 bestimmte Kategorie von Lageberichtsinformationen; hierzu zählen: Geschäftsmodell des Konzerns, Ziele und Strategien, Steuerungssystem, Forschung und Entwicklung, gesamtwirtschaftliche und branchenbezogene Rahmenbedingungen, Geschäftsverlauf, Ertrags-, Finanz- und Vermögenslage, finanzielle und nichtfinanzielle Leistungsindikatoren, Prognosebericht, Chancen- und Risikobericht, internes Kontrollsystem und Risikomanagementsystem bezogen auf den Konzernrechnungslegungsprozess, Risikoberichterstattung in Bezug auf die Verwendung von Finanzinstrumenten, übernahmerelevante Angaben sowie Versicherung der gesetzlichen Vertreter.
Lagebericht	Lagebericht nach §§ 289 bis 289f HGB bzw. Konzernlagebericht nach §§ 315 bis 315d HGB
Lageberichtsfremde Angaben	Angaben, die weder nach §§ 289 bis 289f, 315 bis 315d HGB vorgeschrieben, noch von DRS 20 gefordert sind. Angaben, die vom Gesetz oder von DRS 20 nur für Unternehmen bestimmter Größenklassen oder nur für kapitalmarktorientierte Unternehmen vorgesehen sind und in entsprechender Anwendung solcher Regelungen freiwillig in den Lagebericht aufgenommen werden, zählen nicht zu den lageberichtsfremden Angaben.
Lageberichtstypische Angaben	Angaben, die entweder nach §§ 289 bis 289f, 315 bis 315d HGB vorgeschrieben oder von DRS 20 gefordert sind, unbeschadet dessen, ob das Gesetz oder DRS 20 diese Angaben nur für Unternehmen bestimmter Größenklassen oder nur für kapitalmarktorientierte Unternehmen vorsehen.
Nicht prüfbare Angaben	Angaben, die aufgrund der Art der Angaben bzw. aufgrund nicht vorhandener geeigneter Kriterien nicht beurteilbar sind.
Risiko	Mögliche künftige Entwicklungen oder Ereignisse, die zu einer negativen Abweichung von Prognosen bzw. Zielen des Unternehmens führen können.

IDW PS 350 n.F. (10.2021)

Beachtung bestimmter Anforderungen an die Abschlussprüfung (22)	**Planung der Prüfung des Lageberichts (23-27)**	**Wesentlichkeit bei der Planung und Durchführung der Prüfung des Lageberichts (28-31)**
» *ISA [DE] 200* und *IDW PS 201 n.F.* » Einschlägige Grundsätze anderer Standards	» Integration der Planungsaktivitäten zur Prüfung des Lageberichts in die Planung der Abschlussprüfung nach *ISA [DE] 300* » Ggf. Entscheidung über die Prüfung lageberichtsfremder Angaben sowie lageberichtstypischer Angaben, für die keine gesetzliche Pflicht zur inhaltlichen Prüfung besteht » Auf nicht inhaltlich geprüfte lageberichtsfremde Angaben ist *ISA [DE] 720 (Revised)* anzuwenden	» Für die Festlegung und Anwendung der Wesentlichkeit bei der Prüfung der im Lagebericht dargestellten quantitativen vergangenheitsorientierten Finanzinformationen zur VFE-Lage werden die Wesentlichkeiten für den Abschluss zugrunde gelegt » Ansonsten = Wesentlichkeitsüberlegungen zumindest auf Ebene der sog. Informationskategorien » Ggf. Anpassung der Wesentlichkeitsüberlegungen unter Berücksichtigung der Planungsrechnung

Risiken wesentlicher falscher Darstellungen im Lagebericht (32-44)

Prüfungshandlungen zur Risikobeurteilung	**Verständnisses von dem Unternehmen und dessen Umfeld**	**Erlangung eines Verständnisses von den relevanten Vorkehrungen und Maßnahmen (Systeme)**	**Identifikation und Beurteilung der Risiken wesentlicher falscher Darstellungen**
» Beurteilung auf Lageberichtsebene (insgesamt) sowie auf Aussageebene (zumindest auf Ebene der sog. Informationskategorien; ggf. für Angabegruppen oder Einzelangaben) » Vollständigkeit » Richtigkeit » Darstellung » Einschließlich quantitativer und qualitativer Aspekte der Angaben	» Zugrundelegung des bei der Prüfung des Abschlusses zu erlangenden Verständnisses auch bei der Prüfung des Lageberichts » Falls nicht ausreichend: Verschaffen des erforderlichen Verständnisses	» Befassung mit dem Prozess zur Aufstellung des Lageberichts » Umfasst auch die Beurteilung der Angemessenheit der Systeme » Auch in Bezug auf die Erfassung und Bewertung von Chancen bzw. Risiken der künftigen Entwicklung und ggf. den Umgang mit ihnen sowie in Bezug auf wesentliche prognostische Angaben » Vergleich früherer Prognosen mit den tatsächlichen Ergebnissen	» Identifizierung und Beurteilung der Risiken wesentlicher falscher Darstellungen auf Lageberichts- und Aussageebene (einschließlich der quantitativen bzw. qualitativen Aspekte dieser Angaben) » Dabei ist die mit prognostischen Angaben verbundene Prognoseunsicherheit zu berücksichtigen

IDW PS 350 n.F. (10.2021)

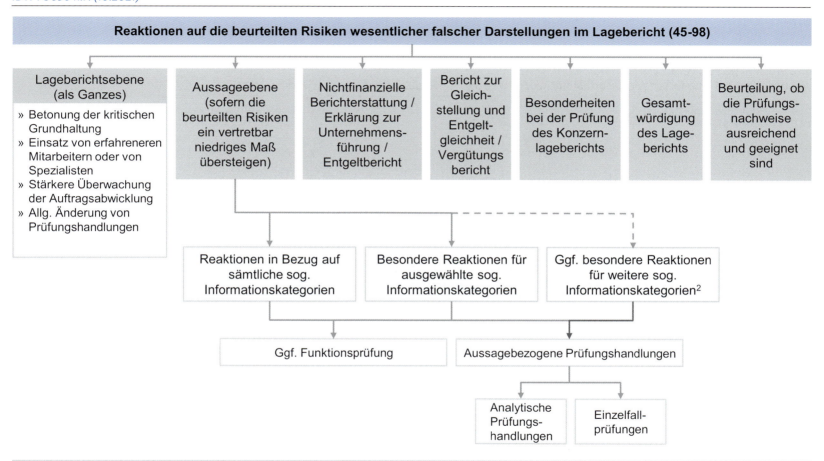

Reaktionen auf Aussageebene in Bezug auf sämtliche Informationskategorien (46-52)

» Planung und Durchführung von Prüfungshandlungen, deren Art, Umfang und Zeitpunkt auf den beurteilten Risiken wesentlicher falscher Darstellungen basieren und auf diese ausgerichtet sind
» Zumindest auf Ebene der sog. Informationskategorien; ggf. für Angabegruppen oder Einzelangaben

Besondere Reaktionen auf Aussageebene für ausgewählte Informationskategorien (53-81)

Ziele und Strategien	Steuerungssystem	Rahmenbedingungen	Geschäftsverlauf	VFE-Lage	Übernahmerelevante Angaben und Angaben zu eigenen Aktien

Prognosebericht

» Nachvollziehen der den Prognosen zugrunde liegenden bedeutsamen Annahmen und Beurteilung der Vertretbarkeit dieser Annahmen
» Beurteilung der sachgerechten Ableitung der prognostischen Angaben aus den ihnen zugrunde liegenden Annahmen
» Keine Abgabe eines eigenständigen Prüfungsurteils zu den zukunftsorientierten Angaben oder zu den zugrunde liegenden Annahmen

Chancen- und Risikobericht

» Beurteilung, ob die wesentlichen Chancen und Risiken der künftigen Entwicklung vollständig im Lagebericht angegeben sind
» Würdigung, ob die dargestellten Chancen und Risiken mit anderen zur Kenntnis gelangten relevanten Informationen in Einklang stehen
» Nachvollziehen der Tragweite anhand geeigneter Informationen und Beurteilung der zutreffenden Darstellung der Chancen und Risiken im Lagebericht

Nichtfinanzielle Berichterstattung – ohne inhaltliche Prüfung (82-83)

» Prüfung, ob die nichtfinanzielle (Konzern-)Erklärung oder der gesonderte nichtfinanzielle (Konzern-)Bericht vorgelegt wurde
» Im Falle der Veröffentlichung eines gesonderten nichtfinanziellen (Konzern-)Berichts auf der Internetseite:
  » Feststellung, ob der Lagebericht auf diese Veröffentlichung unter Angabe der Internetseite Bezug nimmt
  » Ergänzende Prüfung vier Monate nach dem Abschlussstichtag, ob der Bericht vorgelegt wurde

(Konzern-)Erklärung zur Unternehmensführung – ohne inhaltliche Prüfung (84-85)

Aufnahme in den Lagebericht

Aufnahme in gesonderten Abschnitt des Lageberichts?

Veröffentlichung auf der Internetseite

Enthält der Lagebericht eine Bezugnahme auf die Internetseite? Existiert die Seite und ist sie öffentlich zugänglich?

Prüfung der Angaben beschränkt sich darauf, ob die Angaben gemacht wurden

Beurteilung der festgestellten, nicht korrigierten falschen Darstellungen im Lagebericht (99-103)

» Beurteilung der Auswirkungen auf die Prüfungsdurchführung, den Lagebericht und ggf. den Abschluss sowie die diesbezüglichen Prüfungsurteile
» Pflicht, das Unternehmen aufzufordern, die festgestellten falschen Darstellungen zu korrigieren
» Abschließende Würdigung, ob die festgestellten, nicht korrigierten falschen Darstellungen insgesamt wesentlich sind

Ereignisse nach dem Abschlussstichtag (104)

» Beachtung der die Prüfung des Lageberichts betreffenden Grundsätze gemäß *ISA [DE] 560*.

Dokumentation (108-111)

» Dokumentation ist so zu erstellen, dass ein erfahrener, nicht mit der Prüfung des Lageberichts befasster Prüfer in der Lage ist, zu verstehen:
  » Art, Zeitpunkt und Umfang der durchzuführenden Prüfungshandlungen
  » Ergebnisse der durchgeführten Prüfungshandlungen und die erlangten Prüfungsnachweise
  » bedeutsame Sachverhalte der Prüfung, hierzu getroffene Feststellungen sowie vorgenommene bedeutsame Beurteilungen, um diese Feststellungen zu treffen
» Zu dokumentieren ist auch der Umgang mit Unstimmigkeiten, wenn erlangte Informationen im Widerspruch zu einer getroffenen endgültigen Feststellung zu einem bedeutsamen Sachverhalt stehen.
» Ggf. Dokumentation der Überprüfung der Arbeit von Teilbereichsprüfern
» Abschluss der Prüfungsakte spätestens 60 Tage nach dem Datum des Bestätigungsvermerks; in Ausnahmefällen spätere Änderung oder Ergänzung der Dokumentation unter bestimmten Bedingungen

Bildung eines Prüfungsurteils zum Lagebericht (112)

- Bildung eines Prüfungsurteils, ob der Lagebericht in Übereinstimmung mit den maßgebenden Rechnungslegungsgrundsätzen aufgestellt ist, d.h. ob
  - der Lagebericht insgesamt ein zutreffendes Bild von der Lage des Unternehmens vermittelt und ob
  - der Lagebericht in allen wesentlichen Belangen
    - mit dem Abschluss in Einklang steht,
    - den deutschen gesetzlichen Vorschriften entspricht und
    - die Chancen und Risiken der zukünftigen Entwicklung zutreffend darstellt.

Berichterstattung des Abschlussprüfers (113-123)

Prüfungsbericht (113-114)

IDW PS 450 n.F. (10.2021)

Bestätigungsvermerk (115-123)

IDW PS 400er-Reihe, IDW PS 270 n.F. (10.2021) und ISA [DE] 720 (Revised)

Abschnitt „Prüfungsurteile"

- Pflicht zur Information über Nichtprüfung bei nicht eindeutig abgegrenzten
  - nicht inhaltlich geprüften lageberichtstypischen Angaben
  - lageberichtsfremden Angaben
- Art des Prüfungsurteils → uneingeschränkt, eingeschränkt, versagt oder Erklärung der Nichtabgabe

Abschnitt „Sonstige Informationen"

- Anwendung von *ISA [DE] 720 (Revised)* auf inhaltlich nicht geprüfte lageberichtsfremde Angaben

Abschnitt „Wesentliche Unsicherheit"

- Für die Berichterstattung über im Lagebericht dargestellte wesentliche Unsicherheiten im Zusammenhang mit der Fortführung der Unternehmenstätigkeit (= bestandsgefährdende Risiken) gilt *IDW PS 270 n.F. (10.2021)*

Abschnitt „Hinweis(e)"

- Hinweis zur Hervorhebung eines Sachverhalts
- Hinweis auf einen sonstigen Sachverhalt
- Hinweis zur Nachtragsprüfung
(vgl. *IDW PS 406 n.F. (10.2021)*)

IDW EPS 352 (08.2022)
Entwurf eines IDW Prüfungsstandards: Inhaltliche Prüfung der nichtfinanziellen (Konzern-)Erklärung im Rahmen der Abschlussprüfung

Zusammenfassung:

Nach § 289b HGB haben bestimmte Kapitalgesellschaften ihren Lagebericht um eine nichtfinanzielle Erklärung zu erweitern. Der Inhalt der nichtfinanziellen Erklärung ergibt sich aus § 289c HGB. Der Abschlussprüfer ist nach § 317 Abs. 2 Satz 4 HGB nur verpflichtet zu prüfen, ob die nichtfinanzielle Berichterstattung vorgelegt wurde. Eine inhaltliche Prüfung ist somit grundsätzlich nicht erforderlich.

Dies schließt eine freiwillige inhaltliche Prüfung der nichtfinanziellen Erklärung indes nicht aus. Vor diesem Hintergrund legt IDW EPS 352 (08.2022) die Berufsauffassung dar, nach der Wirtschaftsprüfer eine freiwillige inhaltliche Prüfung der im Lagebericht enthaltenen nichtfinanziellen Erklärung im Rahmen der Abschlussprüfung durchführen und im Bestätigungsvermerk und Prüfungsbericht hierüber berichten. IDW EPS 352 (08.2022) baut somit auf IDW PS 350 n.F. (10.2021) zur Prüfung des Lageberichts auf.

Nach der Darstellung von Besonderheiten bei der Auftragsannahme sowie der Qualitätssicherung werden die Besonderheiten bei der Prüfungsplanung und Prüfungsdurchführung beschrieben. Dazu werden falsche Darstellungen im Zusammenhang mit der nichtfinanziellen Erklärung zunächst als Abweichung zwischen dem Betrag bzw. der Menge, der Darstellung oder der Angabe einer in die nichtfinanzielle Erklärung aufgenommenen Information und dem Betrag bzw. der Menge, der Darstellung oder der Angabe, der/die in Übereinstimmung mit den maßgebenden Kriterien erforderlich ist, definiert. Falsche Darstellungen in der nichtfinanziellen Erklärung, einschließlich fehlender Darstellungen, sind dabei als wesentlich anzusehen, wenn vernünftigerweise erwartet werden kann, dass sie einzeln oder insgesamt wirtschaftliche Entscheidungen von Adressaten, die auf der Grundlage der in der nichtfinanziellen Erklärung enthaltenen Informationen getroffen wurden, beeinflussen können. Auf dieser Basis wird für die Prüfung der nichtfinanziellen Erklärung ein risikoorientierter Prüfungsansatz beschrieben.

Ein weiterer Schwerpunkt des Standards liegt auf der Darstellung der Besonderheiten bei der Berichterstattung. Insbesondere zur Formulierung des Bestätigungsvermerks enthält der Standard verschiedene Formulierungsvorschläge.

Verweise:
— IDW PS 350 n.F. (10.2021): Prüfung des Lageberichts im Rahmen der Abschlussprüfung

> Bei Drucklegung lag die Entwurfsfassung der Verlautbarung vor. Sollte die finale Fassung materiell von der Entwurfsfassung abweichen und hieraus Änderungsbedarf an der Visualisierung entstehen, stellen wir Ihnen die geänderte Version im Downloadbereich zur Verfügung. Lösen Sie hierzu den Code auf der Innenseite des Umschlags ein.

IDW EPS 352 (08.2022): Inhaltliche Prüfung der nichtfinanziellen (Konzern-) Erklärung im Rahmen der Abschlussprüfung

Anwendungsbereich und Zielsetzung (1-10, 16)

» IDW EPS 352 (08.2022) legt die Berufsauffassung dar, nach der Wirtschaftsprüfer unbeschadet ihrer Eigenverantwortlichkeit eine Prüfung der im Lagebericht enthaltenen nichtfinanziellen Erklärung im Rahmen der Abschluss- bzw. Konzernabschlussprüfung durchführen und im Bestätigungsvermerk und Prüfungsbericht hierüber berichten.

» Das Ziel des APr ist es, ausreichende geeignete Prüfungsnachweise zu erlangen, um ein Prüfungsurteil zur nichtfinanziellen Erklärung zu bilden und im Bestätigungsvermerk abzugeben.

Definitionen (17-18) (1/2)

Aspekte	Ein durch § 289c Abs. 2 HGB vorgesehener Bereich von Informationen in der nichtfinanziellen Erklärung; hierzu zählen zumindest: Umweltbelange, Arbeitnehmerbelange, Sozialbelange, Achtung der Menschenrechte, Bekämpfung von Korruption und Bestechung.
Delegierter Rechtsakt	Sämtliche delegierte Verordnungen, die der Auslegung der EU-Taxonomieverordnung dienen.
Due-Diligence-Prozess	Ein Verfahren, im Rahmen dessen das Unternehmen seinen Sorgfaltspflichten nachkommt, um Risiken hinsichtlich der Aspekte zu identifizieren und entsprechende Maßnahmen zur Minimierung oder Vermeidung potenzieller oder zur Beseitigung bestehender negativer Auswirkungen seiner Geschäftstätigkeit festzulegen.
Europäische gesetzl. Vorschriften	Die EU-Taxonomieverordnung und die delegierten Rechtsakte.
Kriterien	Die deutschen und europäischen gesetzlichen Vorschriften, etwaige aus Rahmenwerken i.S. des § 289d HGB hinzugezogene Kriterien sowie weitere vom Unternehmen hinzugezogene oder selbst entwickelte konkretisierende Kriterien.

Definitionen (17-18) (2/2)

Nichtfinanzielle Erklärung	Berichterstattung innerhalb des (Konzern-)Lageberichts zur Erfüllung der einschlägigen deutschen gesetzlichen und europäischen Vorschriften.
Falsche Darstellung (i.Z.m. der nichtfinanziellen Erklärung)	Abweichung zwischen dem Betrag bzw. der Menge, der Darstellung oder der Angabe einer in die nichtfinanzielle Erklärung aufgenommenen Information und dem Betrag bzw. der Menge, der Darstellung oder der Angabe, der/die in Übereinstimmung mit den maßgebenden Kriterien erforderlich ist. Zu den falschen Darstellungen gehören auch unterlassene Angaben. Falsche Darstellungen resultieren aus Irrtümern oder aus dolosen Handlungen.
Informationskategorie (i.Z.m. der nichtfinanziellen Erklärung)	» Die nach § 289c Abs. 1 HGB erforderliche Beschreibung des Geschäftsmodells sowie die nach § 289c Abs. 3 HGB jeweils zu jedem Aspekt erforderlichen Angaben, die für das Verständnis des Geschäftsverlaufs, des Geschäftsergebnisses, der Lage des Unternehmens sowie der Auswirkungen ihrer Tätigkeit auf die Aspekte erforderlich sind und » die nach der EU-Taxonomieverordnung erforderlichen Angaben.

Anwendung des IDW PS 350 n.F. (10.2021), keine Anwendung des ISA [DE] 720 (Revised) (19)

Neben IDW EPS 352 (08.2022) ist IDW PS 350 n.F. (10.2021) zu beachten.

Besonderheiten bei der Auftragsannahme und -fortführung (20-23)

» Bei der Beauftragung ist zu vereinbaren, dass die nichtfinanzielle Erklärung vollumfänglich (d.h. die gesamten, von den gesetzlichen Vorschriften vorgesehenen Bestandteile) mit hinreichender Sicherheit auf inhaltliche Übereinstimmung mit den einschlägigen Vorschriften und mit den in der nichtfinanziellen Erklärung dargestellten konkretisierenden Kriterien geprüft wird.
» In den Arbeitspapieren ist zu dokumentieren, dass die Prüfung der nichtfinanziellen Erklärung als Bestandteil der Prüfung des Lageberichts durchgeführt wird.
» Vor Auftragsannahme hat der APr auf der Basis von vorläufigen Erkenntnissen festzustellen, ob die Voraussetzungen für die inhaltliche Prüfung der nichtfinanziellen Erklärung als Erweiterung der gesetzlichen Abschlussprüfung vorliegen.

Besonderheiten bei der Qualitätssicherung (24-26)

- Der APr hat bei der inhaltlichen Prüfung der nichtfinanziellen Erklärung im Rahmen der Abschlussprüfung dieselben Unabhängigkeitsvorschriften sowie dieselben sonstigen deutschen Berufspflichten einschließlich Qualitätssicherungsanforderungen einzuhalten, die auch für die Prüfung des Abschlusses und des Lageberichts gelten.
- Der Auftragsverantwortliche hat über ausreichende Kompetenzen hinsichtlich der Aspekte und Informationskategorien zu verfügen, um die Verantwortlichkeit für das Prüfungsurteil zu übernehmen.

Besonderheiten bei der Prüfungsplanung (27-32)

- Die Planungsaktivitäten zur Prüfung der nichtfinanziellen Erklärung sind in die nach IDW PS 350 n.F. (10.2021) vorzunehmende Planung der Lageberichtsprüfung zu integrieren.
- Der APr hat sich zu entscheiden, ob er für die Beurteilung der Informationskategorien die Nutzung der Arbeit eines für den Abschlussprüfer tätigen Sachverständigen für erforderlich hält.

Sind die von den gesetzlichen Vertretern des Unternehmens in der nichtfinanziellen Erklärung dargestellten Kriterien geeignet?	Die Angaben in der nichtfinanziellen Erklärung sind prüfbar, wenn das Unternehmen: » ggf. konkretisierende Kriterien anwendet, sodass die Kriterien insgesamt geeignet sind und die folgenden Merkmale aufweisen a) Relevanz, b) Vollständigkeit, c) Verlässlichkeit, d) Neutralität, e) Verständlichkeit. » die Kriterien veröffentlicht sowie » über die notwendigen Vorkehrungen und Maßnahmen (Systeme) verfügt, um ausreichende geeignete Nachweise zur Verfügung zu stellen, um die in der nichtfinanziellen Erklärung gemachten Aussagen ausreichend zu untermauern.

Besonderheiten bei der Wesentlichkeit (33-35)

Falsche Darstellungen in der nichtfinanziellen Erklärung, einschließlich fehlender Darstellungen, sind als wesentlich anzusehen, wenn vernünftigerweise erwartet werden kann, dass sie einzeln oder insgesamt auf der Grundlage der in der nichtfinanziellen Erklärung enthaltenen Informationen getroffene wirtschaftliche Entscheidungen von Adressaten beeinflussen können.

Besonderheiten bei der Prüfungsdurchführung (36-64)

Identifizierung und Beurteilung der Risiken wesentlicher falscher Darstellungen in der nichtfinanziellen Erklärung (36-41)

» Prüfungshandlungen zur Risikobeurteilung
» Erlangung eines Verständnisses über den Aufstellungsprozess und den für die Aufstellung verwendeten Vorkehrungen und Maßnahmen (Systeme)
» Identifizierung und Beurteilung der Risiken wesentlicher falschen Darstellungen in der nichtfinanziellen Erklärung

Reaktionen auf die beurteilten Risiken wesentlicher falscher Darstellungen

Reaktionen auf Aussageebene in Bezug auf sämtliche Informationskategorien (42-48)

» Analytische Prüfungshandlungen oder Einzelfallprüfungen auf Ebene der einzelnen Informationskategorien
» Ggf. Funktionsprüfungen
» Ggf. Beurteilung des Rahmenwerks
» Übereinstimmung mit übrigen Angaben im Lagebericht und im Abschluss
» Beurteilung der Kriterien und Methoden für Schätzungen

Reaktionen auf Aussageebene für ausgewählte Informationskategorien (49-61)

Wurden die gesetzlich geforderte Beschreibung des Geschäftsmodells sowie die geforderten Angaben zu den Informationskategorien einschließlich der Angaben nach der EU-Taxonomieverordnung – sofern relevant – gemacht und stehen sie mit anderen dem APr zur Kenntnis gelangten relevanten Informationen in Einklang?

Beurteilung der festgestellten, nicht korrigierten falschen Darstellungen (62-64)

Nutzung der Tätigkeit eines anderen Prüfers (65)

Nutzt der APr die Tätigkeit eines anderen Prüfers für in der nichtfinanziellen Erklärung von Einheiten in der Lieferkette <u>außerhalb des Unternehmens bzw. des Konzerns</u> aufgenommene Informationen, hat er
» mit den anderen Prüfern klar über Umfang und zeitliche Einteilung der Tätigkeit und Feststellungen der anderen Prüfer zu kommunizieren,
» den ausreichenden Umfang und die Geeignetheit der erlangten Prüfungsnachweise sowie den Prozess für die Aufnahme der diesbezüglichen Informationen in die nichtfinanzielle Erklärung zu beurteilen.

Schriftliche Erklärung (66)

Der APr hat vom Management eine schriftliche Erklärung anzufordern.

Bildung eines Prüfungsurteils zur nichtfinanziellen Erklärung (67)

Der APr hat sich ein Urteil darüber bilden, ob die nichtfinanzielle Erklärung in allen wesentlichen Belangen in Übereinstimmung mit den einschlägigen deutschen gesetzlichen und europäischen Vorschriften und mit den von den gesetzlichen Vertretern des Unternehmens in der nichtfinanziellen Erklärung dargestellten konkretisierenden Kriterien aufgestellt wurde.

Besonderheiten bei der Berichterstattung (68-79)

Bestätigungsvermerk (68-77)

» Im Abschnitt „Prüfungsurteile" ist der erweiterte Prüfungsgegenstand darzustellen.
» im Abschnitt „Grundlage für die Prüfungsurteile" ist zu erklären, dass die erlangten Prüfungsnachweise ausreichend und geeignet sind, um auch als Grundlage für das Prüfungsurteil für die enthaltene nichtfinanzielle Erklärung zu dienen.
» In den Abschnitten „Verantwortung der gesetzlichen Vertreter und des Aufsichtsrats für den Jahresabschluss und den Lagebericht" sowie „Verantwortung des Abschlussprüfers für die Prüfung des Jahresabschlusses und des Lageberichts" sind entsprechende Erläuterungen aufzunehmen.

Hinweis:
In den Tz. 68-77 sowie in einer Anlage zum Standard sind Formulierungsvorschläge enthalten.

Prüfungsbericht (78-79)

» Im Prüfungsbericht ist bei der Beschreibung des Prüfungsauftrags die Einbeziehung der nichtfinanziellen Erklärung in die inhaltliche Prüfung darzustellen.
» In einem gesonderten Abschnitt des Prüfungsberichts ist über das Ergebnis der inhaltlichen Prüfung der nichtfinanziellen Erklärung zu berichten und zumindest ein Verweis auf die diesbezüglichen Ausführungen im Bestätigungsvermerk vorzunehmen.

IDW PS 400 n.F. (10.2021)
IDW Prüfungsstandard: Bildung eines Prüfungsurteils und Erteilung eines Bestätigungsvermerks

Zusammenfassung:

IDW PS 400 n.F. (10.2021) transformiert die in ISA 700 (Revised) enthaltenen internationalen Anforderungen unter Berücksichtigung nationaler Besonderheiten.

Das Ziel des Abschlussprüfers ist es, auf der Grundlage der Beurteilung der aus den erlangten Prüfungsnachweisen gezogenen Schlussfolgerungen Prüfungsurteile zum Abschluss und – sofern einschlägig – zum Lagebericht bzw. zu sonstigen Prüfungsgegenständen zu bilden und diese Prüfungsurteile durch einen Bestätigungsvermerk schriftlich klar zum Ausdruck zu bringen. IDW PS 400 n.F. (10.2021) bildet das Rahmenkonzept und regelt die Grundlagen für den Inhalt eines Bestätigungsvermerks mit nicht modifizierten Prüfungsurteilen. Ergänzende Vorschriften enthalten

— IDW PS 270 n.F. (10.2021) (bei wesentlicher Unsicherheit im Zusammenhang mit der Fortführung der Unternehmenstätigkeit),
— IDW PS 401 n.F. (10.2021) (zur Darstellung von besonders wichtigen Prüfungssachverhalten bei PIE),
— IDW PS 405 n.F. (10.2021) (bei Modifizierungen des Prüfungsurteils),
— IDW PS 406 n.F. (10.2021) (zur Darstellung von Hinweisen im Bestätigungsvermerk),
— ISA [DE] 710 (zu Vergleichsinformationen) sowie
— ISA [DE] 720 (Revised) (zu Angaben im Bestätigungsvermerk über sonstige Informationen).

Der Bestätigungsvermerk nach IDW PS 400 n.F. (10.2021) führt zu einer Individualisierung der Berichterstattung und gilt grundsätzlich für Prüfungen von Abschlüssen bei allen Unternehmen. Der Bestätigungsvermerk enthält die folgenden Grundbestandteile:

— Prüfungsurteile über die Prüfung des Abschlusses und ggf. des Lageberichts,
— Grundlage für die Prüfungsurteile,
— ggf. Darstellung einer wesentlichen Unsicherheit im Zusammenhang mit der Fortführung des Unternehmens (IDW PS 270 n.F. (10.2021)),
— ggf. Darstellung von Hinweisen (IDW PS 406 n.F. (10.2021)),
— ggf. Darstellung besonders wichtiger Prüfungssachverhalte (sog. KAM, IDW PS 401 n.F. (10.2021)),
— ggf. Darstellung sonstiger Informationen (ISA [DE] 720 (Revised)),
— Verantwortung der gesetzlichen Vertreter (und des Aufsichtsrats) für den Abschluss und ggf. den Lagebericht,
— Verantwortung des Abschlussprüfers für die Prüfung des Abschlusses und des Lageberichts,
— ggf. weitere Darstellungen zu sonstigen gesetzlichen und anderen rechtlichen Anforderungen.

Verweise:

— ISA 700 (Revised): Bildung eines Prüfungsurteils und Erteilung eines Vermerks zum Abschluss
— ISA [DE] 720 (Revised): Verantwortlichkeiten des Abschlussprüfers im Zusammenhang mit sonstigen Informationen
— IDW PS 270 n.F. (10.2021): Die Beurteilung der Fortführung der Unternehmenstätigkeit im Rahmen der Abschlussprüfung
— IDW PS 401 n.F. (10.2021): Mitteilung besonders wichtiger Prüfungssachverhalte im Bestätigungsvermerk
— IDW PS 405 n.F. (10.2021): Modifizierungen des Prüfungsurteils im Bestätigungsvermerk
— IDW PS 406 n.F. (10.2021): Hinweise im Bestätigungsvermerk
— IDW PS 406: Hinweise im Bestätigungsvermerk

IDW PS 400 n.F. (10.2021): Bildung eines Prüfungsurteils und Erteilung eines Bestätigungsvermerks

Anwendungsbereich und Zielsetzung (1-5, 9)

IDW PS 400 n.F. (10.2021) legt die Berufsauffassung dar, nach der Wirtschaftsprüfer Prüfungsurteile zum Abschluss und – sofern einschlägig – zum Lagebericht und zu sonstigen Prüfungsgegenständen bilden. Behandelt werden außerdem Form und Inhalt des Bestätigungsvermerks, der als Ergebnis einer Abschlussprüfung erteilt wird.

Das Ziel des APr ist es,
» auf der Grundlage der Beurteilung der aus den erlangten Prüfungsnachweisen gezogenen Schlussfolgerungen Prüfungsurteile zum Abschluss und – sofern einschlägig – zum Lagebericht bzw. zu sonstigen Prüfungsgegenständen zu bilden und
» diese Prüfungsurteile durch einen Bestätigungsvermerk schriftlich klar zum Ausdruck zu bringen.

Weitere Standards zum Bestätigungsvermerk	» IDW PS 401 n.F. (10.2021) behandelt die Darstellung besonders wichtiger Prüfungssachverhalte » IDW PS 405 n.F. (10.2021) und IDW PS 406 n.F. (10.2021) behandeln die Auswirkungen, wenn ein modifiziertes Prüfungsurteil abgegeben bzw. ein Hinweis in den Bestätigungsvermerk aufgenommen wird. » IDW PS 270 n.F. (10.2021) behandelt Fragen zur Fortführung der Unternehmenstätigkeit einschließlich der damit zusammenhängenden Berichterstattungspflichten im Bestätigungsvermerk.

Definitionen (10) (1/2)

Abschluss für allgemeine Zwecke	Ein in Übereinstimmung mit Rechnungslegungsgrundsätzen für allgemeine Zwecke aufgestellter Abschluss.
Geschäftsbericht	Ein Geschäftsbericht umfasst den Abschluss, sowie sofern einschlägig den Lagebericht, **und den dazugehörigen Bestätigungsvermerk** oder ist diesen beigefügt und enthält normalerweise Informationen über die Entwicklung des Unternehmens, dessen Zukunftsaussichten und Risiken sowie Unsicherheiten, eine Erklärung des Überwachungsgremiums des Unternehmens und Berichte zu Überwachungssachverhalten.

Definitionen (10) (2/2)

Lagebericht	Lagebericht nach §§ 289 bis 289f HGB bzw. Konzernlagebericht nach §§ 315 bis 315d HGB.
Maßgebende Rechnungslegungsgrundsätze	Die von den gesetzlichen Vertretern bei der Aufstellung des Abschlusses und Lageberichts gewählten Rechnungslegungsgrundsätze. Für Abschlüsse wird unterschieden zwischen: » Rechnungslegungsgrundsätze zur sachgerechten Gesamtdarstellung (z.B. die für Kapitalgesellschaften geltenden Vorschriften §§ 264 bis 288 HGB, §§ 290 bis 314 HGB sowie die IFRS) » Rechnungslegungsgrundsätze zur Ordnungsmäßigkeit (z.B. die für alle Kaufleute geltenden Vorschriften §§ 238 bis 256a HGB)
Nicht modifiziertes Prüfungsurteil	Prüfungsurteil, wenn der APpr zu dem Schluss gelangt, dass der Abschluss oder der Lagebericht in allen wesentlichen Belangen in Übereinstimmung mit den maßgebenden Rechnungslegungsgrundsätzen aufgestellt ist.
Rechnungslegungsgrundsätze für allgemeine Zwecke	Rechnungslegungsgrundsätze, die darauf ausgerichtet sind, die gemeinsamen Bedürfnisse eines breiten Spektrums von Nutzern an Finanzinformationen zu erfüllen. Dabei kann es sich um Rechnungslegungsgrundsätze zur sachgerechten Gesamtdarstellung oder um Rechnungslegungsgrundsätze zur Ordnungsmäßigkeit handeln.
Sonstige Informationen	Im Geschäftsbericht eines Unternehmens enthaltene Finanzinformationen oder nichtfinanzielle Informationen (außer dem Abschluss sowie den inhaltlich geprüften Lageberichtsangaben und dem dazugehörigen Bestätigungsvermerk).
Sonstige Prüfungsgegenstände	Informationen bzw. Sachverhalte (über die im Abschluss und Lagebericht enthaltenen hinaus), zu denen nach gesetzlichen Vorschriften im Bestätigungsvermerk ein gesondertes Prüfungsurteil abzugeben oder über die im Prüfungsbericht zu berichten ist.
Zusätzliche Informationen	Nach den maßgebenden Rechnungslegungsgrundsätzen für den Abschluss nicht erforderliche, aber zulässige Informationen, die im oder zusammen mit dem geprüften Abschluss dargestellt werden.

IDW PS 400 n.F. (10.2021)

Bildung eines Prüfungsurteils (13-22)

Prüfungsurteils zum Abschluss (13-18)

- » Ist der Abschluss in allen wesentlichen Belangen in Übereinstimmung mit den maßgebenden Rechnungslegungsgrundsätzen aufgestellt?
- » Wurde hinreichende Sicherheit darüber erlangt, ob der Abschluss als Ganzes frei von wesentlichen falschen Darstellungen aufgrund von dolosen Handlungen oder Irrtümern ist?

Prüfungsurteils zum Lagebericht (19-20)

- » Vermittelt der Lagebericht insgesamt ein zutreffendes Bild von der Lage des Unternehmens?
- » Steht der Lagebericht in allen wesentlichen Belangen mit dem Abschluss in Einklang, entspricht den gesetzlichen Vorschriften und stellt die Chancen und Risiken der zukünftigen Entwicklung zutreffend dar?

Prüfungsurteils zu einem sonstigen Prüfungsgegenstand (21-22)

Prüfungsurteile zu sonstigen Prüfungsgegenständen dürfen in den Bestätigungsvermerk nur dann aufgenommen werden, wenn eine Rechtsnorm die Aufnahme eines Prüfungsurteils in den Bestätigungsvermerk vorsieht. Über sonstige gesetzliche Erweiterungen des Prüfungsgegenstandes trifft der APr die Prüfungsaussagen ausschließlich im Prüfungsbericht.

Art des Prüfungsurteils (23-29)

Nicht modifiziertes Prüfungsurteil	Modifiziertes Prüfungsurteil → IDW PS 405 n.F. (10.2021)

IDW PS 400 n.F. (10.2021)

Aufbau und Bestandteile des Bestätigungsvermerks (30-78, A29-A82, Anlage) (1/4)

Hinweis: IDW PS 400 n.F. (10.2021) enthält in einer Anlage Beispiele für Bestätigungsvermerke.

Überschrift und Adressierung	Überschrift: **Bestätigungsvermerk des unabhängigen APr** (31)	
	Angabe des **Empfängers** (Regelfall: „An die [Gesellschaft]") (32)	
Vermerk über die Prüfung des Jahresabschlusses und ggf. des Lageberichts (33-78)	**Prüfungsurteile** über die Prüfung des Jahresabschlusses und des Lageberichts (34-45)	
	Grundlage für die Prüfungsurteile (46-48)	
	Sofern relevant: Unsicherheit i.Z.m. der Fortführung der Unternehmenstätigkeit	→ IDW PS 270 n.F. (10.2021)
	Sofern relevant: Hinweis zur Hervorhebung eines Sachverhalts bzw. auf einen sonstigen Sachverhalt	→ IDW PS 406 n.F. (10.2021)
	Nur für PIE: **Besonders wichtige Prüfungssachverhalte** (50-51)	→ IDW PS 401 n.F. (10.2021)
	Sofern relevant: **Sonstige Informationen** (z.B. Bericht des AR, nichtfinanzielle Erklärung) (52)	→ ISA [DE] 720 (Revised)
	Verantwortung [der gesetzlichen Vertreter] für den Abschluss und den Lagebericht (53-57)	
	Verantwortung des APr für die Prüfung des Abschlusses und des Lageberichts (58-65)	
Sonstige gesetzliche und andere rechtliche Anforderungen	Sofern relevant: Vermerke über andere gesetzliche/rechtlich vorgeschriebene Prüfungen (z.B. § 6 EnwG) (66-68)	
	Nur für PIE: **Zusätzliche Angaben gemäß Art. 10 EU-APrVO** (69)	
	Nur für PIE: **Angabe des verantwortlichen Wirtschaftsprüfers** (70)	
Datum, Unterschrift	**Ort der Niederlassung** (71), **Datum, Unterschriften (Siegel)** (72-78)	

Aufbau und Bestandteile des Bestätigungsvermerks (30-78, A29-A82) (2/4)

Prüfungsurteile über die Prüfung des Jahresabschlusses und des Lageberichts (34-45)

Benennung des Prüfungsgegenstandes » Beispiel: Wir haben den Jahresabschluss der … [Gesellschaft] – bestehend aus der Bilanz zum … [Datum] und der Gewinn- und Verlustrechnung für das Geschäftsjahr vom … [Datum] bis zum … [Datum] sowie dem Anhang, einschließlich der Darstellung der Bilanzierungs- und Bewertungsmethoden – geprüft. Darüber hinaus haben wir den Lagebericht der ... [Gesellschaft] für das Geschäftsjahr vom ... [Datum] bis zum ... [Datum] geprüft. Falls einschlägig: Benennung nicht geprüfter Bestandteile des Lageberichts (45 i.V. mit IDW PS 350 n.F. (10.2021))	Abweichende Anforderungen bei modifizierten Prüfungsurteilen (IDW PS 405)
(Standardisierte) Prüfungsurteil(e): » Abschluss (ohne Anhang) in Übereinstimmung mit Rechnungslegungsgrundsätzen zur Ordnungsmäßigkeit (38) » Abschluss in Übereinstimmung mit Rechnungslegungsgrundsätzen zur sachgerechten Gesamtdarstellung (37) » Abschluss und Lagebericht (43)	
Erklärung zur Ordnungsmäßigkeit nach § 322 Abs. 3 Satz 1 HGB (38 bzw. 44)	

Grundlage für die Prüfungsurteile (46-48)

» Erklärung der Übereinstimmung der Prüfung mit § 317 HGB [und ggf. der EU-APrVO] unter Beachtung der Grundsätze ordnungsmäßiger Abschlussprüfung [und ggf. der ISA] » Verweis auf den gesonderten Abschnitt zur Verantwortlichkeit des APr » Erklärung der Unabhängigkeit und der Erfüllung der sonstigen Berufspflichten » Nur für PIE: Erklärung, dass keine verbotenen Nichtprüfungsleistungen erbracht wurden » Erklärung, dass ausreichende und geeignete Prüfungsnachweise erlangt wurden	Abweichende Anforderungen bei modifizierten Prüfungsurteilen (IDW PS 405)

Aufbau und Bestandteile des Bestätigungsvermerks (30-78, A29-A82) (3/4)

Sofern relevant: Sonstige Informationen (ISA [DE] 720 (Revised)) (52)

- » Im Bestätigungsvermerk ist darzulegen, dass die sonstigen Informationen gelesen und gewürdigt wurden.
- » ISA [DE] 720 (Revised) enthält Formulierungsbeispiele für den Abschnitt des Bestätigungsvermerks zu sonstigen Informationen.

Verantwortung der gesetzlichen Vertreter für den Abschluss und ggf. für den Lagebericht (53-57, A48 ff.)

- » Beschreibung der Verantwortung der gesetzlichen Vertreter für:
  - » die Aufstellung des Abschlusses und ggf. des Lageberichts
  - » die als notwendig bestimmten internen Kontrollen
  - » die Beurteilung der Fähigkeit des Unternehmens zur Fortführung der Unternehmenstätigkeit
- » Die verantwortlichen Organe sind explizit zu bezeichnen, was ggf. auch die Nennung der für die Überwachung Verantwortlichen und die Darstellung ihrer Verantwortlichkeit umfasst.

Verantwortung des APr für die Prüfung des Abschlusses und ggf. des Lageberichts (58 ff., A54 ff.)

	Ort der Beschreibung
In Grundzügen erläutert der APr, wie er die Prüfung geplant und durchgeführt hat, um eine hinreichend sichere Basis für sein Prüfungsurteil zu erlangen: » Erläuterung der Zielsetzung des APr » Erläuterung der Begriffe „hinreichende Sicherheit" und „falsche Darstellungen" » Erklärungen zum pflichtgemäßen Ermessen und zur kritischen Grundhaltung » Beschreibung der Kommunikation mit den für die Überwachung Verantwortlichen » Nur bei PIE: Hinweis auf die abgegebene Erklärung zur Unabhängigkeit und die dargestellten besonders wichtigen Prüfungssachverhalte	» Beschreibung der Verantwortung des APr innerhalb des Bestätigungsvermerks » Alternative: Möglichkeit des teilweisen Verweises auf eine Anlage zum Bestätigungsvermerk oder auf die Website einer Aufsichtsbehörde oder eines Standardsetzers (z.B. Verweis auf IDW Website)

Aufbau und Bestandteile des Bestätigungsvermerks (30-78, A29-A82) (4/4)

Sofern relevant: Vermerk über „Sonstige gesetzliche und andere rechtliche Anforderungen" (66 ff.)

» Erweiterung des Bestätigungsvermerks nur um sonstige Pflichtangaben gemäß Spezialgesetzen möglich
  » Gesonderter Abschnitt, wenn die sonstigen Pflichtangaben andere Themen als die Berichtspflichten zur Prüfung des Abschlusses und ggf. des Lageberichts beinhalten
  » Ansonsten Integration der sonstigen Pflichtangaben in den Bestätigungsvermerk ohne gesonderten Abschnitt, jedoch deutliche Abgrenzung von den übrigen Angaben
» Folgende oder entsprechende Überschrift: „Sonstige gesetzliche und andere rechtliche Anforderungen"

Nur für PIE: Übrige Angaben gemäß Artikel 10 APrVO (69, A66 ff.)

Unterabschnitt mit der Überschrift „Übrige Angaben gemäß Artikel 10 EU-Abschlussprüferverordnung" und folgenden Angaben:
» Von welchem Organ der Abschlussprüfer bestellt (gewählt und beauftragt) wurde
» Datum der Bestellung des Abschlussprüfers und gesamte ununterbrochene Mandatsdauer
» Bestätigung der Übereinstimmung des Prüfungsurteils mit dem Prüfungsbericht
» Angabe der zusätzlich erbrachten Leistungen, die im Lagebericht oder in den Abschlüssen nicht angegeben wurden

Nur für PIE: Name des verantwortlichen Wirtschaftsprüfers (70)

Nennung des verantwortlichen Wirtschaftsprüfers in einem Abschnitt mit der Überschrift „Verantwortlicher Wirtschaftsprüfer"

Datum, Unterschrift und Erteilung des Bestätigungsvermerks (71 ff.)

» Der APr hat nach § 322 Abs. 7 Satz 1 HGB den Bestätigungsvermerk unter Angabe des Tages der Unterzeichnung zu unterzeichnen. Dabei ist der Ort der Niederlassung des APr bzw. der Prüfungsgesellschaft anzugeben.
» Ihrer Unterschrift haben Wirtschaftsprüfer die Berufsbezeichnung „Wirtschaftsprüfer(in)" hinzuzufügen. Dabei ist § 18 WPO zu beachten.
» Wird der Bestätigungsvermerk über eine Prüfung erteilt, die den Berufsangehörigen gesetzlich vorbehalten ist, hat der Abschlussprüfer den Bestätigungsvermerk nach § 48 Abs. 1 WPO mit dem Berufssiegel zu versehen.

In Gesetzen oder anderen Rechtsvorschriften vorgeschriebener Bestätigungsvermerk (79-80)

Wenn der APr durch Gesetze oder andere Rechtsvorschriften dazu verpflichtet ist, einen bestimmten Aufbau oder Wortlaut des Bestätigungsvermerks zu verwenden, dann darf er nur dann auf die GoA Bezug nehmen, wenn ein Katalog von Mindestanforderungen an den Bestätigungsvermerk erfüllt ist.

Bestätigungsvermerk für Abschlussprüfungen, die unter ergänzender Beachtung der ISA durchgeführt wurden (81)

Der APr darf im Bestätigungsvermerk zusätzlich zu den GoA nur dann auf die ISA Bezug nehmen, wenn er beauftragt worden ist, eine Abschlussprüfung unter ergänzender Beachtung der ISA durchzuführen, und diese auch eingehalten hat.

Zusätzliche Informationen (82-85)

Sind zusätzliche Informationen ein integraler Bestandteil des Abschlusses?	Die zusätzlichen Informationen müssen vom Prüfungsurteil zum Abschluss abgedeckt werden.	
Sind zusätzliche Informationen kein integraler Bestandteil des Abschlusses, jedoch Teil des Lageberichts bzw. eines sonstigen Prüfungsgegenstands?	Ggf. Abgabe eines Urteils zum Lagebericht bzw. sonstigen Prüfungsgegenstand (sofern dessen Prüfung gesetzlich gefordert oder freiwillig beauftragt war).	Auf (ungeprüfte) lageberichtsfremde Angaben ist IDW PS 350 n.F. (10.2021) anzuwenden.
Kein integraler Bestandteil des Abschlusses und nicht Teil des Lageberichts bzw. eines sonstigen Prüfungsgegenstand.	Beurteilung, ob die ungeprüften zusätzlichen Informationen vom geprüften Abschluss ausreichend und eindeutig abgegrenzt werden können.	» Änderung der Darstellung durch die gesetzlichen Vertreter? » Ggf. Hinweis im Bestätigungsvermerk auf ungeprüfte Informationen.

Sonderfragen beim Bestätigungsvermerk (86-101) (1/2)

Kündigung des Prüfungsauftrags (86)

Wird ein Prüfungsauftrag vorzeitig beendet, so darf weder ein Bestätigungsvermerk noch ein Prüfungsvermerk erteilt werden.

Nachtragsprüfung (87-90)

» Erforderlich, sofern der Abschluss oder der Lagebericht nach Vorlage des Prüfungsberichts geändert werden (§ 316 Abs. 3 HGB)
» Ergänzung bzw. ggf. Neuformulierung des Bestätigungsvermerks und Unterzeichnung mit Doppeldatum
» Aufnahme eines Hinweises gem. IDW PS 406 n.F. (10.2021)
» Ggf. Verweis auf die Angabe im Abschluss oder im Lagebericht, welche die Änderung erläutert

Ergänzende Prüfung (91)

» Ist die Gesellschaft zur Erstellung eines nicht-finanziellen Berichts und Veröffentlichung dieses Berichts auf der Internetseite verpflichtet, so hat der APr vier Monate nach dem Abschlussstich-tag zu prüfen, ob dieser Bericht vorgelegt wurde.
» Ergänzung des Bestätigungsvermerks nur, wenn der Bericht nicht vorgelegt worden ist.
» Beachtung der Anforderungen nach ISA [DE] 720 (Revised)

Widerruf des Bestätigungsvermerks (92-95)

» Grundsätzlich Pflicht zum Widerruf des Bestätigungsvermerks, wenn der APr nachträglich erkennt, dass die Voraussetzungen für die Erteilung dieses Bestätigungsvermerks nicht vorgelegen haben <u>und</u> das Unternehmen die entsprechenden Änderungen nicht vornimmt <u>und</u> die Adressaten des Abschlusses nicht informiert. Ausnahmetatbestände beachten!
» Begründung des Widerrufs und Ergreifung von Maßnahmen, dass alle Adressaten des Bestätigungsvermerks von dem Widerruf Kenntnis erlangen können.
» Wird der Abschluss oder Lagebericht nach dem Widerruf geändert, sind die Änderungen im Rahmen einer Nachtragsprüfung zu prüfen.

Sonderfragen beim Bestätigungsvermerk (86-101) (2/2)

Aufschiebende Bedingung (96-98)

Die Erteilung eines Bestätigungsvermerks unter einer aufschiebenden Bedingung ist möglich, wenn
» der geprüfte Abschluss Sachverhalte berücksichtigt, die erst nach Abschluss der Prüfung wirksam werden,
» der Sachverhalt auf den geprüften Abschluss zurückwirkt,
» die Bedingung in einem formgebundenen Verfahren bereits inhaltlich festgelegt ist und es ausschließlich formeller Akte bedarf, und
» die Bedingung mit an Sicherheit grenzender Wahrscheinlichkeit erwartet wird.

> Die aufschiebende Bedingung ist dem Bestätigungsvermerk unmittelbar voranzustellen.

Zusammengefasster Bestätigungsvermerk (99-100)

Möglichkeit der Zusammenfassung des Bestätigungsvermerks zum Jahresabschluss des Mutterunternehmens und des Bestätigungsvermerk zum Konzernabschluss (§ 325 Abs. 3a Satz 2 HGB)

Gemeinschaftsprüfungen (101)

» Grundsatz: Gemeinsamer Bestätigungsvermerk mit einheitlichem Prüfungsurteil, wenn mehrere Prüfer zum APr bestellt sind.
» Ist eine einheitliche Beurteilung ausnahmsweise nicht möglich, sind die Gründe hierfür darzulegen; die unterschiedlichen Prüfungsurteile sind dann gemäß § 322 Abs. 6a HGB jeweils in einem gesonderten Absatz des gemeinsamen Bestätigungsvermerks zu formulieren.

Verwendung des Bestätigungsvermerks (102-104)

» Grundsatz: Der APr ist nicht verpflichtet zu überprüfen, ob Abschluss, Lagebericht und Bestätigungsvermerk zutreffend offengelegt, veröffentlicht oder vervielfältigt werden.
» Bei Offenlegung eines verkürzten Abschlusses soll ein Hinweis erfolgen, dass sich der Bestätigungsvermerk auf den vollständigen Abschluss bezieht.

IDW PS 401 n.F. (10.2021)
IDW Prüfungsstandard: Mitteilung besonders wichtiger Prüfungssachverhalte im Bestätigungsvermerk

Zusammenfassung:

IDW PS 401 n.F. (10.2021) transformiert die in ISA 701 enthaltenen internationalen Anforderungen unter Berücksichtigung nationaler Besonderheiten und ergänzt das in IDW PS 400 n.F. (10.2021) enthaltene Rahmenkonzept der Grundlagen für den Inhalt eines Bestätigungsvermerks im Hinblick auf die Darstellung von besonders wichtigen Prüfungssachverhalten. Besonders wichtige Prüfungssachverhalte sind Sachverhalte, die nach pflichtgemäßem Ermessen des Abschlussprüfers am bedeutsamsten in der Prüfung des Abschlusses für den aktuellen Berichtszeitraum waren. Hierunter fallen die „bedeutsamsten beurteilten Risiken wesentlicher falscher Darstellungen", die in Übereinstimmung mit Art. 10 EU-APrVO zur Untermauerung des Prüfungsurteils im Bestätigungsvermerk von Unternehmen von öffentlichem Interesse i.S. von § 319a Abs. 1 Satz 1 HGB („PIE") beschrieben werden müssen. Eine Berichterstattung über besonders wichtige Prüfungssachverhalte außerhalb des Anwendungsbereichs der EU-APrVO kann auch erfolgen, wenn der Abschlussprüfer mit dem Unternehmen ausdrücklich schriftlich vereinbart hat, besonders wichtige Prüfungssachverhalte im Bestätigungsvermerk mitzuteilen.

IDW PS 401 n.F. (10.2021) enthält Hinweise zur Bestimmung von besonders wichtigen Prüfungssachverhalten, Anforderungen zur Darstellung von besonders wichtigen Prüfungssachverhalten im Bestätigungsvermerk und Anforderungen an die Prüfungsdokumentation.

Die Darstellung im Bestätigungsvermerk umfasst neben einer standardisierbaren Einleitung individualisierte Erläuterungen jedes besonders wichtigen Prüfungssachverhalts. Die Erläuterungen der einzelnen besonders wichtigen Prüfungssachverhalte umfassen jeweils die Gründe für die Bestimmung als besonders wichtiger Prüfungssachverhalt, eine Beschreibung des prüferischen Vorgehens und Verweise auf zugehörige Angaben im Abschluss.

Verweise:

— ISA 701: Mitteilung besonders wichtiger Prüfungssachverhalte im Vermerk des unabhängigen Abschlussprüfers
— IDW PS 400 n.F. (10.2021): Bildung eines Prüfungsurteils und Erteilung eines Bestätigungsvermerks

IDW PS 401 n.F. (10.2021): Mitteilung besonders wichtiger Prüfungssachverhalte im Bestätigungsvermerk

Anwendungsbereich (1-5) und Zielsetzung (8)

- » IDW PS 401 n.F. (10.2021) legt die Berufsauffassung dar, nach der Wirtschaftsprüfer bei der Abschlussprüfung unbeschadet ihrer Eigenverantwortlichkeit besonders wichtige Prüfungssachverhalte bestimmen und im Bestätigungsvermerk mitteilen.
- » Das Ziel des APr ist es, besonders wichtige Prüfungssachverhalte zu bestimmen und nach der Bildung eines Prüfungsurteils zum Abschluss diese Sachverhalte durch ihre Beschreibung im Bestätigungsvermerk mitzuteilen.
- » IDW PS 401 n.F. (10.2021) gilt für gesetzliche Prüfungen von Unternehmen von öffentlichem Interesse („PIEs") und für Fälle, in denen die Mitteilung besonders wichtiger Prüfungssachverhalte im Bestätigungsvermerk ausdrücklich vereinbart wurde.
- » IDW PS 405 n.F. (10.2021), Tz. 56, verbietet die Mitteilung besonders wichtiger Prüfungssachverhalte im Bestätigungsvermerk, wenn er die Nichtabgabe eines Prüfungsurteils zum Abschluss erklärt.

Die Mitteilung besonders wichtiger Prüfungssachverhalte im Bestätigungsvermerk ist
- » kein Ersatz für Angaben im Abschluss, die die maßgebenden Rechnungslegungsgrundsätze von den gesetzlichen Vertretern verlangen oder die anderweitig erforderlich sind, um eine sachgerechte Gesamtdarstellung zu erreichen,
- » kein Ersatz für die Abgabe eines modifizierten Prüfungsurteils, wenn die Umstände eines bestimmten Prüfungsauftrags dies in Übereinstimmung mit IDW PS 405 n.F. (10.2021) erfordern,
- » kein Ersatz für die Beachtung der Grundsätze des IDW PS 270 n.F. (10.2021) bei der Erteilung eines Bestätigungsvermerks, wenn eine wesentliche Unsicherheit im Zusammenhang mit Ereignissen oder Gegebenheiten besteht, die bedeutsame Zweifel an der Fähigkeit des Unternehmens zur Fortführung der Unternehmenstätigkeit aufwerfen können, oder
- » kein gesondertes Prüfungsurteil zu einzelnen Sachverhalten.

Definitionen (9-11)

Besonders wichtige Prüfungs-sachverhalte	Sachverhalte, die nach pflichtgemäßem Ermessen des APr **am bedeutsamsten** in der Prüfung des **Abschlusses** waren. → Hierunter fallen die „bedeutsamsten beurteilten Risiken wesentlicher falscher Darstellungen" i.S. von Art. 10 Abs. 2 Buchst. c) EU-APrVO

Bestimmung besonders wichtiger Prüfungssachverhalte (12-13) (1/2)

1. Schritt: Alle Sachverhalte, die mit den für die Überwachung Verantwortlichen *erörtert wurden*

2. Schritt: Bestimmung der Sachverhalte, die bei der Prüfung des Abschlusses *besondere Befassung erforderten*

- Bereiche mit als höher beurteiltem **Risiko** wesentlicher falscher Darstellungen oder in Übereinstimmung mit ISA [DE] 315 (Revised) identifizierte bedeutsame Risiken (A22–A24)
- Bedeutsame Beurteilungen des APr in Bezug auf Bereiche des Abschlusses mit bedeutsamen **Beurteilungen der gesetzlichen Vertreter** (einschließlich geschätzter Werte mit hoher Schätzunsicherheit) (A25–27)
- Auswirkungen von bedeutsamen Ereignissen oder Geschäftsvorfällen des aktuellen Berichtszeitraums

Erfordernis der kritischen Grundhaltung des APr (ISA [DE] 200)

3. Schritt: Bestimmung nach pflichtgemäßem Ermessen von Sachverhalten, die in der Prüfung des Abschlusses für den aktuellen Berichtszeitraum *am bedeutsamsten* waren = **besonders wichtige Prüfungssachverhalte**

Bestimmung besonders wichtiger Prüfungssachverhalte (12-13) (2/2)

Bestimmung der Sachverhalte, die vom APr besondere Befassung erforderten (12, A16–A21)

Zeitpunkt der Bestimmung	Entwicklung einer vorläufigen Auffassung zu Sachverhalten in der Prüfungsplanung ist möglich. → Die endgültige Bestimmung basiert jedoch auf den Ergebnissen der Abschlussprüfung.
Ressourceneinsatz und Prüfungsstrategie	Oft komplexe Sachverhalte oder bedeutsame Beurteilungen der gesetzlichen Vertreter, die häufig mit schwierigen oder komplexen Beurteilungen des APr verbunden sind. Daraus ergeben sich Auswirkungen auf die Prüfungsstrategie und den Einsatz und die Verteilung von Ressourcen.
Beispiele	» Transaktionen mit nahestehenden Personen » Beschränkungen im Rahmen der Konzernabschlussprüfung » bedeutsame fachliche, berufsrechtliche und sonstige Zweifelsfragen, für die Personen konsultiert wurden » Implementierung eines neuen rechnungslegungsbezogenen IT-Systems » bedeutsame ungewöhnliche Geschäftsvorfälle » Risiken von Verstößen im Zusammenhang mit der Umsatzrealisierung » Abweichung der angewandten Rechnungslegungsmethoden von denen anderer Unternehmen der Branche » Fehlerrisiken, die besondere Aufmerksamkeit erfordern (bedeutsame Risiken)

Bestimmung der relativen Bedeutsamkeit eines Sachverhalts (13, A28–A30)

Art und Umfang der Kommunikation mit den für die Überwachung Verantwortlichen über die Sachverhalte als Hinweis darauf, welche Sachverhalte am bedeutsamsten sind. Beispielhafte Überlegungen zur Bestimmung der relativen Bedeutsamkeit eines Sachverhalts:

» Bedeutung des Sachverhalts für das Verständnis der Adressaten von dem Abschluss als Ganzes
» Komplexität bzw. Subjektivität der Auswahl der Rechnungslegungsmethode
» Art und quantitative oder qualitative Wesentlichkeit von etwaigen falschen Darstellungen bezüglich des Sachverhalts
» Schwere von identifizierten Mängel im rechnungslegungsbezogenen IKS, die für den Sachverhalt relevant sind

Mitteilung besonders wichtiger Prüfungssachverhalte (14-19) (1/2)

Gesonderter Abschnitt zu den besonders wichtigen Prüfungssachverhalten in der Abschlussprüfung

Überschrift	„Besonders wichtige Prüfungssachverhalte in der Prüfung des … [Jahres-/Konzernabschlusses]"
Standardisierte Einleitung	**Beispielhafte Formulierung** (aus IDW PS 400 n.F. (10.2021), Anlage 2): „Besonders wichtige Prüfungssachverhalte sind solche Sachverhalte, die nach unserem pflichtgemäßen Ermessen am bedeutsamsten in unserer Prüfung des Jahresabschlusses für das Geschäftsjahr vom … [Datum] bis zum … [Datum] waren. Diese Sachverhalte wurden im Zusammenhang mit unserer Prüfung des Jahresabschlusses als Ganzem und bei der Bildung unseres Prüfungsurteils hierzu berücksichtigt; wir geben kein gesondertes Prüfungsurteil zu diesen Sachverhalten ab."
Individualisierte Erläuterung	Beschreibung jedes besonders wichtigen Prüfungssachverhalts in Untergliederung mit folgenden Zwischenüberschriften: » Gründe für die Bestimmung als besonders wichtiger Prüfungssachverhalt » Prüferisches Vorgehen » Verweis auf zugehörige Angaben

Die Reihenfolge der Darstellung der Sachverhalte innerhalb des Abschnitts ist eine Frage des pflichtgemäßen Ermessens

Fälle, in denen ein besonders wichtiger Prüfungssachverhalt nicht im Bestätigungsvermerk mitgeteilt werden muss (17)

Falls Gesetze oder andere Rechtsvorschriften die öffentliche Angabe eines Sachverhalts ausschließen oder beschränken.

Mitteilung besonders wichtiger Prüfungssachverhalte (14-19) (2/2)

Form und Inhalt des Abschnitts zu den besonders wichtigen Prüfungssachverhalten in sonstigen Fällen (Fehlanzeige bzw. Querverweisung) (19)

Ebenfalls im gesonderten Abschnitt zu den besonders wichtigen Prüfungssachverhalten sind Erklärungen aufzunehmen, wenn:
» keine besonders wichtigen Prüfungssachverhalte vorliegen oder
» es sich bei diesen ausschließlich um Sachverhalte handelt, die zu einem modifizierten Prüfungsurteil führen oder bedeutsame Zweifel an der Fähigkeit des Unternehmens zur Fortführung der Unternehmenstätigkeit aufwerfen, oder
» ein besonders wichtiger Prüfungssachverhalt nicht mitgeteilt wird und der APr keinen weiteren besonders wichtigen Prüfungssachverhalt bestimmt.

Kommunikation mit den für die Überwachung Verantwortlichen (20)

Erörterung mit den für die Überwachung Verantwortlichen der besonders wichtigen Prüfungssachverhalte bzw. dass keine besonders wichtigen Prüfungssachverhalte mitzuteilen sind.
» Eine Mitteilung vorläufiger besonders wichtiger Prüfungssachverhalte ist zulässig, um eine zeitgerechte Kommunikation zu erreichen.
» Zur Vereinfachung der Kommunikation kann ein Entwurf des Bestätigungsvermerks den für die Überwachung Verantwortlichen bereitgestellt werden.

Dokumentation (21)

In die **Prüfungsdokumentation** sind aufzunehmen: → ISA [DE] 230

- die Sachverhalte, bei denen bestimmt wurde, dass sie eine besondere Befassung erforderten, und für jeden dieser Sachverhalte die Begründung dafür, warum er als besonders wichtiger Prüfungssachverhalt bestimmt wurde oder nicht,

- sofern einschlägig, die Begründung dafür, dass keine besonders wichtigen Prüfungssachverhalte im Bestätigungsvermerk mitzuteilen sind oder dass es sich bei den mitzuteilenden besonders wichtigen Prüfungssachverhalten ausschließlich um Sachverhalte i.S.v. IDW PS 270 n.F. (10.2021) handelt, und

- sofern einschlägig, die Begründung dafür, dass der APr bestimmt hat, einen als besonders wichtigen Prüfungssachverhalt bestimmten Sachverhalt nicht im Bestätigungsvermerk mitzuteilen.

IDW PS 405 n.F. (10.2021)
IDW Prüfungsstandard: Modifizierungen des Prüfungsurteils im Bestätigungsvermerk

Zusammenfassung:

IDW PS 405 n.F. (10.2021) transformiert die in ISA 705 (Revised) enthaltenen internationalen Anforderungen unter Berücksichtigung nationaler Besonderheiten und ergänzt das in IDW PS 400 n.F. (10.2021) enthaltene Rahmenkonzept der Grundlagen für den Inhalt eines Bestätigungsvermerks im Hinblick auf ggf. erforderliche Modifizierungen des Prüfungsurteils im Bestätigungsvermerk. Als Sachverhalte, die zu einem modifizierten Prüfungsurteil führen können, unterscheidet IDW PS 405 n.F. (10.2021) zwischen Einwendungen und Prüfungshemmnissen. Enthält der Abschluss wesentliche falsche Darstellungen, entspricht der Lagebericht nicht bzw. nur mit Ausnahmen in allen wesentlichen Belangen den maßgebenden Rechnungslegungsgrundsätzen bzw. entspricht ein sonstiger Prüfungsgegenstand nicht bzw. nur mit Ausnahmen in allen wesentlichen Belangen den maßgebenden gesetzlichen Vorschriften, so hat der Abschlussprüfer Einwendungen gegen den entsprechenden Prüfungsgegenstand zu erheben. Ein Prüfungshemmnis beschreibt den Fall, dass der Abschlussprüfer nicht in der Lage ist, ausreichende geeignete Prüfungsnachweise zu erlangen.

In Abhängigkeit von der Art der Einwendung bzw. des Prüfungshemmnisses enthält IDW PS 405 n.F. (10.2021) Hinweise zur Festlegung der Art des modifizierten Prüfungsurteils. Dabei werden drei Arten von modifizierten Prüfungsurteilen unterschieden:
— eingeschränktes Prüfungsurteil,
— versagtes Prüfungsurteil,
— Erklärung der Nichtabgabe eines Prüfungsurteils.

Weiterhin enthält IDW PS 405 n.F. (10.2021) Anforderungen an Form und Inhalt des Bestätigungsvermerks bei modifizierten Prüfungsurteilen. Als Anlage sind zudem Formulierungsbeispiele für Bestätigungs- bzw. Versagungsvermerke beigefügt.

Verweise:
— ISA 705 (Revised): Modifizierungen des Prüfungsurteils im Vermerk des unabhängigen Abschlussprüfers
— IDW PS 400 n.F. (10.2021): Bildung eines Prüfungsurteils und Erteilung eines Bestätigungsvermerks

IDW PS 405 n.F. (10.2021): Modifizierungen des Prüfungsurteils im Bestätigungsvermerk

Anwendungsbereich (1) und Arten von modifizierten Prüfungsurteilen (4, A1)

» IDW PS 405 n.F. (10.2021) legt die Berufsauffassung dar, nach der Wirtschaftsprüfer als APr einen Bestätigungsvermerk erteilen, wenn eine Modifizierung des Prüfungsurteils zu einem oder mehreren Prüfungsgegenständen erforderlich ist.

» Es werden **drei Arten** von modifizierten Prüfungsurteilen unterschieden: das eingeschränkte Prüfungsurteil, das versagte Prüfungsurteil und die Erklärung der Nichtabgabe eines Prüfungsurteils.

Die Entscheidung über die Art des modifizierten Prüfungsurteils ist abhängig von der Beurteilung des APr, ob …

- … wesentliche Einwendungen oder Prüfungshemmnisse vorliegen.
- … die tatsächlichen oder möglichen Auswirkungen des Sachverhalts umfassend sind.

Art des Sachverhalts, der zu der Modifizierung führt:	Beurteilung des APr über den Umfang der tatsächlichen oder möglichen Auswirkungen auf den Prüfungsgegenstand:	
	Wesentlich, jedoch **nicht umfassend**	Wesentlich <u>und</u> **umfassend**
Einwendung	Eingeschränktes Prüfungsurteil	Versagtes Prüfungsurteil
Prüfungshemmnis	Eingeschränktes Prüfungsurteil	Erklärung der Nichtabgabe eines Prüfungsurteils

Definitionen (7)

Einwendung	Schlussfolgerung des APr auf der Grundlage der erlangten Prüfungsnachweise, dass » der Abschluss als Ganzes falsche Darstellungen enthält, die einzeln oder kumuliert wesentlich sind, bzw. » der Lagebericht insgesamt nicht bzw. nur mit Ausnahmen in allen wesentlichen Belangen den maßgebenden Rechnungslegungsgrundsätzen entspricht (vgl. Tz. 4 a) ii.) bzw. » ein sonstiger Prüfungsgegenstand nicht bzw. nur mit Ausnahmen in allen wesentlichen Belangen den maßgebenden gesetzlichen Vorschriften entspricht.
Falsche Darstellung im Abschluss	» Eine Abweichung zwischen dem/der im Abschluss abgebildeten Betrag, Ausweis, Darstellung oder Angabe eines/einer Abschlussposten/-angabe und dem/der für den/die Abschlussposten/-angabe zur Übereinstimmung mit den maßgebenden Rechnungslegungsgrundsätzen erforderlichen Betrag, Ausweis, Darstellung oder Angabe. » Falsche Darstellungen können aus Irrtümern oder aus dolosen Handlungen resultieren
Modifiziertes Prüfungsurteil	Ein eingeschränktes Prüfungsurteil, ein versagtes Prüfungsurteil oder eine Erklärung der Nichtabgabe eines Prüfungsurteils zu einem Abschluss, zu einem Lagebericht bzw. zu einem sonstigen Prüfungsgegenstand.
Prüfungs-hemmnis	Schlussfolgerung des APr, dass er nach Ausschöpfung aller angemessenen Möglichkeiten zur Klärung des Sachverhalts nicht in der Lage ist, ausreichende geeignete Prüfungsnachweise zu erlangen, um festzustellen, ob eine Einwendung zu erheben ist.
Umfassend	Umfassende Auswirkungen auf den Abschluss, den Lagebericht bzw. die sonstigen Prüfungsgegenstände sind solche, » die nicht auf bestimmte Teilbereiche der Prüfungsgegenstände abgrenzbar sind, » die auch wenn sie abgrenzbar sind, einen erheblichen Teil der Prüfungsgegenstände betreffen oder betreffen könnten, oder » die in Bezug auf Angaben grundlegend für das Verständnis des Abschlusses, des Lageberichts bzw. der sonstigen Prüfungsgegenstände durch die Nutzer sind, sodass eine Einschränkung des jeweiligen Prüfungsurteils nicht ausreichend ist.

Fälle, in denen eine Modifizierung eines Prüfungsurteils erforderlich ist (9)

Erhebung einer Einwendung

Wesentliche falsche Darstellungen im Abschluss können sich ergeben in Bezug auf:
- » die Eignung oder die Anwendung der ausgewählten Rechnungslegungsmethoden
- » die Eignung oder Angemessenheit von Angaben im Abschluss
- » rechnungslegungsbezogene Verstöße gegen Gesellschaftsvertrag, Satzung oder Gesellschafterbeschlüsse

Falsche Darstellungen im Vorjahresabschluss führen zu einem modifizierten Prüfungsurteil, wenn sie im zu prüfenden Abschluss fortbestehen und wesentlich sind, die Durchführung der Korrektur zu beanstanden ist oder der APr dies nicht beurteilen kann.

Vorliegen eines Prüfungshemmnisses

Prüfungshemmnisse können sich ergeben aus:
- » Umständen, die außerhalb der Kontrolle des Unternehmens liegen (z.B. Zerstörung der Unterlagen zur Rechnungslegung)
- » Umständen im Zusammenhang mit der Art oder der zeitlichen Einteilung der Tätigkeit des APr (z.B. fehlende Möglichkeit der Beurteilung der zutreffenden Anwendung der Equity-Methode)
- » von den gesetzlichen Vertretern dem APr auferlegten Beschränkungen (z.B. Hinderung an der Einholung von Bestätigungen Dritter)

§ 322 Abs. 5 HGB verpflichtet den APr, alle angemessenen Möglichkeiten zur Klärung des Sachverhalts auszuschöpfen.

Festlegung der Art der Modifizierung des Prüfungsurteils (10-14, 20)

Art der Modifizierung	Kriterien	
Eingeschränktes Prüfungsurteil (10-11)	» Einwendungen sind wesentlich, aber nicht umfassend » Mögliche Auswirkungen eines Prüfungshemmnisses sind wesentlich, aber nicht umfassend	
Versagtes Prüfungsurteil (12)	Einwendungen sind nicht nur wesentlich, sondern auch umfassend	Beachte: (20) Verbot der Abgabe von nicht modifizierten Teilurteilen
Erklärung der Nichtabgabe eines Prüfungsurteils (13-14)	» Die möglichen Auswirkungen von Prüfungshemmnissen könnten nicht nur wesentlich, sondern auch umfassend sein » Sehr seltene Ausnahmefälle: bei möglichen Wechselwirkungen zwischen Unsicherheiten	

IDW PS 405 n.F. (10.2021)

Folge eines von den gesetzlichen Vertretern nach Auftragsannahme auferlegten Prüfungshemmnisses (15-19)

Verweigerung von Aufklärungen und Nachweisen durch die gesetzlichen Vertreter nach der Auftragsannahme bzw. die fehlende Vorlage eines Abschlusses, Lageberichts bzw. sonstigen Prüfungsgegenstandes stellt ein von den gesetzlichen Vertretern auferlegtes Prüfungshemmnis dar.

Prüfungshemmnis führt wahrscheinlich zur Modifizierung des Prüfungsurteils

Aufforderung der gesetzlichen Vertreter zur Beseitigung des Prüfungshemmnisses

Weigerung der gesetzlichen Vertreter zur Beseitigung des Prüfungshemmnisses

» Mitteilung des Sachverhaltes an die für die Überwachung Verantwortlichen
» Feststellung, ob mit Hilfe alternativer Prüfungshandlungen ausreichende geeignete Prüfungsnachweise erlangt werden können

Wenn keine ausreichenden geeigneten Prüfungsnachweise erlangt werden können

» Modifizierung des Prüfungsurteils oder
» Kündigung des Auftrages bzw. Vereinbarung einer Auftragsaufhebung
  → Auftragsniederlegung aufgrund der Unmöglichkeit, ausreichende Prüfungsnachweise zu erlangen, bei **gesetzlichen Prüfungen** nach § 317 HGB nicht möglich
  → Praktische Anwendbarkeit der Auftragsniederlegung hängt bei **freiwilligen Abschlussprüfungen** von dem Stadium der Fertigstellung des Prüfungsauftrags ab

Kündigung aus Rechtsgründen nicht zulässig | *Kündigung bzw. Aufhebung des Auftrags*

Erklärung der Nichtabgabe eines Prüfungsurteils, wenn die gesetzlichen Vertreter dem APr einen Prüfungsgegenstand nicht vorlegen

Vor der Kündigung bzw. Aufhebung des Auftrags Mitteilung der Gründe für die Kündigung oder Aufhebung an die für die Überwachung Verantwortlichen

Form und Inhalt des Bestätigungsvermerks bei modifiziertem Prüfungsurteil (21-56) (1/2)

Bestandteile des Bestätigungsvermerks nach IDW PS 400 n.F. (10.2021)		Modifizierung nach PS 405 n.F. (10.2021)
Überschrift und Adressierung	**Überschrift**	Ja (21)
	Angabe des **Empfängers**	Nein
Vermerk über die Prüfung des Jahresabschlusses und des Lageberichts	**Prüfungsurteile**	Ja (23–39)
	Grundlage für die Prüfungsurteile	Ja (40–53)
	Sofern relevant: Wesentliche **Unsicherheit i.Z. mit der Fortführung** der Unternehmenstätigkeit (IDW PS 270 n.F.(10.2021))	Nein
	Sofern relevant: **Hinweis** zur Hervorhebung eines Sachverhalts bzw. auf einen sonstigen Sachverhalt (IDW PS 406 n.F. (10.2021))	Nein
	Nur für PIE: **Besonders wichtige Prüfungssachverhalte** (IDW PS 401 n.F. (10.2021))	Abschnitte sind bei Nichtabgabe eines Prüfungsurteils **nicht** zulässig (56)
	Sofern relevant: **Sonstige Informationen** (ISA [DE] 720 (Revised))	
	Verantwortung [der gesetzlichen Vertreter] für den Abschluss und den Lagebericht	Nein
	Verantwortung des Abschlussprüfers für die Prüfung des Abschlusses und des Lageberichts	Ja, aber nur bei Nichtabgabe eines Prüfungsurteils (54–55)
Sonstige gesetzliche und andere rechtliche Anforderungen	*Sofern relevant (insbesondere bei PIE)*	Nein
Datum, Unterschrift	**Ort der Niederlassung**, **Datum, Unterschriften (Siegel)**	Nein

Form und Inhalt des Bestätigungsvermerks bei modifiziertem Prüfungsurteil (21-56) (2/2)

Überschrift des Bestätigungsvermerks (21)

Bei Erteilung eines versagten Prüfungsurteils oder bei Erklärung der Nichtabgabe eines Prüfungsurteils lautet die Überschrift: „Versagungsvermerk des unabhängigen Abschlussprüfers"

Abschnitt „Prüfungsurteil" (23–39)

Anpassung der **Kapitelüberschrift** zum Abschnitt „Prüfungsurteil" (unterschiedliche Kombinationen sind möglich) (23–26):

» [Eingeschränktes/versagtes] Prüfungsurteil zum … [Jahres-/Konzernabschluss] und [eingeschränktes/versagtes] Prüfungsurteil zum … [Lagebericht/Konzernlagebericht],
» [Eingeschränktes/versagtes] Prüfungsurteil zum … [Jahres-/Konzernabschluss] und Erklärung der Nichtabgabe eines Prüfungsurteils zum … [Lagebericht/Konzernlagebericht],
» Erklärung der Nichtabgabe eines Prüfungsurteils zum … [Jahres-/Konzernabschluss] und … [eingeschränktes/versagtes] Prüfungsurteil zum … [Lagebericht/Konzernlagebericht]

Verwendung von weitgehend **standardisierten Formulierungen**:

» Eingeschränkte Prüfungsurteile (27–32)
» Versagtes Prüfungsurteil (33–36)
» Erklärung der Nichtabgabe eines Prüfungsurteils (37–39)

Grundlage für das Prüfungsurteil (40-53)

» Anpassung der Überschrift des Abschnitts „Grundlage für die Prüfungsurteile" in Einklang mit der Überschrift gemäß Tz. 23–26
» Beschreibung des Sachverhalts, der zu der Modifizierung geführt hat
» Quantifizierung der Auswirkungen der falschen Darstellungen auf den Abschluss, sofern dies erforderlich ist, um die Tragweite der Modifizierung im Bestätigungsvermerk zu verdeutlichen, und dies praktisch durchführbar ist
» Bei Versagung oder Nichtabgabe des Prüfungsurteils: Beschreibung aller anderen Sachverhalte, die anderenfalls zu einer Modifizierung des Prüfungsurteils geführt hätten

Kommunikation mit den für die Überwachung Verantwortlichen (57)

Rechnet der APr damit, ein Prüfungsurteil zu modifizieren, hat er mit den für die Überwachung Verantwortlichen die Umstände, die dazu geführt haben, und den Wortlaut der beabsichtigten Modifizierung zu erörtern.

Anlage: Beispiele für eingeschränkte Bestätigungsvermerke und Versagungsvermerke

1. Eingeschränkter Bestätigungsvermerk mit eingeschränktem Prüfungsurteil zum Jahresabschluss aufgrund wesentlicher falscher Darstellungen im Jahresabschluss, ohne Auswirkungen auf die sachgerechte Gesamtdarstellung
2. Eingeschränkter Bestätigungsvermerk mit eingeschränktem Prüfungsurteil zum Jahresabschluss und mit eingeschränktem Prüfungsurteil zum Lagebericht aufgrund wesentlicher falscher Darstellungen im Jahresabschluss mit Auswirkungen auf die sachgerechte Gesamtdarstellung
3. Eingeschränkter Bestätigungsvermerk mit eingeschränktem Prüfungsurteil zum Lagebericht aufgrund wesentlicher falscher Darstellungen im Lagebericht
4. Eingeschränkter Bestätigungsvermerk mit Erklärung der Nichtabgabe eines Prüfungsurteils zum Lagebericht
5. Eingeschränkter Bestätigungsvermerk mit eingeschränktem Prüfungsurteil zum Jahresabschluss und mit eingeschränktem Prüfungsurteil zum Lagebericht aufgrund von Prüfungshemmnissen
6. Versagungsvermerk aufgrund einer gesetzlichen Abschlussprüfung, die ggf. unter ergänzender Beachtung der ISA durchgeführt wurde, im Falle von Einwendungen i.S. von Tz. 7 a)
7. Versagungsvermerk aufgrund einer gesetzlichen Abschlussprüfung, die ggf. unter ergänzender Beachtung der ISA durchgeführt wurde, im Falle eines Prüfungshemmnisses

IDW PS 406 n.F. (10.2021)
IDW Prüfungsstandard: Hinweise im Bestätigungsvermerk

Zusammenfassung:

IDW PS 406 n.F. (10.2021) transformiert die in ISA 706 (Revised) enthaltenen internationalen Anforderungen unter Berücksichtigung nationaler Besonderheiten und ergänzt das in IDW PS 400 n.F. enthaltene Rahmenkonzept der Grundlagen für den Inhalt eines Bestätigungsvermerks im Hinblick auf ggf. erforderliche Hinweise.

Der Abschlussprüfer kann es für notwendig erachten, in den Bestätigungsvermerk einen Hinweis aufzunehmen, um Adressaten auf im Abschluss dargestellte Sachverhalte oder auf nicht dargestellte Sachverhalte aufmerksam zu machen. Der Anwendungsbereich von IDW PS 406 n.F. (10.2021) umfasst

— Sachverhalte im Abschluss oder im Lagebericht oder in einem sonstigen Prüfungsgegenstand, die so wichtig sind, dass sie grundlegend für das Verständnis durch die Adressaten sind („Hinweise zur Hervorhebung eines Sachverhalts"), oder
— Sachverhalte, die nicht im Abschluss oder im Lagebericht oder in einem sonstigen Prüfungsgegenstand dargestellt sind, jedoch für das Verständnis der Abschlussprüfung, der Verantwortung des Abschlussprüfers oder des Bestätigungsvermerks relevant sind („Hinweise auf sonstige Sachverhalte").

Der Standard enthält auch eine Abgrenzung von Hinweisen i.S. von IDW PS 406 n.F. (10.2021)

— zu Hinweisen auf wesentliche Unsicherheiten im Zusammenhang mit der Fortführung der Unternehmenstätigkeit (IDW PS 270 n.F. (10.2021)),
— zur Mitteilung von besonders wichtigen Prüfungssachverhalten (IDW PS 401 n.F. (10.2021)) und
— zur Darstellung der Grundlagen für eingeschränkte Prüfungsurteile (IDW PS 405 n.F. (10.2021)).

Weiterhin enthält IDW PS 406 n.F. (10.2021) Anforderungen an Form und Inhalt von Hinweisen zur Hervorhebung eines Sachverhalts sowie von Hinweisen auf sonstige Sachverhalte in Bestätigungsvermerken. Als Sonderfall wird der Hinweis zur Nachtragsprüfung behandelt. Als Anlage sind zudem Formulierungsbeispiele für Bestätigungsvermerke mit Hinweisen beigefügt.

Verweise:

— ISA [DE] 510: Eröffnungsbilanzwerte bei Erstprüfungsaufträgen
— ISA 706 (Revised): Absätze im Vermerk des unabhängigen Abschlussprüfers zur Hervorhebung eines Sachverhalts und zu sonstigen Sachverhalten
— IDW PS 400 n.F. (10.2021): Bildung eines Prüfungsurteils und Erteilung eines Bestätigungsvermerks
— IDW PS 401 n.F. (10.2021): Mitteilung besonders wichtiger Prüfungssachverhalte im Bestätigungsvermerk
— IDW PS 405 n.F. (10.2021): Modifizierungen des Prüfungsurteils im Bestätigungsvermerk

IDW PS 406 n.F. (10.2021): Hinweise im Bestätigungsvermerk

Anwendungsbereich (1-3)

» IDW PS 400 n.F. (10.2021) behandelt Form und Inhalt des Bestätigungsvermerks, der als Ergebnis einer Abschlussprüfung erteilt wird.
» IDW PS 406 n.F. (10.2021) legt die Berufsauffassung zur Aufnahme von Hinweisen in den Bestätigungsvermerk dar.

Zielsetzung des APr (7)

Durch **einen klaren Hinweis im Bestätigungsvermerk** sollen die Adressaten aufmerksam gemacht werden auf:

» einen im Abschluss, im Lagebericht oder in einem sonstigen Prüfungsgegenstand angemessen dargestellten oder angegebenen Sachverhalt, der zugleich von grundlegender Bedeutung für das Verständnis des betroffenen Prüfungsgegenstands durch die Nutzer ist, oder
» sonstige Sachverhalte, die für das Verständnis der Nutzer von der Abschlussprüfung, der Verantwortung des APr oder dem Bestätigungsvermerk relevant sind.

Definitionen (8)

Hinweis zur Hervorhebung eines Sachverhalts	Ein im Bestätigungsvermerk enthaltener Abschnitt, der sich auf einen im Abschluss, – sofern einschlägig – im Lagebericht oder in einem sonstigen Prüfungsgegenstand angemessen dargestellten oder angegebenen Sachverhalt bezieht, der nach der Beurteilung des APr von grundlegender Bedeutung für das Verständnis des betroffenen Prüfungsgegenstands durch die Nutzer ist.
Hinweis auf einen sonstigen Sachverhalt	Ein im Bestätigungsvermerk enthaltener Abschnitt, der sich auf einen weder im Abschluss noch im Lagebericht oder in einem sonstigen Prüfungsgegenstand dargestellten oder angegebenen Sachverhalt bezieht, der nach der Beurteilung des APr für das Verständnis der Adressaten von der Abschlussprüfung, der Verantwortung des APr oder dem Bestätigungsvermerk relevant ist.

Hinweis zur Hervorhebung eines Sachverhalts (10-11)

Aufnahme in den Bestätigungsvermerk erfolgt, wenn ein in einem Prüfungsgegenstand angegebener Sachverhalt – nach der Beurteilung des APr – von grundlegender Bedeutung für das Verständnis der Nutzer von dem betroffenen Prüfungsgegenstand ist.

Beispiele:	» Unsicherheiten hinsichtlich des Ausgangs außergewöhnlicher Rechtsstreitigkeiten » bedeutsame Ereignisse zwischen dem Abschlussstichtag und dem Datum des Bestätigungsvermerk » katastrophale Ereignisse mit bedeutsamen Auswirkungen auf die VFE-Lage
Anforderungen anderer Standards:	» ISA [DE] 210, Tz. 19(b) » IDW PS 480, Tz. 23 » ISA [DE] 560, Tz. 12(b), D.12.1, 16 und D.16.1
Hinweis ist kein Ersatz für:	Es ist **kein Hinweis** zur Hervorhebung eines Sachverhalts aufzunehmen, wenn: » der Sachverhalt zu einer Modifizierung des Prüfungsurteils i.S. von IDW PS 405 n.F. (10.2021) führt, » über den Sachverhalt nach IDW PS 270 n.F. (10.2021) als bestandsgefährdendes Risiko zu berichten ist, » der Sachverhalt ein besonders wichtiger Prüfungssachverhalt i.S. von IDW PS 401 n.F. (10.2021) ist oder » der Sachverhalt einen sonstigen Prüfungsgegenstand betrifft, über den nur im Prüfungsbericht zu berichten ist.
Formulierung/ Darstellung	» Gesonderter Abschnitt, dessen Überschrift die Formulierung „Hervorhebung eines Sachverhalts" enthält » Verweis auf die zugehörigen Angaben in dem Prüfungsgegenstand » Erklärung, dass das Prüfungsurteil im Hinblick auf den hervorgehobenen Sachverhalt nicht modifiziert ist » Anlage 3 enthält Beispiele für Bestätigungsvermerke, in denen die Darstellung bzw. das Zusammenspiel zwischen einem Hinweis zur Hervorhebung eines Sachverhalts bzw. einem Hinweis auf einen sonstigen Sachverhalt mit den übrigen Bestandteilen des Bestätigungsvermerks verdeutlicht wird.

Hinweis auf einen sonstigen Sachverhalt (12-13) (2/2)

Aufnahme in den Bestätigungsvermerk erfolgt, wenn ein in keinem Prüfungsgegenstand angegebener Sachverhalt – nach der Beurteilung des APr – für das Verständnis der Nutzer von der Abschlussprüfung, der Verantwortung des APr oder dem Bestätigungsvermerk relevant ist.

Anforderungen anderer Standards:	» ISA [DE] 560, Tz. 12(b), D.12.1, 16 und D.16.1 » IDW PS 410 (10.2021), Tz. 68 » ISA [DE] 710, Tz. 13–14, 16–17 und 19 » IDW PH 9.200.1, Tz. 9
Hinweis ist kein Ersatz für:	**Es ist kein Hinweis auf einen sonstigen Sachverhalt aufzunehmen, wenn:** » Gesetze oder andere Rechtsvorschriften einen solchen Hinweis untersagen oder » der Sachverhalt ein besonders wichtiger Prüfungssachverhalt i.S. von IDW PS 401 n.F. (10.2021) ist.
Formulierung/ Darstellung	» Gesonderter Abschnitt mit der Überschrift „Sonstiger Sachverhalt"

Sonderfall: Hinweis zur Nachtragsprüfung (14)

Im Fall einer Nachtragsprüfung gemäß § 316 Abs. 3 HGB ist in den Bestätigungsvermerk ein Hinweis zur Nachtragsprüfung in einem gesonderten Abschnitt mit der Überschrift „Hinweis zur Nachtragsprüfung" aufzunehmen.

Kommunikation mit den für die Überwachung Verantwortlichen (15)

Erörterung der Absicht der Aufnahme eines Hinweises in den Bestätigungsvermerk mit den für die Überwachung Verantwortlichen sowie Anpassung der Prüfungsdokumentation i.S. von IDW PS 470 n.F. (10.2021)

IDW PS 410 (06.2022)
IDW Prüfungsstandard: Prüfung der für Zwecke der Offenlegung erstellten elektronischen Wiedergaben von Abschlüssen und Lageberichten nach § 317 Abs. 3a HGB

Zusammenfassung:

Erstmals für das kalenderjahrgleiche Geschäftsjahr 2020 haben bestimmte kapitalmarktorientierte Unternehmen ihre Abschlüsse und Lageberichte im einheitlichen elektronischen Berichtsformat im Bundesanzeiger offenzulegen. Die EU-Verordnung 2019/815 (ESEF-VO) regelt das einheitliche elektronische Berichtsformat (European Single Electronic Format; ESEF).

IDW PS 410 (06.2022) legt die Berufsauffassung dar, nach der Wirtschaftsprüfer im Rahmen der gesetzlichen Abschluss- bzw. Konzernabschlussprüfung von Emittenten Prüfungen der ESEF-Konformität nach § 317 Abs. 3a HGB durchführen und im Bestätigungsvermerk sowie im Prüfungsbericht über das Ergebnis dieser Prüfungen berichten. Dabei wird der Begriff der „ESEF-Konformität" definiert als die Entsprechung der geprüften ESEF-Unterlagen in allen wesentlichen Belangen mit den Vorgaben des § 328 Abs. 1 Satz 4 HGB.

Der Abschlussprüfer hat nach § 322 Abs. 1 Satz 4 HGB über das Ergebnis dieser ESEF-Prüfung innerhalb des jeweiligen Bestätigungsvermerks in einem „besonderen Abschnitt" zu berichten. Zudem ist in einem gesonderten Abschnitt des Prüfungsberichts über das Ergebnis der ESEF-Prüfung zu berichten und zumindest ein Verweis auf den im Bestätigungsvermerk enthaltenen ESEF-Vermerk vorzunehmen.

Die ESEF-Prüfung betrifft nicht die Prüfung historischer Finanzinformationen. Aus diesem Grund basiert der Prüfungsansatz auf den Grundsätzen des ISAE 3000 (Revised).

Verweise:
— ISAE 3000 (Revised)

IDW PS 410 (06.2022): Prüfung der für Zwecke der Offenlegung erstellten elektronischen Wiedergaben von Abschlüssen und Lageberichten nach § 317 Abs. 3a HGB

Vorbemerkungen und Zielsetzung (1-9, 14)

» IDW PS 410 (06.2022) legt die Berufsauffassung dar, nach der Wirtschaftsprüfer im Rahmen der gesetzlichen Abschluss- bzw. Konzernabschlussprüfung von Emittenten Prüfungen der ESEF-Konformität nach § 317 Abs. 3a HGB durchführen und im Bestätigungsvermerk sowie im Prüfungsbericht über das Ergebnis dieser Prüfungen berichten.

» Die EU-Verordnung 2019/815 (ESEF-VO) regelt das einheitliche elektronische Berichtsformat (European Single Electronic Format; ESEF). Die Prüfung der ESEF-Konformität erstreckt sich auf die Beurteilung, ob die betroffenen Einzelinformationen des Jahres- bzw. Konzernabschlusses und des (Konzern-)Lageberichts unter Beachtung der Vorgaben der ESEF-VO in allen wesentlichen Belangen in ein XHTML-Format überführt und ob die betroffenen Einzelinformationen des IFRS-Konzernabschlusses unter Beachtung der Vorgaben der ESEF-VO in allen wesentlichen Belangen ausgezeichnet wurden (iXBRL-Auszeichnung).

» Die ESEF-Prüfung betrifft nicht die Prüfung historischer Finanzinformationen und erfolgt unter Beachtung des ISAE 3000 (Revised).

Das Ziel des APr ist es, hinreichende Sicherheit darüber zu erlangen, ob die ESEF-Unterlagen den Vorgaben des § 328 Abs. 1 HGB in allen wesentlichen Belangen entsprechen (ESEF-Konformität), und hierüber im Bestätigungsvermerk ein Prüfungsurteil abzugeben.

Definitionen (15)

» Basistaxonomie	» Geprüfter Abschluss und geprüfter Lagebericht	» iXBRL-Auszeichnung	» Testatsdatei
» Erweiterungstaxonomie	» Inline XBRL (Kurzform: iXBRL)	» Linksammlungen (Linkbases)	» Verstoß
» ESEF-Konformität	» Inline XBRL-Dokument (Synonym: XBRL-Instanzdokument)	» Mapping	» Webbrowser
» ESEF-Unterlagen		» Taxonomieelement	» XHTML
» ESEF-Vermerk		» Technische Gültigkeit der ESEF-Unterlagen	» XHTML-Wiedergabe

Anwendung des ISAE 3000 (Revised) (16)

Die Prüfung der ESEF-Unterlagen ist unter Beachtung des ISAE 3000 (Revised) und dieses IDW Prüfungsstandards durchzuführen.

Berufspflichten (17)

Der APr hat bei Prüfung der ESEF-Unterlagen dieselben deutschen handelsrechtlichen und berufsrechtlichen Unabhängigkeitsvorschriften, dieselben Unabhängigkeitsvorschriften der EU-Abschlussprüferverordnung sowie dieselben sonstigen deutschen Berufspflichten einzuhalten, die auch für die Prüfung des Abschlusses und des Lageberichts gelten.

Bestellung einschließlich Auftragsannahme (18)

Als gesetzliche Erweiterung der gesetzlichen Abschluss- bzw. Konzernabschlussprüfung von Emittenten bedarf die Prüfung der ESEF-Unterlagen keiner eigenständigen Bestellung.

Prüfungsplanung (19-24)

» Zeitliche Planung: Ein Teil der für die Prüfung der ESEF-Unterlagen durchzuführenden Prüfungshandlungen kann erst nach weitgehender Beendigung der Prüfung des Abschlusses und des Lageberichts durchgeführt werden kann.
» Prüfungsstrategie: Soll die Wirksamkeit von internen Kontrollen geprüft werden?
» Ist die Nutzung der Arbeit eines Sachverständigen des Abschlussprüfers erforderlich?
» Sind etwaige freiwillig vorgenommene iXBRL-Auszeichnungen von Informationen aus dem Abschluss oder dem Lagebericht zu prüfen?

Wesentlichkeit bei der Planung und der Durchführung der Prüfung (25-27)

Verstöße gegen die Vorgaben des § 328 Abs. 1 HGB i.V.m. der ESEF-VO oder den ergänzend angewandten geeigneten Kriterien sind dann wesentlich, wenn vernünftigerweise erwartet werden kann,

» dass diese einzeln oder insgesamt die Nutzbarkeit der geprüften ESEF-Unterlagen in einem Maße beeinträchtigen,
» dass wirtschaftliche Entscheidungen von Nutzern der geprüften ESEF-Unterlagen beeinflusst werden können, oder
» dass inhaltliche Abweichungen von dem geprüften Abschluss oder dem geprüften Lagebericht wirtschaftliche Entscheidungen von Nutzern der geprüften ESEF-Unterlagen beeinflussen können.

Die Wesentlichkeitsüberlegungen hinsichtlich der XHTML-Wiedergabe und der iXBRL-Auszeichnung in inhaltlicher Hinsicht orientieren sich an den der Prüfung von Abschluss und Lagebericht zugrunde gelegten Wesentlichkeitsüberlegungen.

Prüfungsdurchführung (28-49)

Erlangung eines Verständnisses von den Umständen der Prüfung (28-32)	Identifizierung und Beurteilung der Risiken wesentlicher Verstöße (33)	Erlangung von Nachweisen für die Wirksamkeit der internen Kontrollen bezüglich der Erstellung der ESEF-Unterlagen (34-35)	Andere Prüfungshandlungen zur Reaktion auf die beurteilten Risiken wesentlicher Verstöße (36-44)	Schriftliche Erklärungen (45)	Sonstige Informationen (46-48)

. Auswertung der Prüfungsfeststellungen und Bildung des Prüfungsurteils zur ESEF-Konformität (49)

Berichterstattung (50-74)

Gesonderter Vermerk im Bestätigungsvermerk (50-72)

Die Ausführungen zur ESEF-Prüfung („ESEF-Vermerk") sind in einem besonderen Abschnitt innerhalb des Abschnitts „Sonstige gesetzliche und andere rechtliche Anforderungen" aufzunehmen.

Überschrift	„Vermerk über die Prüfung der für Zwecke der Offenlegung erstellten elektronischen Wiedergaben des Abschlusses und des Lageberichts nach § 317 Abs. 3a HGB"
Struktur	» Prüfungsurteil (Prüfungsgegenstand und Prüfungsurteil) » Grundlage für das Prüfungsurteil » Verantwortung der gesetzlichen Vertreter und der für die Überwachung Verantwortlichen für die ESEF-Unterlagen » Verantwortung des Abschlussprüfers für die Prüfung der ESEF-Unterlagen
Formulierungs-beispiele	Eine Anlage zu IDW PS 410 (06.2022) enthält Formulierungsbeispiele für den gesonderten ESEF-Vermerk im Bestätigungsvermerk.

Ergänzung des Prüfungsberichts (73-74)

In einem gesonderten Abschnitt des Prüfungsberichts ist über das Ergebnis der ESEF-Prüfung zu berichten und zumindest ein Verweis auf den im Bestätigungsvermerk enthaltenen ESEF-Vermerk vorzunehmen.

Kommunikation mit den für die Überwachung Verantwortlichen (75-76)
» Kommunikation über die Verantwortlichkeiten der gesetzlichen Vertreter des Emittenten, des Aufsichtsgremiums und des APr
» Kommunikation bei Vorhandensein bedeutsamer Feststellungen hinsichtlich wesentlicher Verstöße gegen die ESEF-Konformität

Nachträgliche Ereignisse (77-78)
Sofern Sachverhalte nach dem Datum des Bestätigungsvermerks bekannt werden, die bei vorheriger Kenntnis zu Anpassungen des ESEF-Vermerks im Bestätigungsvermerk hätten führen können, hat der APr die betreffenden Sachverhalte mit den gesetzlichen Vertretern und erforderlichenfalls mit den für die Überwachung Verantwortlichen zu erörtern und zu beurteilen, ob Änderungen in den bereits geprüften ESEF-Unterlagen erforderlich sind.

IDW PS 450 n.F. (10.2021)
IDW Prüfungsstandard: Grundsätze ordnungsmäßiger Erstellung von Prüfungsberichten

Zusammenfassung:

Der Prüfungsbericht ist – neben dem Bestätigungsvermerk – eines der zentralen Berichterstattungsinstrumente, in dem der Abschlussprüfer über Art und Umfang sowie über das Ergebnis seiner Prüfung schriftlich berichtet. IDW PS 450 n.F. (10.2021) fasst die Grundsätze ordnungsmäßiger Erstellung von Prüfungsberichten zusammen und ergänzt die überarbeiteten Grundsätze für die Kommunikation mit den für die Überwachung Verantwortlichen in IDW PS 470 n.F. (10.2021).

Aufgrund der EU-Abschlussprüferverordnung (Verordnung (EU) Nr. 537/2014), des CSR-Richtlinie-Umsetzungsgesetzes, des Entgelttransparenzgesetzes, des Abschlussprüfungsreformgesetzes, des Bilanzrichtlinie-Umsetzungsgesetzes und zuletzt des Gesetzes zur Stärkung der Finanzmarktintegrität haben sich Änderungen in den Anforderungen an die Prüfungsberichterstattung ergeben.

Viele dieser Änderungen betreffen die Prüfung von Unternehmen von öffentlichem Interesse („PIE"); in diesem Zusammenhang ist zu beachten, dass der nach Art. 11 EU-APrVO vorgeschriebene „zusätzliche Bericht an den Prüfungsausschuss", der um die Angaben nach § 321 HGB erweitert wird, „der Prüfungsbericht" ist. Eine redaktionelle Besonderheit stellen die im Standard mit „P" gekennzeichneten Textziffern dar, welche die Auffassung des Berufsstands zu den sich für PIEs ergebenden Anforderungen enthalten.

Verweise:
./.

IDW PS 450 n.F. (10.2021): Grundsätze ordnungsmäßiger Erstellung von Prüfungsberichten

Vorbemerkungen (1-7)

» IDW PS 450 n.F. (10.2021) legt die Berufsauffassung dar, nach der Wirtschaftsprüfer Berichte über ihre durchgeführten Abschlussprüfungen erstatten.

» Im Prüfungsbericht (PrB) fasst der Abschlussprüfer Gegenstand, Art und Umfang, Feststellungen und Ergebnisse der Prüfung insb. für jene Organe des Unternehmens zusammen, denen die Aufsicht obliegt. Der Prüfungsbericht hat dabei die Aufgabe, durch die Darstellung wesentlicher Prüfungsfeststellungen und -ergebnisse die Überwachung des Unternehmens zu unterstützen.

Nicht-PIE	§ 321 Abs. 1 Satz 2 und Satz 3 sowie Absatz 2 bis 4a HGB
PIE	» Vorrang von Art. 11 EU-APrVO vor den im Übrigen geltenden HGB-Vorschriften » Der nach Art. 11 EU-APrVO vorgeschriebene „zusätzliche Bericht an den Prüfungsausschuss", der um die Angaben nach § 321 HGB erweitert wird, ist „der Prüfungsbericht".

Allgemeine Grundsätze für die Erstellung eines Prüfungsberichts (8-20) (1/2)

» Der PrB ist **gewissenhaft** (d.h. wahrheitsgetreu und vollständig) und **unparteiisch** (d.h. sachlich dargestellt und ausgewogen gewertet) zu erstatten (§ 43 Abs. 1 WPO).

» Die Adressaten sind über Art und Umfang sowie das Ergebnis der Prüfung **schriftlich** und mit der **gebotenen Klarheit** (d.h. verständliche, eindeutige und problemorientierte Darlegung der berichtspflichtigen Sachverhalt; Beschränkung auf das Wesentliche, übersichtliche Gliederung) zu unterrichten (§ 321 Abs. 1 Satz 2 HGB).

» Der PrB ist als ein **einheitliches Ganzes** anzusehen und muss ohne Heranziehung anderer Dokumente für sich lesbar und für die jeweiligen Adressaten **verständlich** sein. Dabei kann von einem Grundverständnis für die wirtschaftlichen Gegebenheiten des Unternehmens und für die Grundlagen der Rechnungslegung ausgegangen werden.

» **PIEs:** Der PrB muss eine Bestätigung enthalten, dass das Prüfungsurteil mit dem PrB in Einklang steht.

Allgemeine Grundsätze für die Erstellung eines Prüfungsberichts (8-20) (2/2)

Bestandteile des Prüfungsberichts bei Jahresabschlussprüfungen (12)

| Prüfungs-auftrag (21-25) | Grundsätzliche Feststellungen (26-50a) | Gegenstand, Art und Umfang der Prüfung (51-60) | Feststellungen und Erläuterungen zur Rechnungslegung (61-103) | Wiedergabe des Bestätigungs-vermerks (109) | Erweite-rungen | Anlagen zum Prüfungs-bericht (110-113) | Unterzeichnung und Vorlage des Prüfungsberichts (114-117) |

Erweiterungen:
- ggf. Feststellungen zum Risikofrüherkennungssystem (104-107)
- ggf. Feststellungen aus Erweiterungen des Prüfungsauftrags (108)

Management Letter (17, P60/3)
» Ein Management Letter enthält ergänzende Informationen an das Unternehmensleitungsorgan, mit denen der APr getrennt vom Prüfungsbericht organisatorische oder sonstige Hinweise aus Anlass der Prüfung gibt.
» Angaben im Management Letter ersetzen jedoch keine notwendigen Angaben im Prüfungsbericht.

Prüfungsauftrag (21-25)

» Firma des geprüften Unternehmens sowie Klarstellung, dass sich der Prüfungsbericht an das geprüfte Unternehmen richtet
» Beschreibung des Auftrags als »Abschlussprüfung« und Angabe des Abschlussstichtags
» Angaben zur Wahl (z.B. durch die Gesellschafterversammlung einer GmbH) und zur Beauftragung (z.B. durch die Geschäftsführer einer GmbH) des APr
» Verweis auf die Geltung von Allgemeinen Auftragsbedingungen sowie von Haftungs- und Verwendungsvorbehalten (sofern vereinbart); die Bedingungen sind dem Prüfungsbericht als Anlage beizufügen.
» Bestätigung der und Erklärung zur Unabhängigkeit (§ 321 Abs. 4a HGB und Art. 11 Abs. 2a) EU-APrVO)
» Feststellung, dass der PrB nach IDW PS 450 n.F. (10.2021) erstellt wurde

Grundsätzliche Feststellungen (sog. „Vorwegbericht") (26-50a)

Nach **§ 321 Abs. 1 Satz 2 und 3 HGB** sind grundsätzliche Feststellungen im Rahmen einer „Vorwegberichterstattung" darzustellen.

Lage des Unternehmens (28-41)

Stellungnahme zur Lagebeurteilung der gesetzlichen Vertreter

- » Hervorhebung von wesentlichen Angaben aus dem LB
- » Einzugehen ist vor allem auf die Annahme der Fortführung der Unternehmertätigkeit und die Beurteilung der künftigen Entwicklung
- » Abschnitt entfällt, wenn zulässigerweise kein LB aufgestellt wurde

Entwicklungsbeeinträchtigende oder bestandsgefährdende Tatsachen

- » Bericht über festgestellte Tatsachen, welche die Entwicklung des geprüften Unternehmens wesentlich beeinträchtigen oder seinen Bestand gefährden können
- » Bei PIEs: Angabe aller berücksichtigten Maßnahmen
- » Abschnitt entfällt, wenn keine berichtspflichtigen Tatsachen vorliegen (keine „Negativerklärung" notwendig)

Unregelmäßigkeiten (42-50a)

Falsche Darstellungen

- » Bericht über Unregelmäßigkeiten in der Rechnungslegung, soweit dies für die Überwachung der Geschäftsführung und des geprüften Unternehmens von Bedeutung ist
- » Über im Verlauf der Prüfung behobene Unregelmäßigkeiten ist nur zu berichten, wenn diese für die Wahrnehmung der Überwachungsfunktion der Aufsichtsgremien relevant sind (vor allem bedeutsame Schwächen im IKS)

Sonstige Verstöße

- » Bericht über Verstöße der gesetzlichen Vertreter oder der Arbeitnehmer gegen Gesetze, Gesellschaftsvertrag oder Satzung, die sich nicht unmittelbar auf die Rechnungslegung beziehen
- » Bei PIEs: Keine Beschränkung auf Verstöße der gesetzlichen Vertreter oder Arbeitnehmer
- » Festgestellte bedeutsame Schwächen in nicht auf den JA/LB bezogenen IKS-Bereichen

Gegenstand, Art und Umfang der Prüfung (51-60)

Gemäß **§ 321 Abs. 3 HGB** sind im PrB Gegenstand, Art und Umfang der Abschlussprüfung zu erläutern. Dabei sind auch die angewandten Rechnungslegungs- und Prüfungsgrundsätze anzugeben.

Gegenstand der Prüfung	» Gegenstand der Abschlussprüfung sind Buchführung, Jahresabschluss, LB und ggf. das Risikofrüherkennungssystem » Angewandte Rechnungslegungsgrundsätze sind deutsche, internationale oder andere nationale Grundsätze » Ggf. Angaben bezüglich einer Erklärung zur Unternehmensführung (§ 289f HGB), zur nichtfinanziellen Berichterstattung (§§ 289b-289e HGB), eines Entgeltberichts (EntgTranspG) oder eines Vergütungsberichts (§ 162 AktG) » Ggf. Erläuterung von Erweiterungen des Prüfungsauftrags	
Art und Umfang der Prüfung	Bezugnahme auf: » § 316 ff. HGB, » die vom IDW festgestellten GoA » bei PIEs: Vorgaben der EU-APrVO Hinweis: Weicht der APr in begründeten Einzelfällen von den GoA ab, ist dies hervorzuheben und angemessen zu begründen. » Beschreibung der zugrunde gelegten Prüfungsstrategie sowie des Prüfungsvorgehens (z.B. festgelegte und vereinbarte Prüfungsschwerpunkte, Prüfung des rechnungslegungsbezogenen IKS und deren Auswirkungen auf Art und Umfang der aussagebezogenen Prüfungshandlungen) » Feststellung, dass von den gesetzlichen Vertretern alle erbetenen Aufklärungen und Nachweise erbracht wurden, sowie Hinweis auf die Einholung einer Vollständigkeitserklärung » Übersicht über alle erstatteten Teilberichte und deren Gegenstand » Hinweis, dass die Prüfung sich nicht darauf zu erstecken hat, ob der Fortbestand des Unternehmens oder die Wirksamkeit und Wirtschaftlichkeit der Geschäftsführung zugesichert werden kann	**Zusätzliche Berichtserfordernisse für PIEs (Art 11 Abs. 2 EU-APrVO):** » Angabe des verantwortlichen Prüfungspartners » Darlegung quantitativer Wesentlichkeitsgrenzen sowie der berücksichtigten Faktoren » Bei der Angabe der Verwertung der Arbeiten Dritter: Bestätigung, dass von diesen eine Unabhängigkeitserklärung eingeholt wurde » Beschreibung von Art, Häufigkeit und Umfang der Kommunikation mit den Organen des Unternehmens (zum Beispiel in einer tabellarischen Darstellung von Terminen und Themen) » Angabe des Prüfungsumfangs und -zeitplans » Angabe von aufgetretenen bedeutsamen Schwierigkeiten und/oder Sachverhalten

Feststellungen und Erläuterungen zur Rechnungslegung (61-103) (1/2)

Nach **§ 321 Abs. 2 HGB** enthält der PrB Aussagen zu den beiden folgenden Aspekten:

Normentsprechung bzw. Ordnungsmäßigkeit der Rechnungslegung:
Entspricht die Buchführung, der Jahresabschluss und der Lagebericht in allen wesentlichen Belangen den gesetzlichen Vorschriften und ggf. den ergänzenden Bestimmungen des Gesellschaftsvertrags oder der Satzung?

Gesamtaussage des Jahresabschlusses:
Vermittelt der Abschluss insgesamt unter Beachtung der GoB ein den tatsächlichen Verhältnissen entsprechendes Bild der Vermögens-, Finanz- und Ertragslage?

Ordnungsmäßigkeit der Rechnungslegung (61-71)

Buchführung und weitere geprüfte Unterlagen (63-65)	Jahresabschluss (67-70)	Lagebericht (71)
» Zusätzliche Beurteilung der Sicherheit der rechnungslegungsrelevanten Daten und hierfür eingesetzten IT-Systeme » Hinweis auf bestehende und wesentliche zwischenzeitlich behobene Mängel » **PIE:** Angabe bedeutsamer Schwächen im rechnungslegungsbezogenen IKS und ob sie beseitigt wurden oder nicht	» Feststellung zur ordnungsmäßigen Ableitung von Bilanz und GuV aus der Buchführung und den weiteren geprüften Unterlagen » Feststellung, ob die Ansatz-, Ausweis- und Bewertungsvorschriften in allen wesentlichen Belangen beachtet wurden » Stellungnahme zur Ordnungsmäßigkeit der Anhangangaben » Ggf. Angabe bei Kleinstkapitalgesellschaften, ob alle erforderlichen Angaben unter der Bilanz gemacht sind	Feststellung, ob der LB in allen wesentlichen Belangen den gesetzlichen Vorschriften entspricht

Feststellungen und Erläuterungen zur Rechnungslegung (61-103) (2/2)

Gesamtaussage des Jahresabschlusses (72-103)

Im Zusammenhang mit **der Feststellung über die Gesamtaussage des Jahresabschlusses** (§ 321 Abs. 2 Satz 3 HGB) ist im PrB auch einzugehen auf:
» die wesentlichen Bewertungsgrundlagen (§ 321 Abs. 2 Satz 4 erster Satzteil HGB) sowie
» den Einfluss, den Änderungen in den Bewertungsgrundlagen und sachverhaltsgestaltende Maßnahmen insgesamt auf die Gesamtaussage des Jahresabschlusses haben (§ 321 Abs. 2 Satz 4 zweiter Satzteil HGB)

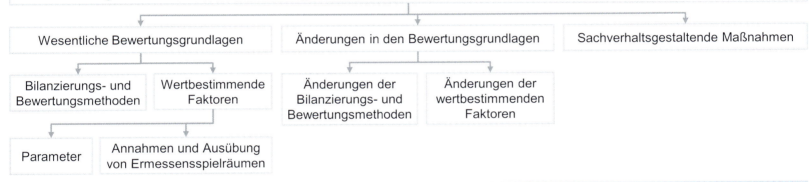

§ 321 Abs. 2 Satz 5 HGB schreibt eine Aufgliederung von Abschlussposten vor, soweit dies aufgrund des Informationsbedarfs der Empfänger des PrB erforderlich ist und die Angaben nicht im Anhang enthalten sind. Neben diesen gesetzlich geforderten Aufgliederungen und Erläuterungen können weitergehende sonstige Aufgliederungen und Erläuterungen vorgenommen werden.

Bei PIEs: Berichterstattung über bei den verschiedenen Posten des Jahres- oder konsolidierten Abschlusses angewandte Bewertungsmethoden einschließlich etwaiger Auswirkungen von Änderungen an diesen Methoden

Feststellungen zum Risikofrüherkennungssystem (104-107) → IDW PS 340 n.F. (01.2022), Tz. 47-55

Beurteilung, ob der Vorstand ein Überwachungssystem i.S. von § 91 Abs. 2 AktG eingerichtet hat und dieses seine Aufgaben erfüllen kann (inkl. Eingehen darauf, ob Maßnahmen zur Verbesserung des Risikofrüherkennungssystems erforderlich sind)

Feststellungen aus Erweiterungen des Prüfungsauftrags (108)

» Berichterstattung über das Ergebnis von Erweiterungen des Prüfungsauftrags aus Gesellschaftsvertrag/Satzung oder Vereinbarung mit dem Auftraggeber
» Getrennte Berichterstattung über freiwillige Erweiterungen und Erweiterungen, die sich aus gesetzlichen Vorschriften ergeben

Bestätigungsvermerk (109)

Wiedergabe des Bestätigungsvermerks unter Angabe von Ort der Niederlassung, Tag der Unterzeichnung und Namen der Unterzeichnenden. Der wiedergegebene Bestätigungsvermerk ist nicht gesondert zu unterschreiben.

Anlagen zum Prüfungsbericht (110-113)

» Geprüfter Jahresabschluss und Lagebericht
» Ggf. weitere Anlagen (z.B. Auftragsbedingungen, Darstellung der rechtlichen Verhältnisse)

Unterzeichnung und Vorlage des Prüfungsberichts (114-117)

» Angabe von Ort der Niederlassung, Datum und Name der Unterzeichnenden
» Der PrB ist vom beauftragten Wirtschaftsprüfer zu unterzeichnen und zu siegeln
» Verwendung der Bezeichnung „Wirtschaftsprüfer(in)" ohne Hinzufügung anderer Berufsbezeichnungen
» Der APr hat den Prüfungsbericht nicht später als den Bestätigungsvermerk vorzulegen.
» Hat der Aufsichtsrat den Prüfungsauftrag erteilt, so ist der PrB diesem und ggf. gleichzeitig einem Prüfungsausschuss vorzulegen; der (endgültige) PrB ist an den Vorstand mit Gelegenheit zur Stellungnahme weiterzuleiten.

Prüfungsbericht zur Konzernabschlussprüfung (118-138) (1/3)

» Gesonderte Berichterstattung über Konzernabschlussprüfung (unabhängig von Prüfung des Mutterunternehmens)
» Es gelten die allgemeinen oben genannten Berichtsgrundsätze mit nachfolgenden Besonderheiten

Prüfungsauftrag (119)

Angaben zur Wahl und Beauftragung (ggf. zur Fiktion nach § 318 Abs. 2 HGB)

Grundsätzliche Feststellungen (120-121)

» Geprüfte Unterlagen umfassen auch die im Konzernabschluss zusammengefassten Jahresabschlüsse
» Berichterstattung nach § 321 Abs. 1 Satz 3 HGB bezieht sich auch auf Tatsachen, die bei einbezogenen Tochterunternehmen festgestellt werden.

Gegenstand, Art und Umfang der Prüfung (122-124)

» Angaben zu den angewandten Rechnungslegungsgrundsätzen, zur Prüfung des Konsolidierungskreises, zu in den Konzernabschluss einbezogenen Jahresabschlüssen und zu den Konsolidierungsmaßnahmen
» **PIE:** ggf. Angaben zu Prüfern aus einem Drittland und zu „fremden" Prüfern
» Angaben bezüglich der nicht inhaltlichen Prüfung der Konzernerklärung zur Unternehmensführung und der nichtfinanziellen Konzernberichterstattung
» Angabe, ob das Mutter- und die Tochterunternehmen alle verlangten Erläuterungen und Unterlagen geliefert hat

Feststellungen und Erläuterungen zur Konzernrechnungslegung (125-137b) (1/2)

Konsolidierungskreis und Konzernabschlussstichtag (125-127)

» Berichterstattung über die zutreffende Angabe des Konsolidierungskreises im Konzernanhang
» **PIE:** Erläuterung des Umfangs der Konsolidierung und etwaige angewandte Ausschlusskriterien bei Nichtkonsolidierung sowie Angabe, ob Ausschlusskriterien mit Rechnungslegungsregeln in Einklang stehen
» Falls Stichtage der Jahresabschlüsse der Tochterunternehmen vom Stichtag des Konzernabschlusses abweichen + keine Zwischenabschlüsse für Tochterunternehmen erstellt wurden → Feststellung, ob die Voraussetzungen hierfür vorgelegen haben und ob auf Vorgänge von besonderer Bedeutung für die VFE-Lage der Tochterunternehmen zwischen diesen Stichtagen eingegangen wurde

Prüfungsbericht zur Konzernabschlussprüfung (118-138) (2/3)

Feststellungen und Erläuterungen zur Konzernrechnungslegung (125-137b) (2/2)

Prüfung der in den KA einbezogenen Abschlüsse (128-131)

» Bedeutsame Ergebnisse der Prüfung der in den Konzernabschluss einbezogenen Jahresabschlüsse
» Angabe, ob die Anpassung der Jahresabschlüsse der einzubeziehenden Unternehmen an die konzerneinheitliche Bilanzierung und Bewertung im Konzernabschluss ordnungsmäßig durchgeführt wurde

Konzernabschluss

Ordnungsmäßigkeit des Konzernabschlusses (132-135)	Gesamtaussage des Konzernabschlusses (136-137)
» Feststellung, ob der Konzernabschluss den gesetzlichen Vorschriften und den ergänzenden Bestimmungen des Gesellschaftsvertrages oder der Satzung des Mutterunternehmens entspricht » Ggf. Hinweis auf Abweichungen von DRS » Zum Konzernanhang und ggf. zu weiteren Elementen ist festzustellen, ob die gesetzlich geforderten Angaben in allen wesentlichen Belangen vollständig und zutreffend sind	» Es ist auf das Prüfungsurteil einzugehen, ob der Konzernabschluss unter Beachtung der GoB ein den tatsächlichen Verhältnissen entsprechendes Bild der VFE-Lage des Konzerns vermittelt » Beschreibung der Auswirkungen ausgeübter Wahlrechte, ausgenutzter Ermessensspielräume und sachverhaltsgestaltender Maßnahmen auf die Darstellung der VFE-Lage

Konzernlagebericht (137a-137b)

Modifizierung des Prüfungsurteils bei Nichtbeachtung von DRS-20-Anforderungen, wenn ▶ DRS-20-Anforderungen sind einschlägig + DRS-20-Anforderungen stellen Konkretisierungen des HGB dar + Gesetz wird nicht anderweitig erfüllt + falsche Darstellungen, die nach IDW PS 350 n.F. (10.2021) wesentlich sind

Ausschließlich Berichterstattung im PrB unter Würdigung der Begründung der gesetzlichen Vertreter, wenn einzelne einschlägige DRS-20-Anforderungen im Konzern-LB nicht beachtet werden, die ▶ nach DRS 20.32 wesentlich sind + keine Konkretisierung des HGB darstellen oder das Gesetz anderweitig erfüllt wird

Prüfungsbericht zur Konzernabschlussprüfung (118-138) (3/3)

Zusammengefasster Prüfungsbericht für Jahres- und Konzernabschluss (138)

Konzernabschluss wird zusammen mit Jahresabschluss des Mutterunternehmens oder mit einem von diesem aufgestellten Einzelabschluss bekannt gemacht ▶ Bestätigungsvermerke und PrB zu beiden Abschlüssen können zusammengefasst werden

Besonderheiten der Berichterstattung über die Prüfung von nach internationalen Rechnungslegungsstandards aufgestellten Einzel- und Konzernabschlüssen (139-143)

Bei Prüfung von Einzel- oder Konzernabschlüssen, die nach Rechnungslegungsstandards i.S. von § 315e HGB aufgestellt wurden, d.h. nach den von der EU aufgrund der IAS-Verordnung übernommenen Rechnungslegungsstandards (EU-IFRS):
» PrB des Einzel- und des Jahresabschlusses können zusammengefasst werden (§ 324a Abs. 2 Satz 2 HGB)
» Als Gegenstand der Prüfung sind die nach EU-IFRS geforderten Unterlagen sowie der Lagebericht anzugeben
» Eine Pflicht zur Stellungnahme zur Beurteilung der Darstellung der Lage besteht nur, soweit die geprüften Unterlagen dies erlauben
» Die Feststellungen zur Ordnungsmäßigkeit müssen Aussagen dazu enthalten, ob die geprüften Unterlagen den EU-IFRS entsprechen
» Die Berichterstattung ist darauf auszurichten, dass der Einzelabschluss bzw. Konzern-abschluss unter Beachtung der EU-IFRS ein den tatsächlichen Verhältnissen entsprechendes Bild der VFE-Lage der Kapitalgesellschaft bzw. des Konzerns vermittelt

Sonderfälle der Berichterstattung bei Abschlussprüfungen (144-152) (1/2)

Nachtragsprüfung (144-149)

» Eigenständiger Nachtragsprüfungsbericht
 (Ausnahme: Ergänzung ursprünglicher PrB, wenn alle ursprünglich ausgehändigten PrB zurückgegeben werden können)
» Hinweis, dass der ursprünglich erstattete PrB und der Nachtragsprüfungsbericht nur gemeinsam verwendet werden dürfen
» Allgemeine Gliederungsanforderungen sind grundsätzlich nicht anwendbar → es ist nur über vorgenommene Änderungen zu berichten
» Wortlaut des ergänzten bzw. geänderten Bestätigungsvermerks ist im Bericht über die Nachtragsprüfung wiederzugeben
» Geänderter JA bzw. Konzernabschluss und LB bzw. Konzern-LB sind als Anlagen beizufügen

Sonderfälle der Berichterstattung bei Abschlussprüfungen (144-152) (2/2)

Ergänzende Prüfung (149a)

» Durchführung einer ergänzenden Prüfung vier Monate nach dem Abschlussstichtag bei Erstellung eines gesonderten nichtfinanziellen (Konzern-)Berichts mit Veröffentlichung auf der Internetseite
» Berichterstattung über das Ergebnis der ergänzenden Prüfung im PrB

Berichterstattung bei der Kündigung von Prüfungsaufträgen und bei Prüferwechsel (150-152)

Grundsätze dieses IDW Prüfungsstandards sind bei Kündigungen von Prüfungsaufträgen aus wichtigem Grund, bei Prüferwechseln und beim Widerruf des Prüfungsauftrags durch die zu prüfende Gesellschaft entsprechend anzuwenden

Offenlegung des Prüfungsberichts in besonderen Fällen (152a-152i)

» Wird über das Vermögen der Gesellschaft ein Insolvenzverfahren eröffnet oder wird der Antrag auf Eröffnung des Insolvenzverfahrens mangels Masse abgewiesen, so kann ein Gläubiger oder Gesellschafter gemäß § 321a Abs. 1 Satz 1 HGB Einsicht in die Prüfungsberichte der letzten drei Geschäftsjahre nehmen.
» **PIE:** der (zusätzliche) Bericht an den Prüfungsausschuss fällt ebenfalls unter die Offenlegungspflicht nach § 321a HGB

IDW PS 470 n.F. (10.2021)
IDW Prüfungsstandard: Grundsätze für die Kommunikation mit den für die Überwachung Verantwortlichen

Zusammenfassung:

IDW PS 470 n.F. (10.2021) transformiert die in ISA 260 (Revised) enthaltenen internationalen Anforderungen unter Berücksichtigung nationaler Besonderheiten und enthält ein übergreifendes Regelwerk für die regelmäßige wechselseitige Kommunikation zwischen dem Abschlussprüfer und den für die Überwachung Verantwortlichen. Eine wirksame wechselseitige Kommunikation stärkt die Rolle des Abschlussprüfers im System der Corporate Governance und unterstützt sowohl den Abschlussprüfer als auch die für die Überwachung Verantwortlichen maßgeblich in ihrer jeweiligen Tätigkeit. IDW PS 470 n.F. (10.2021) verpflichtet den Abschlussprüfer, bei jeder Abschlussprüfung eine oder mehrere geeignete Personen innerhalb der Überwachungsstruktur des Unternehmens zu bestimmen, mit denen zu kommunizieren ist, und gibt Hinweise, wie diese Personen in Abhängigkeit von der jeweiligen Überwachungsstruktur und Rechtsform eines Unternehmens bestimmt werden können.

Im Rahmen der Abschlussprüfung ist zwingend über bestimmte Sachverhalte zu kommunizieren. Hierzu zählen die Verantwortung des Abschlussprüfers, der geplante Umfang und geplante zeitliche Ablauf der Abschlussprüfung, bedeutsame Feststellungen aus der Abschlussprüfung und die Unabhängigkeit des Abschlussprüfers.

Der Abschlussprüfer hat sich mit den für die Überwachung Verantwortlichen über Form, Zeitpunkte und erwartete Themenbereiche der Kommunikation auszutauschen. Zu den Kommunikationspflichten, die zwingend schriftlich zu erfüllen sind, zählen eine Erklärung über die Unabhängigkeit, bedeutsame Feststellungen aus der Abschlussprüfung, falls nach pflichtgemäßem Ermessen des Abschlussprüfers eine mündliche Kommunikation nicht angemessen ist, und bedeutsame Schwächen des internen Kontrollsystems. Darüber hinaus überlässt es IDW PS 470 n.F. (10.2021) dem Abschlussprüfer, in welcher Form er welche Inhalte kommuniziert.

Der Abschlussprüfer hat zu beurteilen, ob die wechselseitige Kommunikation zwischen ihm und den für die Überwachung Verantwortlichen für den Zweck der Abschlussprüfung angemessen verlaufen ist.

Verweise:
— ISA 260 (Revised): Kommunikation mit den für die Überwachung Verantwortlichen
— IDW PS 450 n.F. (10.2021): Grundsätze ordnungsmäßiger Erstellung von Prüfungsberichten
— IDW PS 475: Mitteilung von Mängeln im internen Kontrollsystem an die für die Überwachung Verantwortlichen und das Management

IDW PS 470 n.F. (10.2021)

IDW PS 470 n.F. (10.2021): Grundsätze für die Kommunikation mit den für die Überwachung Verantwortlichen

Anwendungsbereich und Zielsetzung (1-7, 13)

IDW PS 470 n.F. (10.2021) legt die Berufsauffassung dar, nach der Wirtschaftsprüfer als APr mit den für die Überwachung Verantwortlichen kommunizieren. Die Ziele des Abschlussprüfers sind:

» eine klare Kommunikation mit den für die Überwachung Verantwortlichen über die Verantwortung des APr bei der Abschlussprüfung sowie die Vermittlung eines Überblicks zu dem geplanten Umfang und dem geplanten zeitlichen Ablauf der Abschlussprüfung

» das Erlangen prüfungsrelevanter Informationen von den für die Überwachung Verantwortlichen

» eine zeitgerechte Information der für die Überwachung Verantwortlichen über Beobachtungen, die aus der Abschlussprüfung resultieren und die für dessen Verantwortung zur Aufsicht über den Rechnungslegungsprozess bedeutsam und relevant sind sowie

» die Förderung einer wirksamen wechselseitigen Kommunikation zwischen dem APr und den für die Überwachung Verantwortlichen.

Definitionen (14-15)

Die für die Überwachung Verantwortlichen	Die Person(en), die verantwortlich ist/sind für die Aufsicht über die strategische Ausrichtung des Unternehmens und über die Verpflichtungen im Zusammenhang mit der Rechenschaft des Unternehmens. Dazu gehört die Aufsicht über den Rechnungslegungsprozess. Bei bestimmten Unternehmen können Mitglieder des Managements zu den für die Überwachung Verantwortlichen gehören (bspw. geschäftsführende Mitglieder eines gemeinsamen Führungs- oder Überwachungsgremiums eines Unternehmens im privaten oder öffentlichen Sektor oder ein geschäftsführender Eigentümer).
Management	Die Person(en) mit Führungsverantwortung für die Geschäftätigkeit des Unternehmens. Bei bestimmten Unternehmen gehören einige oder alle für die Überwachung Verantwortlichen zum Management (bspw. geschäftsführende Mitglieder eines gemeinsamen Führungs- und -Überwachungsgremiums oder ein geschäftsführender Eigentümer).

Die für die Überwachung Verantwortlichen (16-18)

Der APr hat eine oder mehrere **geeignete Personen** innerhalb der Überwachungsstruktur des Unternehmens **festzulegen**, mit denen zu kommunizieren ist.

Überwachungsstrukturen können sich von Unternehmen zu Unternehmen unterscheiden und spiegeln dabei Einflüsse wie unterschiedliche gesellschaftsrechtliche Rahmenbedingungen sowie Größen und Eigentumsmerkmale wider.

Trennung von Management und den für die Überwachung Verantwortlichen

» Bei einigen Unternehmen ist aufgrund der Rechtsform ein nicht an der Geschäftsführung beteiligtes Aufsichtsgremium vorgeschrieben (dualistisches System)
» Beispiel: bei AG ist verpflichtend ein Aufsichtsrat zu bestellen
» Eingerichtetes Überwachungsgremium entspricht i.d.R. den für die Überwachung Verantwortlichen.

Einheitlichkeit von Management und den für die Überwachung Verantwortlichen

» Aufsichts- und Geschäftsführungsfunktion liegen in der rechtlichen Verantwortung eines einheitlichen Gremiums (monistisches System)
» Beispiel: Ein-Mann-GmbH mit einem Gesellschafter-Geschäftsführer
» Geschäftsführung insgesamt entspricht dann i.d.R. den für die Überwachung Verantwortlichen.

Beurteilung des Einzelfalls erforderlich

» Beispiel: GmbH ohne Aufsichtsrat
» Beurteilungskriterien z.B. Regelungen im Gesellschaftsvertrag, tatsächliche Handhabung der Aufsichts- und Überwachungsfunktion
» Zur Vermeidung von Konflikten mit der Verschwiegenheitspflicht kann es sinnvoll sein, mit dem Auftraggeber die Personen, mit denen zu kommunizieren ist, zu vereinbaren und dies z.B. im Auftrags-bestätigungsschreiben zu dokumentieren

Kommunikation mit einer Untergruppe der für die Überwachung Verantwortlichen (17)

Kommuniziert der APr mit einer Untergruppe der für die Überwachung Verantwortlichen (z.B. mit einem Prüfungsausschuss oder einer Einzelperson), hat er festzustellen, ob er auch mit den für die Überwachung Verantwortlichen insgesamt kommunizieren muss.

Zu kommunizierende Sachverhalte (19-24) (1/2)

Verantwortung des Abschlussprüfers	» APr ist für die Bildung und Abgabe eines Prüfungsurteils zum Abschluss und – sofern einschlägig – zum Lagebericht verantwortlich » Prüfung des Abschlusses befreit die gesetzlichen Vertreter oder die für die Überwachung Verantwortlichen nicht von ihrer Verantwortung
Geplanter Umfang und geplanter zeitlicher Ablauf der Abschlussprüfung	» Überblick über den geplanten Umfang und den geplanten zeitlichen Ablauf der Abschlussprüfung » Dabei ist auch auf die identifizierten bedeutsamen Risiken einzugehen.

Bedeutsame Feststellungen aus der Abschlussprüfung	a) Ansichten des APr zu bedeutsamen qualitativen Aspekten der Rechnungslegungspraxis des Unternehmens, z.B. zu Rechnungslegungsmethoden und geschätzten Werten in der Rechnungslegung
	b) während der Abschlussprüfung aufgetretene bedeutsame Probleme
	c) sofern nicht alle für die Überwachung Verantwortlichen in das Management des Unternehmens eingebunden sind:
	   i) bedeutsame während der Abschlussprüfung auftretende Sachverhalte, die mit dem Management besprochen wurden oder Gegenstand des Schriftverkehrs mit diesem waren, und
	   ii) vom APr angeforderte schriftliche Erklärungen
	d) Umstände, die sich auf die Form und den Inhalt des Bestätigungsvermerks auswirken
	e) sonstige während der Abschlussprüfung aufgetretene bedeutsame Sachverhalte, die nach pflichtgemäßem Ermessen des APr für die Aufsicht über den Rechnungslegungsprozess relevant sind

Mündliche Berichterstattung an den Aufsichtsrat	Teilnahme des APr an den Verhandlungen des Aufsichtsrats oder des Prüfungsausschusses über den Jahresabschluss und den Lagebericht sowie über den Konzernabschluss und den Konzernlagebericht (Bilanzsitzung)
Unabhängigkeit	Erklärung über die Einhaltung der Unabhängigkeitsanforderungen sowie schriftliche Mitteilung über Beziehungen und Sachverhalte, die sich auf die Unabhängigkeit auswirken können und über die in diesem Zusammenhang getroffenen Schutzmaßnahmen

Zu kommunizierende Sachverhalte (19-24) (2/2)

Kommunikation über die Unabhängigkeit (23-24)

Alle Unternehmen →

Bestätigung der Unabhängigkeit im Prüfungsbericht (§ 321 Abs. 4a HGB)

Unternehmen von öffentlichem Interesse (PIE) →

Schriftliche Erklärung der Unabhängigkeit (Art. 6 Abs. 2 Buchst. a) EU-APrVO)

Aufnahme dieser Erklärung in den Prüfungsbericht (Art. 11 Abs. 2 Buchst. a) EU-APrVO)

Erörterung der Gefahren für die Unabhängigkeit sowie der für die Verminderung dieser Gefahren angewendeten Schutzmaßnahmen mit dem Prüfungsausschuss (Art. 6 Abs. 2 Buchst. b) EU-APrVO)

Kapitalmarktorientierte Unternehmen i.S.v. § 264d HGB, die PIE sind →

Schriftliche Erklärung der Unabhängigkeit erstreckt sich zusätzlich, sofern einschlägig, auf die Mitglieder eines Netzwerks, dem der Abschlussprüfer angehört

Schriftliche Mitteilung über Beziehungen, sonstige Sachverhalte und Schutzmaßnahmen

Der Kommunikationsprozess (25-29)

Festlegung des Kommunikationsprozesses	Austausch über Form, Zeitpunkte und erwartete Themenbereiche der Kommunikation (ggf. im Auftragsbestätigungsschreiben)
Formen der Kommunikation	Grundsätzlich keine Anforderungen, aber schriftliche Kommunikation über » Unabhängigkeit » bedeutsame Feststellungen aus der Abschlussprüfung, falls nach pflichtgemäßem Ermessen des Abschlussprüfers eine mündliche Kommunikation nicht angemessen ist, und » bedeutsame Schwächen des internen Kontrollsystems
Zeitpunkte der Kommunikation	» Zeitgerechte Kommunikation » Angemessene Zeitpunkte für die Kommunikation hängen von den jeweiligen Umständen des Auftrags ab
Angemessenheit des Kommunikationsprozesses	» Beurteilung, ob die wechselseitige Kommunikation zwischen APr und den für die Überwachung Verantwortlichen für den Zweck der Abschlussprüfung angemessen verlaufen ist » Falls nicht: Auswirkungen auf die Beurteilung der Risiken wesentlicher falscher Darstellungen und auf die Möglichkeit, ausreichende geeignete Prüfungsnachweise zu erlangen, sind zu beurteilen und geeignete Maßnahmen zu ergreifen

Zusammenspiel mit dem Prüfungsbericht (30-31)

» Schriftliche und mündliche Kommunikation des Abschlussprüfers mit den für die Überwachung Verantwortlichen darf eine nach IDW PS 450 n.F. (10.2021) gebotene Berichterstattung im Prüfungsbericht nicht ersetzen

Dokumentation (32)

» Werden zu kommunizierende Sachverhalte mündlich erörtert, ist zu dokumentieren wann und mit wem sie erörtert wurden.
» Wurden Sachverhalte schriftlich kommuniziert, ist eine Kopie der Kommunikation als Bestandteil der Arbeitspapiere aufzubewahren.

IDW PS 475
IDW Prüfungsstandard: Mitteilung von Mängeln im internen Kontrollsystem an die für die Überwachung Verantwortlichen und das Management

Zusammenfassung:

IDW PS 475 behandelt die Verantwortlichkeiten des Abschlussprüfers in Bezug darauf, identifizierte Mängel im IKS den für die Überwachung Verantwortlichen und dem Management in geeigneter Weise mitzuteilen. Dazu werden zunächst die Begriffe „Mängel im IKS" und „bedeutsame Mängel im IKS" definiert.

Gemäß IDW PS 475 sind dem Management bedeutsame Mängel im IKS zeitnah und schriftlich mitzuteilen. Die Mitteilung von sonstigen Mängeln kann hingegen auch mündlich erfolgen.

Bedeutsame Mängel sind zudem auch den für die Überwachung Verantwortlichen zeitnah und schriftlich mitzuteilen. Der Inhalt der schriftlichen Mitteilung muss eine Beschreibung der Mängel und eine Erläuterung ihrer möglichen Auswirkungen sowie ausreichende Informationen zum Verständnis des Kontextes dieser Mitteilung enthalten.

Zu beachten ist ferner, dass die schriftliche oder mündliche Kommunikation eine nach IDW PS 450 n.F. (10.2021) gebotene Berichterstattung im Prüfungsbericht nicht ersetzen darf und die Berichterstattungen nach IDW PS 475 und nach IDW PS 450 n.F. (10.2021) nicht in Widerspruch zueinander stehen dürfen.

Verweise:

— ISA [DE] 240: Verantwortlichkeiten des Abschlussprüfers bei dolosen Handlungen
— ISA [DE] 250: Berücksichtigung von Gesetzen und anderen Rechtsvorschriften bei einer Abschlussprüfung
— ISA 265: Mitteilung von Mängeln im internen Kontrollsystem an die für die Überwachung Verantwortlichen und das Management
— ISA [DE] 450: Beurteilung der während der Abschlussprüfung identifizierten falschen Darstellungen
— IDW PS 450 n.F. (10.2021): Grundsätze ordnungsmäßiger Erstellung von Prüfungsberichten
— IDW PS 470 n.F. (10.2021): Grundsätze für die Kommunikation mit den für die Überwachung Verantwortlichen

IDW PS 475: Mitteilung von Mängeln im internen Kontrollsystem an die für die Überwachung Verantwortlichen und das Management

Anwendungsbereich und Zielsetzung (1-7, 9)

» IDW PS 475 legt die Berufsauffassung dar, nach der Wirtschaftsprüfer als APr im Rahmen der Abschlussprüfung identifizierte Mängel im internen Kontrollsystem den für die Überwachung Verantwortlichen und dem Management in geeigneter Weise mitteilen.

» Das Ziel des APr besteht darin, den für die Überwachung Verantwortlichen und dem Management in geeigneter Weise Mängel im IKS mitzuteilen, die er während der Prüfung identifiziert hat und die nach seinem pflichtgemäßen Ermessen von ausreichender Bedeutung sind, um deren entsprechende Aufmerksamkeit zu verdienen.

Definitionen (10)

Mangel im IKS	Ein Mangel im IKS liegt vor, wenn » eine Kontrolle so konzipiert ist, eingerichtet ist oder durchgeführt wird, dass mit ihr falsche Darstellungen im Abschluss nicht zeitgerecht verhindert oder aufgedeckt und korrigiert werden können, oder » eine Kontrolle fehlt, die notwendig ist, um falsche Darstellungen im Abschluss zeitgerecht zu verhindern oder aufzudecken und zu korrigieren.	
Bedeutsamer Mangel im IKS	Ein Mangel oder eine Kombination von Mängeln im IKS, der bzw. die nach pflichtgemäßem Ermessen des APr von ausreichender Bedeutung ist bzw. sind, um die Aufmerksamkeit der für die Überwachung Verantwortlichen zu verdienen.	Bedeutsamkeit kann z.B. abhängen von » Wahrscheinlichkeit wesentlicher falscher Darstellungen » Anfälligkeit für dolose Handlungen » Komplexität und Subjektivität geschätzter Werte » Bedeutung für Rechnungslegungsprozess
Sonstige Mängel im IKS (14, A19)	Sonstige Mängel im IKS, die keine bedeutsamen Mängel darstellen, können aber von ausreichender Bedeutung sein, um die Aufmerksamkeit des Managements zu verdienen. Die Festlegung, welche sonstigen Mängel im IKS die Aufmerksamkeit des Managements verdienen, liegt im pflichtgemäßen Ermessen des APr.	

IDW PS 475

Mitteilung von Mängeln im IKS an die für die Überwachung Verantwortlichen (11-13)

Wurden Mängel im IKS identifiziert? → Stellen die Mängel einzeln oder in Kombination **bedeutsame Mängel** dar? → Während der Prüfung identifizierte bedeutsame Mängel im IKS hat der APr <u>zeitgerecht</u> **den für die Überwachung Verantwortlichen** <u>schriftlich</u> **mitzuteilen**.

- » spätestens im Prüfungsbericht
- » Detaillierungsgrad abhängig von jeweiligen Umständen
- » Bezugnahme auf vorherige Mitteilungen möglich

Mitteilung von Mängeln im IKS an das Management (14)

Wurden Mängel im IKS identifiziert?

→ Stellen die Mängel einzeln oder in Kombination **bedeutsame Mängel** dar? → Zeitgerechte, schriftliche Mitteilung an *angemessene Managementebene* (Tz. 14(a), A11, A17, A18)

- » regelmäßig Geschäftsleitung
- » Mitteilung kann unzweckmäßig sein, wenn Mängel die Integrität oder Kompetenz in Frage stellen

→ Sind **sonstige Mängel** von ausreichender Bedeutung, um die Aufmerksamkeit des Managements zu verdienen? → Mitteilung an *angemessene Managementebene* (Tz. 14(b), A19-A23)

- » kann auch mündlich erfolgen
- » keine erneute Mitteilung erforderlich, wenn bereits
  - » in vorherigen Prüfungen mitgeteilt
  - » durch Andere mitgeteilt
- » Unterlassene Beseitigung eines sonstigen Mangels kann einen bedeutsamen Mangel darstellen

Inhalt der schriftlichen Mitteilung über bedeutsame Mängel im IKS (15, A24-A26)

- » Beschreibung der Mängel
- » Erläuterung der möglichen Auswirkungen der Mängel
  - » Quantifizierung nicht erforderlich
  - » Zusammenfassung in Gruppen möglich
  - » Verbesserungsvorschläge möglich
- » Erläuterung des Zweckes der Abschlussprüfung
- » Erläuterung, dass sich das Prüfungsurteil nicht auf die Wirksamkeit des IKS bezieht
- » Erläuterung, dass die berichteten Sachverhalte nur solche Mängel betreffen, die während der Abschluss-prüfung identifiziert wurden und die nach Auffassung des Abschlussprüfer eine schriftliche Mitteilung erforderlich machen

Prüfungsbericht (16)

- » Die schriftliche und mündliche Kommunikation mit den für die Überwachung Verantwortlichen darf eine nach IDW PS 450 n.F. (10.2021) gebotene Berichterstattung im Prüfungsbericht nicht ersetzen.
- » Die Berichterstattungen nach diesem IDW Prüfungsstandard und nach IDW PS 450 n.F. (10.2021) dürfen nicht im Widerspruch zueinander stehen.

Verzeichnis wichtiger Begriffe und Zuordnung zu den GoA

A

Abschluss	ISA [DE] 200
Abschluss für allgemeine Zwecke	IDW PS 400 n.F.
Abschlussprüfer	ISA [DE] 200
Abschlussprüfer des Auslagernden	ISA [DE] 402
Abschlussstichtag	ISA [DE] 560
Abweichung	ISA [DE] 505
Analytische Prüfungshandlungen	ISA [DE] 520
Anomalie	ISA [DE] 530
Auftragsbegleitender Qualitätssicherer	ISA [E-DE] 220 (Revised)
Auftragsbegleitende Qualitätssicherung	ISA [E-DE] 220 (Revised)
Auftragsverantwortlicher (verantwortlicher WP)	ISA [E-DE] 220 (Revised)
Aus dem IT-Einsatz resultierende Risiken	ISA [DE] 315 (Revised 2019)
Auslagernde Einheit	ISA [DE] 402
Ausreichender Umfang (von Prüfungsnachweisen)	ISA [DE] 500
Aussagebezogene Prüfungshandlung	ISA [DE] 330
Aussagen	ISA [DE] 315 (Revised 2019), IDW PS 350 n.F.

B

Basistaxonomie	IDW PS 410
Bedeutsame Art von Geschäftsvorfällen, Kontensalden oder Abschlussangaben	ISA [DE] 315 (Revised 2019)
Bedeutsamer Mangel im IKS	IDW PS 475 n.F.
Bedeutsamer Teilbereich	ISA [DE] 600
Bedeutsames Risiko	ISA [DE] 315 (Revised 2019)
Bericht über die Beschreibung und Konzeption der Kontrollen bei einem Dienstleister (Bericht Typ 1)	ISA [DE] 402
Bericht über die Beschreibung, Konzeption und Wirksamkeit von Kontrollen bei einem Dienstleister (Bericht Typ 2)	ISA [DE] 402
Berufliche Standards	ISA [E-DE] 220 (Revised)
(Relevante) Berufliche Verhaltensanforderungen	ISA [E-DE] 220 (Revised)
Besonders wichtige Prüfungssachverhalte	IDW PS 401
Bisheriger Abschlussprüfer	ISA [DE] 510
Bestandsgefährdende Entwicklungen	IDW PS 340 n.F.
Beurteilung der Angemessenheit der für die Aufstellung des Lageberichts verwendeten Vorkehrungen und Maßnahmen (Systeme)	IDW PS 350 n.F.
Beurteilung der Angemessenheit von Vorkehrungen und Maßnahmen (Systeme) zur Erfassung und Bewertung der wesentlichen Chancen und Risiken der künftigen Entwicklung	IDW PS 350 n.F.
Beurteilung der Wirksamkeit der für die Aufstellung des Lageberichts verwendeten Vorkehrungen und Maßnahmen (Systeme)	IDW PS 350 n.F.
Beurteilung der Wirksamkeit von Vorkehrungen und Maßnahmen (Systeme) zur Erfassung und Bewertung der wesentlichen Chancen und Risiken der künftigen Entwicklung	IDW PS 350 n.F.

C

Chance	IDW PS 350 n.F.

D

Datum der Genehmigung des Abschlusses	ISA [DE] 560
Datum der Herausgabe des Abschlusses	ISA [DE] 560
Datum des Vermerks des APr	ISA [DE] 560
Der für den Konzernprüfungs- auftrag Verantwortliche	ISA [DE] 600
Die für die Überwachung Verantwortlichen	ISA [DE] 200, IDW PS 470 n.F.
Dienstleister	ISA [DE] 402
Direkte Unterstützung	ISA [DE] 610
Dolose Handlung	ISA [DE] 240

E

Eignung (von Prüfungsnachweisen)	ISA [DE] 500
Eindeutig abgegrenzte lageberichtsfremde Angaben	IDW PS 350 n.F.
Einseitige Ausrichtung des Managements	ISA [DE] 540 (Revised)
Einwendung	IDW PS 405 n.F.
Entdeckungsrisiko	ISA [DE] 200
Erfahrener Prüfer	ISA [DE] 230
Ergebnis eines geschätzten Werts in der Rechnungslegung	ISA [DE] 540 (Revised)
Eröffnungsbilanzwerte	ISA [DE] 510
Erstprüfungsauftrag	ISA [DE] 510
ESEF-Vermerk	IDW PS 410
Externe Bestätigung	ISA [DE] 505
Externe Informationsquelle	ISA [DE] 500

F

Fachliche Mitarbeiter	ISA [E-DE] 220 (Revised)
Fachkenntnisse	ISA [DE] 620
Fachpersonal	ISA [E-DE] 220 (Revised)
Falsche Darstellung	ISA [DE] 200, ISA [DE] 450, IDW PS 350 n.F., IDW PS 405 n.F.
Falsche Darstellung der sonstigen Informationen	ISA [DE] 720 (Revised)
Frühzeitige Erkennung	IDW PS 340 n.F.
Funktionsprüfung	ISA [DE] 330

G

Generelle IT-Kontrollen	ISA [DE] 315 (Revised 2019)
Geschäftsbericht	ISA [DE] 720 (Revised), IDW PS 400 n.F.
Geschäftsrisiko	ISA [DE] 315 (Revised 2019)
Geschätzter Wert in der Rechnungslegung	ISA [DE] 540 (Revised)
Grundgesamtheit	ISA [DE] 530

H

Hinreichende Sicherheit	ISA [DE] 200
Hinweis auf einen sonstigen Sachverhalt	IDW PS 406 n.F.
Hinweis zur Hervorhebung eines Sachverhalts	IDW PS 406 n.F.

I

Informationskategorie	IDW PS 350 n.F.
Internes Kontrollsystem/IKS	ISA [DE] 315 (Revised 2019)
Inhärente Risikofaktoren	ISA [DE] 315 (Revised 2019)

Verzeichnis wichtiger Begriffe und Zuordnung zu den GoA

Interne Revision	ISA [DE] 610
IT-Umgebung	ISA [DE] 315 (Revised 2019)

K

Kapitalmarktnotierte Einheit	ISA [DE] 200
Komplementäre Kontrollen der auslagernden Einheit	ISA [DE] 402
Konsolidierungsprozess	ISA [DE] 600
Kontrollen	ISA [DE] 315 (Revised 2019)
Kontrollen der Informationsverarbeitung	ISA [DE] 315 (Revised 2019)
Konzern	ISA [DE] 600
Konzernabschluss	ISA [DE] 600
Konzernabschlussprüfung	ISA [DE] 600
Konzernmanagement	ISA [DE] 600
Konzernprüfungsteam	ISA [DE] 600
Konzernprüfungsurteil	ISA [DE] 600
Konzernweite Kontrollen	ISA [DE] 600
Kritische Grundhaltung	ISA [DE] 200

L

Lagebericht	IDW PS 350 n.F., IDW PS 400 n.F.
Lageberichtsfremde Angaben	IDW PS 350 n.F.
Lageberichtstypische Angaben	IDW PS 350 n.F.

M

Management	ISA [DE] 200, IDW PS 470 n.F.
Mangel im IKS	IDW PS 475 n.F.
Maßgebende Rechnungslegungsgrundsätze	ISA [DE] 200, IDW PS 400 n.F.
Mitglied eines Netzwerks	ISA [E-DE] 220 (Revised)
Modifiziertes Prüfungsurteil	IDW PS 405 n.F.

N

Nachschau- und Verbesserungsprozess	ISA [E-DE] 220 (Revised)
Nachträgliche Ereignisse	ISA [DE] 560
Negative Bestätigungsanfrage	ISA [DE] 505
Nahe stehende Person	ISA [DE] 550
Netzwerk	ISA [E-DE] 220 (Revised)
Nicht korrigierte falsche Darstellungen	ISA [DE] 450
Nicht modifiziertes Prüfungsurteil	IDW PS 400 n.F.
Nichtbeantwortung	ISA [DE] 505
Nicht-Stichprobenrisiko	ISA [DE] 530
Nicht prüfbare Angaben	IDW PS 350 n.F.

P

Partner	ISA [E-DE] 220 (Revised)
Pflichtgemäßes Ermessen	ISA [DE] 200
Positive Bestätigungsanfrage	ISA [DE] 505
Praxis	ISA [E-DE] 220 (Revised)
Prüfer des Dienstleisters	ISA [DE] 402
Prüfungsakte	ISA [DE] 230
Prüfungsdokumentation („Arbeitspapiere")	ISA [DE] 230
Prüfungshandlungen zur Risikobeurteilung	ISA [DE] 315 (Revised 2019)
Prüfungshemmnis	IDW PS 405 n.F.
Prüfungsnachweise	ISA [DE] 200, ISA [DE] 500
Prüfungsrisiko	ISA [DE] 200

Begriff	Zuordnung
Prüfungsteam	ISA [E-DE] 220 (Revised)
Punktschätzung des APr oder Bandbreite des APr	ISA [DE] 540 (Revised)
Punktschätzung des Managements	ISA [DE] 540 (Revised)

R

Begriff	Zuordnung
Reaktionen (in Bezug auf das Qualitätsmanagementsystem)	ISA [E-DE] 220 (Revised)
Rechnungslegungsgrundsätze für allgemeine Zwecke	IDW PS 400 n.F., IDW PS 350 n.F.
Rechnungslegungsgrundsätze zur Ordnungsmäßigkeit	IDW PS 400 n.F.
Rechnungslegungsgrundsätze zur sachgerechten Gesamtdarstellung	IDW PS 400 n.F.
Relevante Aussagen	ISA [DE] 315 (Revised 2019)
Relevante berufliche Verhaltensanforderungen	ISA [E-DE] 220 (Revised)
Risiko/Risiken	IDW PS 340 n.F., IDW PS 350 n.F.
Risikofaktoren für dolose Handlung	ISA [DE] 240
Risiko wesentlicher falscher Darstellungen	ISA [DE] 200
Risikotragfähigkeit	IDW PS 340 n.F.

S

Begriff	Zuordnung
Sachverständiger des APr	ISA [DE] 620
Sachverständiger des Managements	ISA [DE] 500, ISA [DE] 620
Schätzunsicherheit	ISA [DE] 540 (Revised)
Schichtung	ISA [DE] 530
Schriftliche Erklärung	ISA [DE] 580
Shared Service Center	ISA [DE] 402
Sonstige Informationen	ISA [DE] 720 (Revised), IDW PS 400 n.F.
Sonstige Prüfungsgegenstände	IDW PS 400 n.F.
Statistisches Stichprobenverfahren	ISA [DE] 530
Stichprobenelement	ISA [DE] 530
Stichprobenprüfung	ISA [DE] 530
Stichprobenrisiko	ISA [DE] 530
Subdienstleister	ISA [DE] 402
System des Dienstleisters	ISA [DE] 402

T

Begriff	Zuordnung
Teilbereich	ISA [DE] 600
Teilbereichsmanagement	ISA [DE] 600
Teilbereichsprüfer	ISA [DE] 600
Teilbereichswesentlichkeit	ISA [DE] 600
Toleranzwesentlichkeit	ISA [DE] 320
Tolerierbare falsche Darstellung	ISA [DE] 530
Tolerierbarer Abweichungsgrad	ISA [DE] 530
Transaktion unter marktüblichen Bedingungen	ISA [DE] 550

U

Begriff	Zuordnung
Umfassend	IDW PS 405 n.F.
Unterlagen des Rechnungswesens	ISA [DE] 500

V

Begriff	Zuordnung
Verantwortlicher Wirtschaftsprüfer	ISA [DE] 200, ISA [E-DE] 220 (Revised)

Vergangenheitsorientierte Finanzinformationen	ISA [DE] 200	Voraussetzung (einer Abschlussprüfung)	ISA [DE] 200
Vergleichsabschluss	ISA [DE] 710	Vorbedingungen für eine Abschlussprüfung	ISA [DE] 210
Vergleichsangaben	ISA [DE] 710		
Vergleichsinformationen	ISA [DE] 710		
Verstoß	ISA [DE] 250		

Z

Zusätzliche Informationen — IDW PS 400 n.F.

QMHB Jahresabschlussprüfung

Abonnement verlängert sich automatisch für weitere 12 Monate
Zugang für 3 Nutzer // optional Zusatzlizenzen für weitere Nutzer
ISBN 978-3-8021-2553-9

Das QMHB-Modul Jahresabschlussprüfung stellt einen in sich geschlossenen Ansatz zur risikoorientierten Durchführung einer handelsrechtlichen Jahresabschlussprüfung dar. Neben **fachlichen Hinweisen und Erklärungen** führt das Modul Sie anhand zahlreicher Dokumente und **Arbeitshilfen** durch die individuelle Prüfung.

- Bearbeiten Sie **mandats- und auftragsbezogen** die Arbeitshilfen (Vorlagen, Muster etc.) und fachlichen Hinweise.
- Prüfen Sie strukturiert anhand logischer **Meilensteine** mit Hilfe des integrierten Navigators.
- Konfigurieren Sie passende Checklisten für Ihren Auftrag.

https://idw-verlag.de/QMHB

QMHB Jahresabschlussprüfung € 295,- p.a.

Testen Sie das QMHB in der **kostenfreien Demo-Version**. Diese finden Sie in unserem Shop auf der Produktseite unter „QMHB testen".

Telefon: 0211 4561-222 ■ Fax: 0211 4561-206 ■ E-Mail: service@idw-verlag.de
IDW Verlag GmbH ■ Tersteegenstraße 14 ■ 40474 Düsseldorf ■ idw-verlag.de